はじめに

　大好評シリーズ『ものづくりハンドブック』も，ついに8巻目を迎えました。

　本書掲載のものづくりは，実際に全国の先生方に実践され，好評だったことが確かめられたものばかりです。だから，どの原稿も**「特殊な技術や材料はなるべく使わず，誰でもすぐにマネできること」**，そして**「作品の出来映え」**はもちろんのこと，大人も子どもと一緒になって**「作ることの楽しさ」**が実感できることを大切にしています。そんな「楽しさ品質保証済み」のものづくりをどど～んと70作品以上集めました!!

　また，各章の終わりには，「こんなふうに楽しんだ」「この材料でもっと簡単に出来た！」という**「追試情報」**も収録してあります。

　そして本書の最後には，『ものづくりハンドブック』1～8巻までの**総索引**を掲載しました。「あのおもちゃの作り方はどこに載ってたかな……」「この材料で何か出来ないかな～」──そんなふうに悩んだときは，ぜひ索引も眺めてみてください。きっとステキな楽しみが見つかることでしょう。

●「たのしい授業」編集委員会

タンポポ綿毛のドライフラワー

222ページ

ガラス瓶の中に，綿毛が開く直前のタンポポの実を入れておきます。2～3日待てば，綿毛が開き，こんなステキなオブジェに！　不織布（ふしょくふ）を敷き込んだり，コルク栓で蓋をしたりすれば，インテリアとしての完成度もUP↑

転がる・走る・回る・飛ぶ　動きが楽しいものづくり

▲紙コップカムバック（8ペ）
転がすと，ゴムの力で戻ってきます。

▼ナマケダマ（11ペ）
ピンポン球に穴を開け，のりを入れます。坂道におくと，ゆ～っくり転がります。

▲電動歯ブラシカー（15ペ）

▶アルミホイルピコピコカプセル（16ペ）
アルミホイルの筒に鉄球を入れ，それを紙コップの中で振れば出来上がり。

▶100円ショップの皿で 皿回し（17ペ）
プラスチックの皿でも，紙コップの底を切って糸底にすれば，皿回しが楽しめます。皿が薄い場合は，何枚か重ねます。棒も園芸用の支柱を使えば，安上がり。

転がる・走る・回る・飛ぶ 動きが楽しいものづくり

▶アルミキャップモーター (26ぺ)

釘の頭にネオジム磁石をのせ，さらに単三電池を立てる。そこにアルミホイルの帽子をかぶせると，とてもよく回転します。右の写真のように導線だけでもOK。でも，どうして？

撮影：早川一人

◀ビー玉のコマ (24ぺ)

ビー玉2個をボンドでつけてもよく回る。左の写真は回っている様子。

▼幼児も回せる 紙皿回し (21ぺ)

紙皿の底に鉄製の小さな皿を両面テープで接着。それに磁石をつけた棒を使えば，幼児も皿回しができました！

子どもたちと訪ねた老人ホームで皿回しが大人気に。子どもも老人も職員の方もみんなで回してます。

撮影：谷崎牧人

転がる・走る・回る・飛ぶ　動きが楽しいものづくり

▼花びら落下傘／くるくる＆おさかな落下傘 (37ペ)

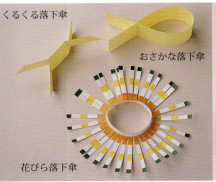

くるくる落下傘

おさかな落下傘

花びら落下傘

上から落とすと、くるくる回りながら落下していきます。くるくるあるはさみは右利き用では？　でも、よくある左利き用で切ったらどうなるでしょう？　左の写真の上にあるのは、くるくる＆おさかな落下傘。こちらは切る箇所が少ないので簡単に作れます。

◀変わりかざぐるま (41ペ)

紙で羽根を作り，それを3つ組み合わせて竹串とストローを通したら完成。ほんの少しの風でも回るかざぐるまです。手に持って歩くだけでも回ります。羽根にひねりを入れてあるので，作るときはひねりの向きに要注意！

▼ミニトンボ (55ペ)

牛乳パックを型紙通りに切り抜き，つまようじを差し込めば出来上がり！

▶ゴム動力ヘリコプター (79ペ)

ストロー・輪ゴム・PPシートで作る簡単ヘリコプター。ゴムの強さや羽の角度を工夫することで、飛び方も変わります。

転がる・走る・回る・飛ぶ　動きが楽しいものづくり

▶ くるくる回る浮沈子（46ペ）
ペットボトルを握ると浮沈子は沈み、手を離すと回転しながら浮上！

◀ 針金のアメンボ（53ペ）
針金とモールでアメンボを作りました。4本足なら、低学年でも。

▶ 高速W回転浮沈子（51ペ）
ペットボトルに入れて握ると，高速回転!!　浮力調整の必要もありません。

◀ かさぶくロケット（63ペ）
ポリエチレン製の傘袋をふくらませます。紙で作ったノーズコーンと尾翼をつけるとロケットに。おしりを手の平で叩くようにして飛ばします。

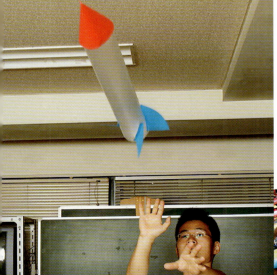

撮影：伊藤正道

動きが楽しいものづくり　　お手軽・美味しい!! 食べ物づくり

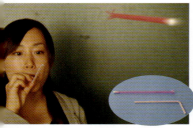

▲ストローロケット (75ページ)
太さの違う2本のストローで作るロケット。簡単に出来て，よく飛びます。

▼紙風船ポップコーン (86ページ)
紙風船をふくらませて，上を少しへこませ，材料を入れます。よくふってから，電子レンジでチン！　風船を割って食べよう。

◀キラキラ花火 (56ページ)
牛乳パックに筒をつけて，発射！　花火みたいにモールを入れて，発射！　花火みたい。室内でも楽しめます。

▼カラメルコーン (89ページ)

▼ペットボトルでキラキラ花火 (59ページ)

▼アップル餃子パイ (90ページ)
餃子の皮にカスタードクリームとリンゴをのせ，さらに皮を重ねて焼けば出来上がり！

お手軽・美味しい!! 食べ物づくり

▼電子レンジで
簡単クッキー (93ペ)

▲アメリカンカントリークッキー (95ペ)
材料一人分をビニール袋にいれて白い粉が見えなくなるまでこねます。あとは，オーブントースターで焼くだけ！

▶色変わり
ホットケーキ (98ペ)

はじめは紫芋の紫色。それが焼きはじめると，みるみるうちに緑色に!? 色の変化が楽しい。

▶イモようかん＆きんつば (104ペ)

(1) 柔らかめにゆでたサツマイモをつぶし，砂糖をまぜる。
(2) 寒天液に①を入れて，よくかき混ぜる。
(3) アルミカップに入れて冷ませば，イモようかんの完成！

イモきんつばは，水溶き小麦粉をつけ軽く焼く。

イモようかん

イモきんつば

お手軽・美味しい!! 食べ物づくり

▲キャラメルポテト (101ペ)
レンジでチンしたサツマイモをサイコロ状に切り，溶かした砂糖とバターをからめるだけ。簡単でヘルシー。う，うまい！

▲プリッツだんご (107ペ)
だんごにプリッツをさしてきな粉をまぶすだけ！

▼カマ・デ・チーズ (109ペ)
材料をよくかきまぜて，炊飯器に入れてスイッチON。簡単に本格的なチーズケーキができます。

▼ビスケットでアイスケーキ (114ペ)
砕いたビスケットに生クリームを加え，よくかきまぜます。それを牛乳パックに入れて冷蔵庫で固めたら出来上がり。簡単でおいしい！

◀フルーツ飴 (129ペ)
砂糖と水をよく混ぜてから，レンジでチン。そこに果物を軽くくぐらせ，アルミホイルの上で冷やせば出来上がり！

お手軽・美味しい!! 食べ物づくり

▶ドライアイスシャーベット (126ペ)

ドライアイスを電動かき氷機でけずると，アッというまに大量の粉末のドライアイスができます。 撮影：田中一成

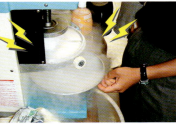

▼4色アイス (123ペ)

色の違うジュースに砂糖を加えて（比重を変えて）アイスキャンディを作りました。

▼おばけアイス (120ペ)

ビニール袋に牛乳とカルピスを入れて凍らすだけ。簡単でおいしい！

▶もちもちパンミックス (134ペ)

発酵させる必要のないパン生地「もちもちパンミックス」。初めての方でも，1時間あれば，おいしいパンが作れます。

食べ物づくり / アッ！と驚く 不思議工作

◀ **チヂミを作ろう**(131ペ)
小麦粉に卵と水を入れてよくまぜ、味付けして具を入れ、ホットプレートで焼けば出来上がり。

▲ **ビロ〜ンスライム** (172ペ)
イラスト・写真：古殿了一

▼ **そば打ち** (136ペ)
一人で一人分のそばを打って、食べよう。『やさしくできるひとりそば打ち』を参考に打ちました。

こねる！

のばす！

◀ **スライム入りムニュムニュ星人** (174ペ)
なんともイイ手触り。押しても戻るので、何度でも楽しめる！

できあがり♪

▶ **不思議なヘロンシャワー**(191ペ)
水をいれたペットボトル。栓を開ければシャワーに！

アッ！と驚く 不思議工作

撮影：外山禎彦

▲穴あき花挿し (218ペ)

▼水の表面が崩れる (181ペ)

①「水が入ったペットボトルに切れ込みをいれても，水は漏れない。箸を入れても漏れない。

②洗剤付きの割り箸を入れると，水がどんどん出てくる。

▲小便ペットボトル (184ペ)

ペットボトルの下側に針で小さな穴を開け，中に水を入れてフタをします。ボトルの上からお湯をかけると，まるで小便小僧のように，穴から勢いよく水が飛び出します。下は陶器製の小便小僧。

▼3つの手品 (194ペ)

3つの手品のうちの一つ「びっくりウォーター」。水の入ったビンを逆さにしても，水は出てこない。

アッ！と驚く　不思議工作

▼びっくりパイプ (154ぺ)

紙コップにストローが刺さっています。このストロー，吸うんじゃなくて，吹くんですよ。

▶レインボースコープ (161ぺ)

トイレットペーパーの芯とホログラムシートで作るスコープ。簡単ですごくきれいです。のぞくと虹が→

▼ネバーエンディングカード (198ぺ)

1枚の紙が3回変身。これは不思議だ！簡単に作れるたのしいカードです。

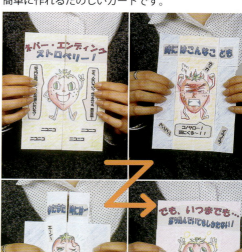

▼くるりんカード (195ぺ)

絵柄同士を合わせ，真ん中を四角く切り抜いた2枚のトランプ。なんと内側の絵柄がくるりんと表れる。百円トランプでOK。

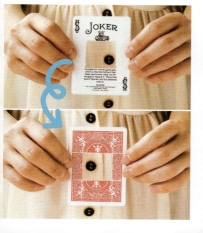

アッ！と驚く 不思議工作　　心ときめくものづくり

▲魔鏡をつくろう (204ペ)

金属板にカーボン紙で下絵を写します。写った下絵を今度はボールペンでなぞり，さらに反対側をコンパウンドで磨けば出来上がり。

◀アルミ缶で鏡ができた！(219ペ)

▼アクリルパイプのブラックウォール (220ペ)

鉛筆が壁を突き抜ける?!　アクリルパイプを切って，偏光板を2枚入れたら完成!!

▲紋切りうちわ (229ペ)

無地のうちわに紋切り型を貼りつけると，とてもおしゃれ。夏休みにいかが？

▲折り染めうちわ (230ペ) 撮影：滝口晃嗣

▼折り染めで花模様 (225ペ)

障子紙を折って，ダブルクリップでとめます。染料につけて広げると，きれいな花模様が！

飾る・魅せる☆ 心ときめくものづくり

▶**タンポポ綿毛のドライフラワー**（222ペ）
ビンの中で綿毛を広げるタンポポの実。ビンの底に不織布や色砂を敷きつめれば、ちょっとしたインテリアにも……。

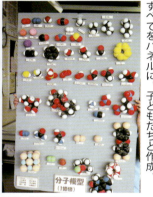

◀**モルカパネル**（251ペ）
分子がわかる「モルカ」に登場する分子模型すべてをパネルに。子どもたちと作成。

撮影：阿部徳昭

▶**ステップモビール**（229ペ）
紙製のモビール。精緻にバランスがとれています。少しの風でもゆらゆら揺れます。

◀**ステンドプラ板**（236ペ）
プラ板に黒の線で絵を描いて、トースターで縮めた後、アルミホイルをテープで貼る！

▼**巨大パタパタパネル**（240ペ）
体育祭で応援パネルを作製。おもちゃの「パタパタ」の仕組みを利用しました。 撮影：加地誠一

飾る・魅せる☆　心ときめくものづくり

▲染め紙コサージュ (270ペ)
切り込みを入れた染め紙を丸め，花しんを作る。花びらは4つ折りにした紙を型どおりに切り抜き，竹串でクセをつける。花びらと花しんを組み合わせれば，色鮮やかなコサージュの完成！

▼手作りコサージュ (264ペ)
道具と材料は，ハサミ・針・糸・安全ピン・布。卒業式などにいかが？

▲ミニ・クリスマスリース (255ペ)
ビーズ・針金・ベル・リボンで作るリース。簡単に出来て，とてもキレイ。

飾る・魅せる☆　心ときめくものづくり

▲霧吹きで雪化粧 (262ペ)
尿素に水やPVAのりなどを加えて霧吹きすると，結晶化してまるで雪が降ったみたい！　何度も吹きかけると，結晶が大きくなっていきます。

▲ひいらぎかざり (259ペ)
折り紙を折って，型紙に沿って切ります。あとは広げて重ねてホッチキスでとめるだけ。

▲キラキラジュエル (288ペ)
ビー玉をコンロで5分熱し，水につけるとキラキラに。モールと麻ひもをつければ，かわいいアクセサリー！

撮影：小笠原 智

▲ピカイチ指輪 (277ペ)
アルミの針金を巻いて輪を作り，ビーズを通せば出来上がり！

◀ビーズのきらきら指輪 (280ペ)
作り方は簡単。針金入りカラーテープにビーズを通して作ります。

▲UVチェックビーズ (300ペ)

ものづくりハンドブック❽
目次

転がる・走る・回る・飛ぶ
●●●動きが楽しいものづくり●●●

紙コップカムバック！	野呂茂樹	8
不思議なころがり球 ナマケダマ	萠出 浩	11
快走！電動歯ブラシカー	野呂茂樹	15
アルミホイルと鉄球で ピコピコカプセルをつくろう	野呂茂樹	16
100円ショップの プラスチック皿で 皿回し	清水龍郎	17
幼児も回せる 紙皿回し	谷崎牧人	21
ビー玉のコマ	加子 勲	24
超簡単！アルミキャップモーター	阿部徳昭	26

●発見物語＆作り方
　単三電池にネオジム磁石をつけ，傘状のアルミホイルをかぶせる。すると――あっ！　アルミホイルが回った！驚異の超単純モーターの作り方と発見物語。

花びら落下傘大研究!?	下地美枝子	37
変わりかざぐるまで楽しもう！	広瀬真人	41
変わりかざぐるま 回るものと回らないものの違いがわかったぞ！	下地美枝子	44
くるくる回る浮沈子	伊藤正道	46
回転浮沈子 ジュエルスピン	山口恵子	49
高速W回転浮沈子	当銀美奈子	51
〈針金のアメンボ〉で遊ぶ	小川 洋	53
つまようじと牛乳パックで作る ミニトンボ	永田英治	55
牛乳パックで作る キラキラ花火	山本俊樹・西岡明信	56
ショーゲキのものづくり ●〈キラキラ花火〉大改良!!	小笠原 智	59

回転！ かさぶくロケット ……………………………	竹田美紀子	63

●「開発物語」ではないけれど
　　傘袋に布テープを巻き，尾翼を付けておしりを叩く
　　と，回転しながら飛んでいく！　さらに工夫してい
　　くうちに，開発気分を味わった。作り方も紹介。

やってみました！ **回転かさぶくロケット**…………………	伊藤正道	74
めっちゃかんたん **ストローロケットで遊ぼう** …………	広瀬真人	75
くるくる回そう！ **ゴム動力ヘリコプター**………………	野呂茂樹	79

☞ **動きが楽しいものづくり**── 追試・補足情報

ナマケダマ………………岩本洋二　電動歯ブラシカー………藤井幹二 老人ホームで皿回し…早川一人　かさぶくロケット……小野健司 ストローロケット…古殿了一	82 〜 84

お手軽・美味しい!!
●●●食べ物づくり●●●

紙風船ポップコーン………………………………………	榎本昭次	86
おいしい カンタン **カラメルコーン** ……………………	田辺守男	89
アップル餃子パイ…………………………………………	村上かおる	90
電子レンジで簡単クッキー ……………………………	松本アキヨ	93
アメリカのカントリー・クッキーを作ろう！…………	島　百合子	95
びっくり！ **色変わりホットケーキ** ……………………	小林眞理子	98
お手軽・ヘルシー・おいしい **キャラメル sweet ポテト**………	島　百合子	101
秋はサツマイモでお菓子づくり ………………………	三木淳男	104
串ごとポリポリ♪ **プリッツだんご** ……………………	島　百合子	107
カマ・デ・チーズ ………………………………………	木浪健二郎	109
作ってみました **カマ・デ・チーズ**……………………	高橋香織	113

かんたん！ ビスケットでアイスケーキ……………………… 宮地仁美 114
暑い時にはこれ！ おばけアイスできました ……………… 長嶋照代 120
食べられる虹 4色アイスキャンディ ……………………… 厚井眞哉 123
チョー早わざで ドライアイスシャーベット!! ……………… 斉藤香代子 126
レンジで簡単！ フルーツ飴………………………………… 島　百合子 129
韓国料理 チヂミを作ろう！ ……………………………… 姜　成美 131
まるめて焼くだけ もちもちパン …………………………… 中西明子 134

ボクのそば打ち道入門 ……………………………… 中西　康 136
●向山玉雄・榎本桂子『やさしくできるひとりそば打ち』体験記
「初心者にも気軽にそば打ちが楽しめる」という本。
それを見ながら大晦日にそば打ち実行！ 作業の楽し
さは格別。さっそく授業にも取り入れてみました！

☞食べ物づくり──追試・補足情報

| カントリークッキー ……………………… 松木幸枝・斉藤佳子 |
| カラメルコーン… 原田美智代　サツマイモでお菓子… 島 百合子 |
| カマ・デ・チーズ …… 國友 浩　バナナケーキ ………… 石川恵子 |
| アイスシャーベット… 西岡明信　ビスケット＆もちもちパン… 編集部 |
| もちもちパン……… 藤本勇二　　カルメ焼き ………… 会田恭子 |
| カルメ焼きの裏ワザ!?… 阿部徳昭 |

146
～
152

アッ！と驚く
●●●不思議工作●●●

〈びっくりパイプ〉紙コップバージョン！ ……………… 佐藤晴美 154
●かわいい形のアイディアいっぱい！
　紙コップから顔が飛び出す！ 工夫次第でいろんな形に。

簡単にできて とってもきれい！ レインボースコープ……… 佐竹重泰 161
紙コップ式 レインボースコープ…………………………… 谷　岩雄 168

ストロー笛を作ろう	田辺守男	170
ビロ〜ンスライムとスライムヨーヨー	古殿了一	172
スライム入り ムニュムニュ星人	井関武弘・三木淳男	174
穴あき花挿しパワーアップ	横山裕子	176
水の表面が崩れる	入江洋一	181
小便小僧と小便ボトル	中井孝之	184
小便ペットボトル！	横山裕子	187
不思議なヘロンシャワー	萌出　浩	191
３つの手品	松口一巳	194
くるりんカード	めるしー渡辺	195
ネバーエンディングカード	石丸雅裕	198
生首ボックス	貝田　明・松田純典	202

〈魔鏡〉を作ってみませんか　　　　　　小林眞理子　204

● 平らな鏡なのに，壁に模様が明るく映る
　真っ平らな金属の鏡。光を反射させると…あら！　壁に明るい模様が浮かび出る。お好みの模様でどうぞ。

牛乳パックカメラで撮影しました ……………… 松口一巳　212

☞ 不思議工作──追試・補足情報

レインボースコープ	佐竹敦子・下地美枝子	
スライム	斉藤香代子・胤森千鶴・林　英子	214〜220
穴あき花挿し	佐藤哲也・外山禎彦・榎本昭次	
くるりんカード	米津敬信　ここにも魔鏡！……山田桂三	
アルミ缶で鏡作り	佐藤真樹子　ブラックウォール……宗像利忠	

飾る・魅せる☆
●●●心ときめくものづくり●●●

タンポポ綿毛のドライフラワー	平間芳樹	222
ダブルクリップで **折り染め花模様**	谷　岩雄	225
紋切りうちわ＆ステップモビール	編集部	229
大盛況！折り染めうちわ	滝口晃嗣	230
切り紙でお洒落な旅物語	中西　康	233
アルミホイルでとっても豪華に **ステンド袋＆ステンドプラ板**	高見沢ゆき子	236
記憶に残る体育祭に **巨大応援ポスター**	有馬孝男	238
体育祭で 巨大パタパタパネル	三木淳男	240

運動会の季節，特別支援学級担任の私の悩みは「応援合戦」。皆と同じことをするのは難しい。もっと本人の得意なことで参加できないだろうか。例えば，応援のパネルを持つとか。そうだ，「パタパタ」だ！

分子模型モルカパネル	阿部徳昭	251
誕生日のプレゼントにも！ミニクリスマスリース	居川篤司	255
ひいらぎかざり	品野美智子	259
尿素で **雪化粧**	野呂茂樹	262
手作りコサージュを贈ろう	粒田尚子	264
卒業式にはコサージュを！	難波二郎	269
染め紙でコサージュづくり	福田美智子	270
シャカシャカおりぞめ	浦木久仁子	275
ピカイチ指輪	小川郁美・小笠原　智	277
あなたも1分で作れる!? **超カンタン指輪**	藤下育美・段上和夫	279

キラキラ ビーズのアクセサリー作り ……………… 佐藤晴美 280

百円均一のカラーテープとビーズで,ゴージャスな指輪からブレスレットまで。材料費は激安なのに,本物みたい。夢中になる人続出!

ビー玉アクセサリー キラキラ★ジュエル ………… 阿部直美 288
●心ときめく〈ものづくり〉　編集・小野健司

ビー玉を熱して水につけるだけで,キラッキラッの宝物に大変身。モールと麻ひもをつければ,もっとステキに!

─┏☞心ときめくものづくり──追試・補足情報 ─────
| タンポポ綿毛のドライフラワー ……………………吉川辰司・高木仁志
| 紋切りうちわ…………………………………斉藤香代子・福島純子　296
| 紋切り型の工夫………長沼麗子　サンタのツリー………山田正男　〜
| クリスマスリース…高橋香織　キラキラビーズの指輪…清水浩子　300
| UV チェックビーズ……加藤愛子

ものづくりハンドブック1〜8巻・総索引 301

編集後記 320

---

*1 本文タイトルのそばに記してある数字は,初出年月日です。また,本文に登場する人名・肩書なども,執筆当時のものです。

*2 本文中の商品価格は,2014年3月現在のものです。販売価格は取扱店・時期によって異なることがあるので,「目安」程度にお考えください。

●装丁・表紙・口絵・扉イラスト:竹田かずき
●写真撮影:泉田　謙,さとう あきら
●本文カット:川瀬耀子,永岡亜也子
　　　　　　荻原和瑛,TAKORASU

転がる・走る・回る・飛ぶ

動きが楽しいものづくり

（初出 No.285, 04・9）

紙コップカムバック！

野呂茂樹

青森・高校

【〈もどりビン〉をヒントに】

　空きカンなどの円筒の内部に，おもりをつけたゴムを張って転がすと，こちらへ戻ってくるおもちゃがあります。かつて，これを作るには，おもりがカンの内壁に触れないようにかなり大きなカンを使わなければなりませんでした。この問題を解決し，小さなカンやビンでも作れるようにした畠山啓吾さんの工夫が，『ものづくりハンドブック7』（仮説社）に掲載されています。畠山さんの工夫のひとつは，横長のおもり（高ナット）を用いたことです。

　この工夫をヒントにして，私は紙コップ，ナット，紙コースターを用いたものを作ってみました。作りやすく，かつ，よい動きをしますので紹介します。

【準備するもの】

①200ml程度の紙コップ1個

②厚紙などで作られ，コップの口径より少し直径の大きい円板2枚（私は100枚525円の大型の紙コースターを使いました）

③大きさW1/2またはW3/8のナット1個（W1/2の方が勢いよく動くようです）

④輪ゴム（No.16）1本

⑤つまようじ1本（2つに切断して使います）

⑥太さ#20～24，長さ30cm程度の細い針金（または糸）

⑦千枚通し

⑧セロファンテープ

⑨速乾木工ボンドなどの接着剤

⑩カッターナイフ
⑪ゼムクリップ（No.1）2個

【作り方】
①円板2枚とコップの底の中央に，千枚通しなどで輪ゴムを通すための穴をあけます。

②1枚の円板をコップの底に，中心が一致するように気をつけながら，セロファンテープや接着剤で，貼り付けます。接着剤で貼り付ける時は，紙コップの底部の円板と接する部分を，紙ヤスリでいくらか削っておくと，接着剤の付きが良くなります。

③ナットに輪ゴムを，セロファンテープで取り付けます。はずれないようにするため，セロファンテープは何回も巻いて，しっかり固定してください。

④輪ゴムの端に2つ折りした細い針金（または糸）をひっかけ，縫い針の要領でコップの底の穴から外側へ引き出し，ゴムが戻らないようにつまようじで留めます。

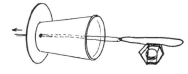

⑤輪ゴムのもう一方の端にも，2つ折りした細い針金（または糸）をかけ，もう1枚の円板の穴から引き出し，つまようじで留めます。ナットの位置は，コップの中央で

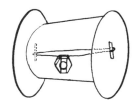

なくともいいですが，内壁に接触しないようにしてください。ナットが内壁に接触していると回転が止まってしまい，戻ってこなくなります。

これで完成です。実際に転がしてみると，1メートルほど転がせば，一度止まってから，こちらへ戻ってくるでしょう。最初の位置を通り越してしまうこともあります。また，途中に高さ5mmほどの段差があっても乗り越えて戻ってきます。戻ってこないときは，ナットが内壁に接触しているか，輪ゴムが空回りしていることが考えられます。輪ゴムが空回りしているようでしたら，つまようじを円板にセロファンテープで固定して，動かないようにしてください。

ふたとなっている円板とコップは，ゴムの張力で密着しているのですが，動いているうちにふたの位置がずれてくることがあります。これを防ぐには，円板をセロファンテープや接着剤で固定して，動かないようにするのがよい

のですが，ふたが開閉できるようにしたい時には，コップの口のふちの部分2ヵ所に，ふちと水平にカッターナイフで切れ目を入れ，そこからゼムクリップを差し込み，円板とコップを挟んで固定するとよいでしょう。

コップに切れ目を入れてそこからクリップを差し込みます

ふたをあけて中を覗きたい時には，ゼムクリップを抜いてふたを開ければよいのです。

＊このおもちゃを透明なプラコップで作ると，内部の様子が見えるので，ナットの位置が確認でき調整が容易になるとともに，メカニズムが理解しやすくなります。また，製作の際の説明用にも利用できます。〔口絵参照〕

(初出 No.314, 06・10)

不思議なころがり球 ナマケダマ

萠出　浩　青森・お楽しみ科学実験出前屋
編集・カット　池田佳代　出前屋アシスタント

●出会いは15年前

　2006年の4月，仮説社フェア（29・30日）にお邪魔したとき，「スネークボール」というおもちゃに出会いました（『たのしい授業』には2004年12月号，No.289，で紹介されていました）。

　球を斜面に置くと，ふつうはコロコロと加速して転がっていくものです。しかし，このスネークボール（小さな金属製の球）は，緩やかな斜面に置くと，ゆっくりゆっくりと転がっていくのです。これは非常に奇妙で不思議な落ち方をするおもちゃです。

　いったいどんな仕掛けがこの小さな金属球にあるのでしょうか。

　手で持ってみると……？　斜面ではなく，平面を転がしてみると……？

　私はいまだにスネークボールの解剖はしていませんが，このおもちゃの仕組みや簡単な作り方は，15年ほど前に山口豊『オモチャをつくろう』（筑摩書房，1979年）を読んで知っていました。その本によると，「この球がゆっくり動くわけは，中ののりのようすを観察すれば，すぐわかるでしょう。ゴムのりは，ひじょうにねばりけの強い液体です。これが，坂のとちゅうにおかれた球の中で，ゆっくりと流れます。そして，下のほうが重くなると，ピクリとすこしころがり落ちるのです」とのことです。そこでは「ピクリ玉」という名前で紹介されていたのですが，この不思議この上ない動きを

するおもちゃに，当時，私は夢中になりました。そして，紹介されているもの以外のいろんな素材を使って，このおもちゃを作り続けてきました。

　そして，あまりに不思議で楽しいこのおもちゃを，1989年に自分のガリ本『ボクのおもちゃ箱』で紹介しました。同時に〈仮説〉の大会などで販売したのですが，その時はピンポン球にセロハンテープを貼っただけのもので，見た目もあまりよくなかったためか，ほとんど人気がありませんでした。見せ方も下手だったに違いありません。しかし，今では作り方の改良もして，自信をもっておすすめできるようになりました。

　山口豊さんの本の中ではガチャガチャの容器やピンポン球で作ることが紹介されていましたが，作り方の簡単さと完成度のよさを見ると，ピンポン球を使って作るのがオススメです。

●材料
・ピンポン球（100円ショップで6個入りのものが買えます）
・キリ（100円ショップの手芸コーナーなどで扱っています）
・液体のり（液体のりであれば，特定のものでなくても問題ありません）
・紙コップ（液体のりを入れておくためのもの）
・注射器（プラスチックのもの）
・セロハンテープ
・アルミテープ（台所用品として売っている。100円ショップでも買えます）
・ハサミ
・新聞紙（のりで机が汚れることもあるので，敷いておくと後片付けが楽）
・ティッシュペーパー（ピンポン球表面についたのりをとるため。少しぬらしてふくとよい）

●作り方〔口絵参照〕
①ピンポン球に穴を2箇所あけます。1つは注射器の先が入る大きさ（2mmくらい）にあけます。もう1つは，のりを入れ

たときに空気が逃げるための穴です。子どもと作るときは、先に穴をあけておいてから渡すのが安全です。

②注射器を使って、のりをピンポン球に入れます。量のめやすは、ピンポン球の半分よりもちょっと少なめ（15cc弱）。このくらいの量だと、斜面を転がる際に一度立ち止まったりして、不思議さがいっそう増します。

めやすは約15cc

③のりが入ったら、ゆっくり（なまけて）落ちるかどうか確かめます。穴はセロハンテープで軽くとめておきます。なまけて落ちるようであれば

セロテープで仮穴ふさぎ

成功。仮止めしていたセロハンテープをはずしてアルミテープでしっかり穴をふさぎます。

④アルミテープはハサミで好きな形に切ってふさぎます。ハートや星の形の型で切り抜いても喜ばれます。穴をふさいだアルミテープは、ボールペンのキャップなどで、中の空気を抜き出すようにならしていきます。これで完成です。

先の丸いボールペンの先で内側から外側へ空気を押し出すようにしわをのばします。

● 作ったあとは「ゆっくり大会」

このおもちゃを作ったあとは「ゆっくり大会」をやることにしています。

斜面を使って、スタート地点に並べて、「よーいどん！」でボールを放し、〈誰が一番ゆっくりころがるか〉という競争です。一番最後にゴールした球が優勝です。

これはなかなか興奮します。普通のレースは速さを競うのが基本ですが、この大会は〈ゆっくりであること〉が大切なのです。

「誰の球が一番急な坂道でも耐えてゆっくり転がり落ちてくるか」という競争もおもしろいです。「一番ゆっくり落ちる球を作るにはどうすればいいのか」「急な坂道にも耐えられる球は、どんな坂道でもゆっくりころがるか」「さまざまな種類ののりや水などと混

ぜて粘度を変えたらどうなるか」などなど，研究テーマがいっぱい。とにかくたくさん作って試して遊びたいものです。

●いろんなたのしみ方

ピンポン球以外の容器に入れて遊ぶこともできます。透明な小さい円筒形容器が100円ショップなどで売られていて，これだとのりを入れるのも簡単で，すぐにつくって遊ぶことが出来ます。本当は中身が見えない方が不思議感があるのですが，中に色つきののりやビーズを入れたりして，動くからくりを確かめながら転がり落ちる速さを調節するのも楽しいです。この方法も，お手軽でかつきれいで，なかなか人気があります。

さて，今回，〈スネークボール〉に刺激を受けて，金属製の転がり玉を作り，販売することにしました。名前は斜面をゆっくりとなまけながら転がるところから，一緒に遊んでいたスタッフの池田さんと相談して「ナマケダマ」としました。中身には，もちろんのりを入れてあります。

（大：3500円，小：2200円，税別。ご注文は「お楽しみ科学実験出前屋・萠出浩」まで。TEL.0175-63-3790, modashi@khaki.plala.or.jp）。

金属製品のナマケダマを作りはじめたら，ますます楽しくなって，直径10センチ以上もある特大のナマケダマも作ってしまいました。こうなると不思議というより気味が悪いといった感じです。

このおもちゃの原理を物理学的に説明することは容易ではないと思います。戸田盛和さんの本（『おもちゃの科学』日本評論社）に原理の説明など書いてありますが，私にはよく理解できません。でも，戸田さんはいろんな素材を使って試しているので，それを読むのは楽しいです。

このおもちゃの説明に挑戦してみても，非常におもしろいことになると思います。研究テーマとしてもオススメです。　　（2006.7.14.）

＊編集部注：宮地祐司他『ころりん』（仮説社）には，転がる物の速さについての話が掲載されています。参考にしてください。

(初出 No.311, 06・7)

快走！電動歯ブラシカー

野呂茂樹

青森・板柳町少年少女発明クラブ

　振動を利用して動くおもちゃとしては「電動たわし」（『ものづくりハンドブック5』参照）が有名ですが，「小学校理科実験基本マニュアル」（京都府総合教育センター北部研修所）というホームページで上の写真のような車を見つけました。私はそのタイヤを発泡スチロール球に替え，さらに100円ショップで見つけた電動歯ブラシで作ってみたところ，快走！100円ショップに電動歯ブラシを100個注文してしまいました。作り方を紹介します。〔口絵参照〕

材料

・電動歯ブラシ（100円ショップで。電池は別売）
・物干し竿用洗濯ばさみ
・竹串
・発泡スチロール球（直径20mmのもので十分です）

①洗濯ばさみのツマミの先端近くに，竹串（車軸）を通す穴を開ける（最初から穴が開いているものもあります）。

②洗濯ばさみの穴に竹串を通し両端に発泡スチロール球を刺す。

③洗濯ばさみのハサミの間に歯ブラシをセットする。

　完成です。スイッチを入れて床に置いてみましょう。歯ブラシの毛の向きを変えたり，発泡スチロール球の大きさを変えたりすると，また違った走りが楽しめます。

(初出 No.284, 04・8)

アルミホイルと鉄球で
ピコピコカプセルをつくろう

野呂茂樹
青森・高校

薬のカプセルと鉄球で作るおもちゃ「ピコピコカプセル」は、『ものづくりハンドブック』2・6巻（仮説社）に紹介されています。また、アルミホイルでカプセルを作り、ビー玉を入れて遊ぶ「まゆ玉」は、『科学あそびだいすき3』（科学読物研究会編、連合出版）などに紹介されています。

そこで私は、「まゆ玉」の作り方をまねて、アルミホイルと鉄球で〈ピコピコカプセル〉を作ってみました。

道具・材料 直径5mmの鉄球（100個で税別500円、仮説社で販売）、アルミホイル、ストローまたは軸が丸い鉛筆（直径6〜7mm）、紙コップまたはフィルムケース

作り方 ①ストロー（または鉛筆）に、3×（4〜5）cmのアルミホイル片を巻きつけて抜き、〈3cm長のアルミホイルの筒〉を作ります。

アルミホイルをまく

②その筒に鉄球を入れ、筒の両端を3mmほど折り、お菓子が入っているような袋を作ります。

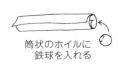
筒状のホイルに鉄球を入れる

端を折り返す

③それを紙コップ（またはフィルムケース）に入れ、1分ほどシェークすると、きれいな銀色の〈アルミホイル・ピコピコカプセル〉ができあがります。〔口絵参照〕

コップに入れて振る

遊び方 ゆるやかな斜面でころがすと、ピコピコと動きながら降りていきます。手の平で軽くころがすと、起きあがりこぼしのような動きをします。

(初出 No.284, 04・8)

100円ショップの
プラスチック皿で 皿回し

清水龍郎　埼玉・高校

●皿回しは魅力的

　〈皿回し〉には，子どもたちを引きつける魅力があります。それは，「〈皿回し〉というふつうの人にはできそうもない技が，自分にもできるようになる楽しさだ」といっていいでしょう。じっさい，不器用なボクは，自分に皿回しができるようになるなどとは，考えてもみませんでした。それが，数年前「たのしい授業フェスティバル」で塩野広次さんの皿回し講座を受けたところ，30分で回せるようになってしまったのです。（塩野広次「秘伝〈皿回しの術〉」『教室の定番ゲーム１』仮説社，参照）

　もちろん，当時，学校で回せるのはボク一人でした。以来，授業開きや行事のたびに皿回しをするようになりました。「皿回しは，ただ練習してもなかなかできるようにはならない。できるようになりたいという意欲と，良い師について正しい方法で練習することが大切だ。勉強も意欲と正しい学び方と練習が必要だ」といった話をするのに最適だからです。

　そして，いつしか生物部の生徒さんも，部活動紹介でいつも皿回しをするようになってしまいました。また，学校説明会で皿回しをしたところ，今年の入学式の日には新入生の保護者の人から，「あの皿回しの先生は，まだこの学校にいるのかしら」とつぶやかれる始末です。

●紙皿回しなら生徒とできる？

　こんなに楽しい皿回しですから，クラスの生徒さんにも皿回しを体験してもらいたいのですが，販売されている皿回しセットを多数そろえるのは予算的につらいです。ところが，『たのしい授業』のNo.236（01年３月号）で，大阪の越野登志子さんが「学校でもできる皿回し」として〈紙皿回し〉を紹介されました（『ものづくりハン

ドブック6』仮説社,にも掲載。紙コップの底を切り取って,紙皿の底に,糸底のように貼る)。

これなら,皿回し用の皿を安く作れるので,さっそく作って回してみました。皿は簡単にでき,回すのも簡単です。ですが越野さんも書いているように,普通の皿回しとは少し感覚が違います。「棒で皿を振り回す」感じなのです。棒で紙皿を振り回すと,棒で円を描くように回す皿回しの基本が身につきません。

棒で皿を振り回す

また,加速したあと,皿の中心で回すことも難しいのです。それで,ボクは授業での紙皿回しは断念しました。

皿は同じ位置
正しい皿回し

ところが,しばらく前にテレビの「伊東家の食卓」の中で,「ペットボトルのフタをはりつけて何でも皿回し」というのが紹介されていました。そこでこれもさっそく作ってお菓子のカンに貼ってやってみました。確かに簡単に回ります。ですが,これまた棒で振り回す感じにしかなりません。

● 100円ショップで探したら

「ちゃんとしたプラスチック皿につければうまく回るのかな」と思い,100円ショップ(ダイソー)に行ってみると,プラスチックの7～8枚組の皿が売っていました。これを買って紙皿回しのように2枚重ねて作って回してみると,紙皿の時よりもずっとうまく回せます。棒がきちんと円を描きやすいのです。

「紙皿よりもプラスチック皿の方が重いからいいのかも」と思ったボクは,プラスチック皿を3枚にしてみました。以前,練習用に販売されている皿が少し軽くなったとき,「やりにくくなったなあ」と感じた覚えがあったからです。

すると,2枚の時よりもうまく回せます。4枚だとさらにうまく回せます。重いと振り回すのがむずかしくなり,自然と棒が円を描きやすくなるのです。また,皿回

しのもう一つの基本的な技術である「遅く回転させる」ことも、重い方がコツをつかみやすいようです。塩野さんに皿回しを習ったとき、「棒で無理に皿を回すのではなく、皿の動きに合わせて棒を回す」ということを何回か言われました。重いとそれだけ慣性が大きく、皿の動きに合わせやすいということなのでしょう。越野さんの紙皿回しの記事にも、「1枚では軽すぎる」ということが書かれています。でも紙皿はもともと軽いので、皿を重ねる効果も小さいのです。

ですが越野さんの紙皿回し作りのいいところは、紙コップの糸底を使うところです。これはプラスチック皿にも使えます。プラスチックの皿の糸底は浅すぎるし、ペットボトルのフタでは小さすぎて、棒で円を描くようにはなかなかできないのです。ですから、紙コップは大きい方がいいです。コップの糸底が大きいと、棒がはずれることも少ないし、棒で円を描く動きも覚えやすいです。

なお、越野さんの記事では、棒はわりばしか鉛筆を使うことになっています。たしかにこれは安くていいのですが、棒が長い方が同じ円を描くのに必要な手首の回転が少なくてすみます。それでボクは、棒としてこれまた100円ショップで売っているさいばし（2膳＝4本で100円）を使いました。これなら最初から適当にとがっているので、わりばしのようにけずる必要もありません。

この話を聞いた埼玉の須崎さんが、「100円ショップでも売っている園芸用の支柱を使うともっと長い棒が簡単に手に入る」と教えてくれました（『たのしい授業』No.174、96年10月号、参照）。さっそく3本組で100円の支柱を買って試すと、これがうまくいきます。この支柱は長さを調節できるようになっているのもいいです。

そして調子にのって何回も回していたときです。突然、棒が糸底のフチを離れ、コップの中心近くで円を描き始めました。「あれ、この皿でも中心で回せるのかな」と半信半疑のボクは、今度は加速して棒を中心に立てるように力を入

れてみました。すると，棒はほぼ中心で回るではありませんか。

じつは紙皿回しのレポートでも，「慣れれば中心で回せるようになる」ということが書いてあるのですが，越野さんはできないと書いていますし，本物の練習用の皿は中心にへこみがあるのです。紙皿はそういう構造になっていないので，あきらめていたのです。

●プラスチック皿はいい！

とはいえ，中心で回すのはやはりかなりむずかしいです。それならとボクは，プラスチックにはりつけた糸底の中心を，棒の半径に合わせて少しカッターナイフで切り取りました。つまり，ちいさなへこみを作ったわけです。これで試してみると，ずっと簡単に中心で回せるようになりました。さらに，空中に皿を投げ上げてまた棒で受け止めることもできました。糸底が深いので受け取りやすいのです。

この方式ならば，皿回しセットが1組100円以内でできます。子ども一人に1セット用意するのも

それほど難しくはないでしょう。しかも，皿回し技術の基本である，①ゆっくり加速する，②棒をまっすぐに立てて円を描く，③加速回転を止めて棒を皿の中心で回す，といった皿回しの技術の基本をマスターできます。うまく棒で円を描いたり，遅くても回転させられるようになってから，本物の練習用の皿で練習させるとさらにいいのではないでしょうか。

この皿回しセットをサークルで紹介したところ，これまで皿を回せなかった中高年の人たちが簡単に回せるようになりました。経験的にみて，若い生徒たちはずっとうまく回せるようになります。この方法でクラス全員で皿回しをやってみてはいかがですか。

ただし，100円ショップの商品はいつもあるとは限りません。案の定，最近行ったら売り切れでした。でも，メラミン樹脂製の皿なら売っているので，こちらを使えばいいと思います。1枚100円くらいでコストアップしますが，重いので一人1枚で十分です。

〔口絵参照〕

（初出 No.335, 08・4）

幼児も回せる紙皿回し

谷崎牧人
大阪・元小学校

皿回しに魅せられて

　1998年にあこがれのグランドキャニオンに旅をして，途中でラスベガスのショウで皿回しのジャグラーを見ました。簡単そうなのにとても派手に見える皿回しが面白くて，帰ってからあちらこちらと「皿回し道具」を探し，奇術用品販売のＤＰグループでやっと見つけました（税別1800円，硬質プラスチック製）。地域のボランティア活動を始めたときなので，早速数十枚を購入して色々なところで実演したり，回す練習をしてもらうイベントをしました。

　「棒のしなりが大切……リーダーも柔軟性を」

　「棒が回るのでなく皿が回る……親は中心でまっすぐじっとして，子どもをしっかりと支えてあげよう」

　「すぐにあきらめずに継続した練習が大切」

　「続けていくと突然悟りが開けたように回りだす，自転車や逆上がりと同じです」

──などとコメントを入れながら色々なところで皿回しを大いに活用しました。

　皿回しはとても面白いのですが，道具に少し欠点があります。

1．まず高価すぎてお土産にあげてしまうことができない。
2．落として破損することが結構多い。
3．上を向いて回すので，ひたいに落ちて怪我をさせたケースもあった。

　そこで見つけたのが『たのしい授業』の「紙皿回し」の記事です（越野登志子「紙皿回し」『ものづくりハンドブック６』仮説社）。早速飛びついてやってみました。

　すると，上記の欠点を全てクリヤーした上に，自分で作る喜びがあり，さらに色を塗ってmy皿回しを作れるのです。そこで，ここ

数年は，ほとんど紙皿回しに切り替えてきました。

あちこちでやっているうちに皿にヒラヒラした飾り紐をつけたり，回す棒を，削った鉛筆・竹串・爪楊枝にしたり，名刺で作った三角錐を指先にはめて回すなど，子どもたちによって次々と発展させられていきました。特に爪楊枝で回す方法は単価がとても安くなり，持ち運びも簡単です。

孫も大好き

居間に皿を並べて爪楊枝での回し方をあれこれ工夫していると，生後一年二カ月の孫がとても気に入った様子です。言葉もしゃべれないのにいつも楊枝と紙皿を持ってきて回してほしいとねだります。そのうちに自分でも紙皿の下に楊枝をあてて回そうとしますが，うまく支えられません。

なんとか回す形だけでもさせてやろうと思って，甘いおじいちゃん（私のこと）の試行錯誤が始まりました。

紙皿回しで使う紙コップ底の代わりに，ダイソーで売られている

「ペイント小皿01（金属製6枚入・直径5cm）」を紙皿に両面テープで貼り付けました。

回し棒は同じ店で見つけたマグネットダーツの矢（4本105円）を使い，接点を小さくするためにマグネット部分に5㎜の鉄球を強力な接着剤（二液型のエポキシ糊）で付けて十分に乾かしました。

この苦心作は孫のお気に入りのオモチャになり，皿を下にして回してみたり飽きることなく遊んでくれます。〔口絵参照〕

味をしめて，地域の「子育てサロン」や「お年寄りのふれあいサロン」などでも試してみましたが，結構好評を得ています。

児童や高齢者に長い棒で回してもらうときには，直径8㎜長さ95cmのラミン棒（木製）の先にネオジム磁石と鉄球を貼り付けたものを用いると紙皿回しの時と同じようにダイナミックに回せます。

車椅子での参加者も，回すだけ

で結構皿回しをした満足感を持ってもらえました。

制作のためのいくつかのヒント

紙皿は、厚くて重い方が良く、さらに2枚張り合わした方がいいです。

鉄球は5mmでも6mmでもあまり差が無いようです。

自作してもらうときには、紙皿の中心に半径18mmほどの円（小皿の底の大きさ）を描いておき、ペイント皿を貼る目安を作っておくとセンターが出しやすいです。

両面テープはクッション材のついた強力なものがお勧めです。

失敗の記録

大量に作りたくて、インターネットで探して「鋼球」を1kg注文しました。配達された物を使って驚きました、外見は鉄球ですが磁石にほとんどつきません。問い合わせてみると18-8ステンレス球で磁性体ではないとのことです。あわてて大量に作った回し棒の鉄球を苦労して全てはがしました。「やってみないと分からない」という鉄則を思い知らされた次第です。ちなみに返品不能ということです。どなたか磁石につかない鋼球の使い道を教えてください。

同じくダイソーで「マグネットピン」という名称で色々なものがあり、これをダーツ矢のかわりに使ってみましたが、周囲のプラスチック部分が当たってうまく回せません。結局プライヤーで壊して磁石だけを取り出して使っています。最近「マグネティックおもちゃ1」というものをダイソーで見つけました。25mmほどのスティックと13mm弱の鋼球が5つずつ入っています。このスティックならうまくいきそうです。

同じく最近、知人の高島章先生から、「鋼球を付けなくても回るよ」という情報をもらいました。これも又「やってみないと分からない」ということですね。もっと色々な工夫が出てくることを期待しています。

＊仮説社では、初心者用皿回し（税別1000円、軟質プラスチック）、と練習用皿回し（税別2000円、硬質プラスチック）を販売しています。送料等は320ペ参照。

(初出 No.310, 06・6)

ビー玉のコマ

加子 勲
_{かこ}

愛知・小学校

数年前におもちゃ屋で、木の球を2個くっつけた形のコマを買いました。輸入玩具のようで、世界のコマを紹介している大橋栄二さんのホームページでは、「イタリアのコマ」として紹介されていました。

このコマは『ものづくりハンドブック6』に掲載されている唐澤道朗さんの「ダブルフィルムケース」と同じ仕組みで回ります。

買ったコマは木製ですが、ビー玉2個を接着剤でくっつけても同じものが作れます。簡単に作れて、動きと音がとても楽しいコマです。〔口絵参照〕

●作り方

基本的にはビー玉2個を木工用ボンドでくっつけて、1日乾かすだけです。注意点としてはボンドを片方に塗ってもう片方とくっつけ、一度離して少し乾かすことです。このへんは分子模型の発泡スチロール球をくっつける時に似ています。ボンドが少し乾いたところでぎゅっとくっつけて、後は丸一日放っておきます。焦ってすぐに回そうとしてはいけません。

ビー玉は、小(直径12mm)、中(直径16mm)、大(直径24mm)とありますが、どれでも作れます。ストローで吹いて回すなら小さいビー玉がよいと思います。中と小を組み合わせた〈だるま型〉も回りま

す。大小組み合わせたコマでは，大を下にして回したときと，小を下にして回したときで，違う回り方をします。大を下にすると上に乗っている小を振り回すようにまわります。小を下にすると，ちょうど逆立ちゴマが逆立ちしたときのような回り方をします。

●回し方

回し方はいろいろあると思いますが，いくつか列記しておきます。
①片手でひねって回す。
②両手でひねって回す。初めて回す子どもの場合，片手だとうまく回せない子もいます。そんな子は両手のほうが簡単のようです。慣れれば片手でもできるようになります。
③コマを床に置いて，左右どちらかの玉に人差し指をかけ，手前下に押し付けるようにはじく。
④手で回しておいてストローで吹く。吹いて回し続ける場合は，時々吹けばOKです。ストローで吹く方法は，パズル工房「葉樹林」さんのホームページで知りました。縁の緩やかなプラスチックの皿の上で回し，隅に追い詰めて吹くといいようです（皿無しでもできます）。

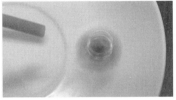

ストローで長時間吹き続けると，息の水蒸気でコマの表面がぬれるので，ストローで吹くかわりに，ドライヤーの先に紙で作ったじょうごのようなものをつけ，冷風で回せば楽ちんです。ドライヤーなら，大きくて重いビー玉で作ったコマでも回り続けます。

机の上で回したとき，下に落として接着部分が取れることがあります。簡単に直せますが，乾くのに1日かかるので，余分に作っておくとよいでしょう。

（初出 No.323, 07・5）

超簡単！アルミキャップモーター

●発見物語＆作り方

阿部徳昭　宮城・小学校

出会い

　2007年2月1日夜。なにげなくインターネットのホームページでYou Tubeという動画共有サイトを見ていたら，ある画像が気になりました。

　何かを持っている手が実験でもしているような画像です。

　タイトルを見ると

「3 Part Homopolar Motor」

とありました。

　〈Homopolar〉ってなんのこっちゃですが，たぶん〈モーター〉を作ってるのだろうと予想しました。

　以前にこのサイトで〈ペットボトルに水とドライアイスを入れてフタをしめ，そのボトルを手榴弾のように投げて破裂させて喜ぶ少年の動画〉を見たことがありました。そんなアブナイこともふくめて〈お茶の間実験〉的な動画がこのサイトにはあるのです。

　さて，さっきの画像をクリックすると，〈乾電池〉〈ネオジム磁石〉〈銅線〉の動画を順に紹介します。

　ぼくはそこまで見て「これはクリップモーターの一種だな！」と思いました。（田中新「簡単モーターを作ろう」『たのしい授業』99年11月号，No.217参照）

　すると，思ったとおりに，〈銅線でできたフレームのようなもの〉が出てきました。これにモーターの回転部分を作ってのせるのでしょう。

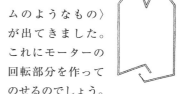

そして、ネオジム磁石を電池のプラス極にペタッとくっつけました。そして、さっきのフレームを、立ったままの乾電池の反対の極に上からのせました。

すると、なんとフレームが回転し始めるではありませんか。それも、あっという間にすごい勢いの回転になりました。フレームだと思ったものは、実際には〈回転子〉だったのです。

〈3Part〉とは〈電池〉〈磁石〉〈銅線〉の3つのパーツ、その3パーツだけで回るモーターなのです、これは。

ぼくはびっくりするとともに感動しました。「まったく世の中は広い、世界には大したやつがいるものだ」と思いました。

なぜ回転するのか？

さて、〈3 Part Homopolar Motor〉の仕組みの単純さ、回転の良さはすばらしいのですが、なぜ、これだけ単純なのにうまく回るのでしょう。

動きの鮮やかさに最初はおどろくばかりだったのですが、その動く原理が気になります。

〈電池〉があって〈磁石〉がある、とくれば、仮説実験授業の授業書《電流と磁石》。その授業書を貫く〈右ねじの法則〉で説明できるはずです。

〈右ねじの法則〉とは、授業書《電流と磁石》に次のようにあります。

電流の通っている電線のまわりの「磁場（磁界）」は、その電線（電流）をとりまくような方向に磁石を動かす性質をもっているわけです。〔中略〕

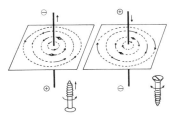

電流の向きをふつうの「ねじ」（右ねじ）のすすむ向きとすると、その電流のまわりにできる磁力線の向きはちょうどその

27

「ねじ」をまわす向きと一致しています。この電流と磁力線の関係を「右ねじの法則」といいます。

この〈3 Part Homopolar Motor〉に、「右ねじの法則」をあてはめるとどうなるでしょう。
①銅線が磁石に接する。
②ネオジム磁石に電気が流れる。
③銅線のまわりに〈右ねじまわり〉に〈磁場＝磁石を動かす性質〉ができる。

④ネオジム磁石にも〈磁石を動かす性質＝磁場〉がある。上下に極があるので、仮に下をS極にすると、下図のような磁場ができる。
⑤銅線のまわりにできた磁場と作用して、銅線の左側は磁場どうしが反発しあう。銅線の右側は磁場どうしが引きつけあう。したがって、

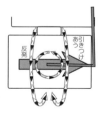

銅線は右に動くことになる。

――となっているのではないでしょうか……。

製作開始

そんなイメージをしつつ、実際にこのモーターを作るために部屋の中でパーツを探し始めました。

20年前に買ったネオジム磁石、裸の銅線、アルカリ乾電池（写真屋さんにもらった〈使い捨てカメラに使用されていたもの〉）を探しだし、さっそく製作です。

まず、動画をまねっこして銅線を曲げました。かなりいいかげんです。

そして、ネオジム磁石を乾電池につけました。

ネオジム磁石は何度も激しく磁石どうしでぶつけたために、部分的に欠けて、内部が茶色く見えているのが気になります。

ドキドキしながら、乾電池の上に曲げた銅線をのせました。

といっても、曲げ方がいいかげんなので、電池にのせながら、磁石に接するように調整しました。

そして、いざ銅線から手を離すと……まったく動きません。

いいかげんな曲げ方が悪かったのでしょう。いろいろと曲げ方を変えてみました。が，それでもびくともしません。

　どうも，これだけピクリとも来ないと「うまく電流が流れていないのではないか」と思えてきます。

　このネオジム磁石は，表面の金属光沢が，ちょっとくすみ気味です。豆電球テスターをあててみると，やはり光りません。

　そこで，電気を通すためには……，アルミホイルでくるんじゃえ，ネオジム磁石を。

　アルミホイルがシワシワで，銅線にひっかかりそうだなと心配しながらも，とにかくやってみることに。銅線をのっけると……，ピクンと動きました。

　そこで，銅線を曲げたり伸ばしたり調整すると，1回転，2回転，3回転……，と，徐々にうまくまわるようになりました！

　しかし，どうしても数回転すると，落下したり，ひっかかったり，電池の極から銅線がズレたりして止まってしまいます。

　ちょっとした回転のブレや銅線の曲げ具合で一進一退。調整がすごーく微妙。でも，その微妙さにハマって気づいたら夜中の3時近くになっていました。

　まったくの平日なので，また仕切り直し。

　寝る前にネットで安いネオジム磁石を注文しておきました。何日かすると届くことでしょう。

実験，実験，また思考実験

　翌日は，「つづきをしたい」という気もちで朝からウズウズ。

　通勤途中や職場でふと空いた時間に「もっとうまく回転させる方法はないだろうか」と思いをめぐらせてしまいます。

　考えるうちに確かめたくなることがいくつも出てきます。

　まず，銅線の曲げ方は左右のバランスがくずれると回転がブレるので，最初に2本重ねて折り曲げて，外側のカーブを整形し，最後に開く。そうすれば左右対称になるはずです。

しかし，この銅線で成功したとしても，調整が飛躍的に簡単になるとは思えません。

　極につく上の部分1点と，下の磁石につく部分2点でフレームを支えるのですが，このままではどうやっても不安定な気がします。

　もし，仮説実験授業《電流と磁石》の終了後に，小学生に作ってもらうとしたら，多くの子がザセツしてしまいそうな気がします。

　小学生でもラクに作れるモーターにできないでしょうか。

　そのためには，銅線の形を整える方法もあるだろうし，別の材料を使う方法もあるのではないかなあ……と思いめぐらせながら運転。あぶないあぶない。

新発想

　帰り道，学校の駐車場から出て，踏切を越えたところで，ふとひらめきました。

　アルミホイルはどうでしょう。

　アルミホイルをキャップというか傘のように片方の口が閉じた円筒状にして，電池と磁石にかぶせるのです。

そのアルミの頂点がプラス極に接して回るのなら，とても安定するような気がします。

　それに傘のスソのほうが磁石にふれるわけですが，銅線フレームなら2点でふれるのが，アルミキャップならまわりを全面でふれられるようになるわけで，都合が良いように思えてきます。

　でも，そうしたら電流の流れや磁石の磁力線との関係がうまくない？　アルミホイルの面で電流が流れたら電気の流れはおかしくなる？

　いや，まわりはアルミの面であっても，電流は接したところから最短距離でもうひとつの極まで流れるはずです。

　アルミキャップ方式——これはいけるかもしれない？

実際に作ってみると……

　そんな予想をしているうちに，もう帰宅。さっそく考えたことをやってみることにしました。

　まず，〈銅線重ね折り曲げ成形

方式〉。

 これは,板きれを型にして,できるだけグチャグチャにならないように意識して形を作りました。左右対称も重ね折りなのでばっちり。〈電池磁石〉にのせると,いいかげんに作ったのよりはブレも少ない気がします。

 しかし,調整が必要なのは予想通り。成形してすぐにグルグル回るということにはなりません。

 そして,新発想のアルミキャップ方式ですが,アルミホイルのキャップを作るにも,ホイルはグニャグニャしていて作りにくそう。

 部屋の中をキョロキョロしていると,リップクリームが目につきました。手にとって単3電池と並べると,単3電池よりちょうど一回り太い程度でジャストフィットしそう。

 さっそく,アルミホイルの真ん中にリップクリームの上面をあて,それを包むようにグジャーッとホイルを曲げました。

 すると,どうみてもぶかっこうな〈アルミホイルキャップ〉のできあがり。

 あまりのぶかっこうさにちょっと不安になったのですが,「理論的にはまずくないはず」と思いながら,〈電池磁石〉にかぶせてみました。

 するとすると……,すぐにクルッとまわるではありませんか。

 調整すると,1回転,2回転と続けてまわることもあります。

 ぼくの予想通り! うれしくなって,何度も何度も調整を繰り返しました。

 あとは,注文したネオジム磁石が届けば,もっとスムースにまわるに違いありません。〈ホイルシワシワネオジム磁石〉でもこれだけまわるのですから,新品のネオジム磁石ならまちがいありません。

新品磁石では

 その翌日,ネオジムが届きました。

 わくわくしながら,アルミキャップをのせると……,まわりません。

 新品ネオジムは表面が金属光沢をしているのですが,電気をとお

さないのでしょうか。豆電球テスターで確かめると、ピカピカ光っています。

しかし、〈電池磁石〉をよく見てみたら、その原因がわかった気がしました。

注文したネオジムの直径は、単3電池よりもやや小さいのです。

だから、アルミキャップが磁石にうまく接触していなかったのです。

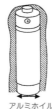
アルミホイルと接触しづらい

ホイルのすそを内側に湾曲するように調整をしてみましたが、それでもスムースとは言えません。

ネオジム磁石のお店を調べて、あらためて直径のもう少し大きなものを注文し直しました。

便利なもので、磁石のサイズは直径が1ミリ単位、厚さが5ミリ単位でいろんなものがあります。

今回のこともあるので、サイズをいろいろととりまぜて注文することにしました。

新しい電池との出会い

ネオジム待ちの間、たまたま近所のスーパーで買い物をしていました。ふと乾電池コーナーに立ち寄ってみると、そこに「オキシライド乾電池」（松下電工）がありました。

この電池は、数年前に発売されたもので、〈ふつうの乾電池サイズなのに1.7ボルト程度の高い電圧で、器機によっては動きが良くなることがある〉というのです。

ぼくは、大好きな〈使い捨てカメラ電池〉があるので、わざわざ乾電池を買うまでもないと思いました。しかし、ものはためし。〈オキシライド電池でやってもふつうのアルカリ電池でやってもモーターの動きに変化はない〉ということを確かめられるかも、と思って、2本だけ買ってみることにしたのです。

そして、さっそくオキシライド乾電池に磁石をセットしてみます。すると、銅線がすごい勢いで反応してしまいました。回転が激しすぎて、すぐに飛ばされるほどです。アルミキャップをセットし

ても，ギュインギュインと回転します。これまでとは全く違った力強さを感じるのです。「磁石が小さい」というのは，〈まわらない主原因〉ではなかったのです。

静かにしていると，「チリチリッ」「チリチリッ」とかすかに音がします。よく見てみると下の方に電気火花が飛び，チカチカ光るのが見えます。火花の放電の音がチリチリ言っていたのでした。

そこで，はじめの〈シワシワアルミネオジム磁石〉にもどして，アルミキャップをセットしてみると，まわります。ギュンギュンまわります。止まることなくまわり続けます。うーん，すごい！

そして，注文した〈乾電池よりも直径の大きいネオジム〉が届きました。

オキシライド乾電池に，大きなネオジムをつけて，アルミキャップをかぶせると，まわります。大した調整をしなくても，ギュンギュン回ります。とにかく力強い。

ネオジムは，結局乾電池より大きい15ミリ以上のものなら，16ミリでもギュンギュン回ります。

製作のオマケ

アルミホイルや銅線のスソが机などに接触すると回りません。そこで，こすれないように，電池の下のネオジムの下に，もう一個「スタンド」として電池を置きました。しかし，この方式だと，オキシライドにしてから回転が良すぎてその振動で不安定になることがありました。

そこで，途中から専用の〈モータースタンド〉を作りました。板きれに木ネジをつけるだけです。それにネオジムをつけると，アルミホイルの長さが少々長くても，ホイルのスソが乱れていても，気にしなくてよくなりました。

アルミホイルは，前述の〈キャップ型〉でも良いし，クルクルとのり巻きのように巻いて片方の口を閉じる形でもうまくいきます。その芯にぼくは「メンターム薬用スティック」（の容器）を使いました。ダイソー製のリップクリームやダイソーの液体のりの容器でもうまくいきます（芯の太さは重要！）。

銅線に帰る

〈オキシライド乾電池と大きなネオジム磁石の強力タッグ〉を得て、ぼくはもう一度あの微妙だった銅線に挑戦したくなりました。

微妙だと思った調整も、この〈強力タッグ〉なら、そんなに気にしなくてもいいくらいにパワーがあるように思えます。

〈回転はするのだから、回転してもはずれない〉ということに気を付けて作ればいいはずです。

実は、最初に紹介した映像には続きがあって、銅線の四角いフレーム形の回転子とは形状のちがうもう一つの回転子がありました。

それは四角いフレームをらせん状に巻いた「二重らせん型」です。らせん下部の銅線の先が磁石に接するのです。

この形なら、銅線が乾電池をとり巻いているので、はずれづらいはずです。

しかし、実際リップクリームを芯にして巻いてみたのですが、形が複雑でバランスがうまくとれません。

そこでまた思考実験。

結局は、〈二重らせんを美しく形作らなくても、はずれさえしなければいいのだ〉と思えました。そうするには、アルミキャップのように〈電池をとりまく形状〉があれば良いのではないでしょうか。

実は、このモーターの製作をはじめてまもなく、秋野勝彦さん（宮城・小学校）に研究協力をお願いしました。そのとき、秋野さんは銅線で〈非対称ヤジロベエ型〉を作りました。

ぼくはネットでの映像にこだわってしまって対称形しか思い浮かばなかったのですが、磁石の接点が一点でもあれば対称形である必要はないのです。

そこで、〈らせん〉ではなく、次の図のように電池接点は銅線の端にして、電池上部に一カ所リング形状を作った後、磁石との接点もリング形状にする〈非対称ツインリング型〉を思いつきました。

またまたリップクリームを型に

して巻き，オキシライド＋ネオジムにセットすると回転力が強すぎてビョンビョンはねるような動きをするほどの高速回転。やったー！

その後，〈リングを２つ〉という条件だけを守って，いろいろなデザインを作ってみましたが，よっぽど傾かなければ，どれもよく回ります。

磁場が見える？

さてさて，この原稿を書いている現在も電池や銅線や磁石をいじくりつづけています。

単純な構造のモーターをいくつも作っていると，〈電流が流れる瞬間〉にできる〈右ねじの法則の磁場〉がまるで見えるかのような気になってきます。

このモーター作りはぼくにとってまるで〈もしも磁場がみえたなら〉！

★オマケ１：約20年前，秋野勝彦さんに〈本を見て作った変わったモーター〉を見せてもらいました。それは，ファラデーの作ったモーターの模型で〈アルミホイルで棒状に作ったものが磁石のまわりを回る〉というものです。それと今回の超単純モーターは原理的にすごく似ています。が，装置の単純さの度合いはすごく違います。しかし，アルミホイルを使う発想はその記憶をたどっていたのかもしれません。

★オマケ２：〈オキシライドの電圧が高いのが良い〉のならと思って他の電圧の高いのをさがしたらありました。リチウム電池です。電圧３ボルト。やってみたら，もちろん良く回ります。

★オマケ３：〈オキシライド〉のパワーがあると，黒板にはる〈カラーマグネット〉でもアルミで包むなど調整次第では回すことができます。結局は磁石の磁力よりも電線の磁場の強さが重要かも？

★オマケ４：新品のオキシライドでも，しばらく回転すると電圧が低下するようで回転しなくなってしまいます。特に，アルミキャップは電圧が下がるとすぐに回らなくなります。銅線は軽量なので，

けっこう持ちます。しかし,〈とにかく電池の新鮮さが大切だ〉と感じています。そこで,新品のアルカリ電池でアルミキャップをやってみると,みごとに回ってしまいました。もちろん,勢いや持続力ではオキシライドに劣ります。マンガン電池では,新品でも回りませんでした。

★回転する原理については,授業書《電流と磁石》を読んだ後,『たのしい科学教育映画シリーズDVD版 ⑥電気・磁気編』(仮説社で販売)の「電流と磁石1」「同2」を見ると身に染みてわかってきます。

〔まとめ〕
アルミキャップモーターの作り方

〔口絵参照〕

材料:単3電池(できればオキシライド電池),ネオジム磁石(直径15ミリ),アルミホイル(単3電池を包める大きさ),木ネジ,木片,以上各1個。

作り方①アルミホイルを13cm×13cm程度に切る。

②直径17ミリ程度の円柱(〈メンターム薬用スティック〉が最適)を,アルミホイルの中央にあて,円柱にフィットするようにグチャッと押し当てる。長さは単3電池より5ミリ以上長い程度。長くなりすぎたらスカートのすそのようにまくりあげる。上の部分は破れない程度にフィットさせる。

③木ネジと木片で作ったスタンドにネオジムをペタッ。そして,単3電池もマイナス極を下にして,ネオジムの上にペタッ。

④②で作ったアルミキャップを電池にかぶせる。できあがり!

うまくまわらなければ,アルミの形を調整してください。アルミキャップの内径は,単3電池にピッタリすぎてもだめ,ユルユルすぎてもだめです。

注意! アルミキャップ(回転子)を電池にのせたままにしておくと,ショートさせているようなものですから,電池が熱を持つ場合があります。くれぐれも回転子をセットしたまま忘れることのないように注意してください。

(初出 No.295, 05・5)

花びら落下傘大研究!?

——左利き用のハサミを使うと左回り。
では, 左と右のハサミを交互に使って切ったら？——

下地美枝子　沖縄・図書館司書

たのしい5年生

　幼稚園の子どもたちと交流会をすることになった5年生。「絵本を読むほかに, 簡単で楽しいことをしたいんだけど, 何かないかな？」と担任のめぐみ先生から相談を受けました。

　そこで早速『ものづくりハンドブック』(仮説社)のなかからあれこれ紹介しました。子どもたちが選んだのは『ものづくりハンドブック2』に載っている〈花びら落下傘〉。出来上がったものを私のいる図書館まで見せにきてくれ

ました。上の写真は「タコの盛り合わせ」だそうです。色をつけたり, 大きさをかえたり, いろいろな工夫をしたステキな作品ばかり！　教室でとっても盛り上がったそうです。

なぜ右回り？

　ところで『ものづくりハンドブック2』に載っている, 牧野英一さんの記事のなかに〈花びら落下傘〉の回転の話がでてきました。
「花びら落下傘は何回作っても

花びら落下傘の作り方
帯状の紙にはさみで切れ目を入れ, 左右をつないで輪にして空中で落とすと回転します。

右回りに落下する」というのです。地球の自転の影響ではないかという話になり、南半球のオーストラリアにいるお友だちに手紙を送り、実験してもらったそうです。

ところがそこでも右回りに落ちてきたそうです。

「もの作り」に精通している池上隆治さんの予想では、右回りになるのは「右利きのはさみ」の切れる角度の関係ではないか、ということでした。「左利きのはさみ」で切ると左回りになるのでしょう、ということです。

予想は立っていたものの、そこに実験結果は書かれていませんでした。

『ものづくりハンドブック2』は1990年に出版されていますから、もう試された方がいると思いますが、私のまわりではまだ誰も試していません。

私は左利き……ちょうどはさみもあります。予想を確かめるチャンスです！

左利き用のはさみで切ったら？

池上さんの予想通り「左利き用はさみ」で切ったものは、何回（6回以上）作っても左回りで落ちてきました。

ちなみに仮説の会のメンバーにも作ってもらいました。結果は以下の通りになりました。

・左利きの人が左利き用のはさみで切る……左回り
・右利きの人が左利き用のはさみで切る……左回り
・左利きの人が右利き用のはさみで切る……右回り
・右利きの人が右利き用のはさみで切る……右回り

左利き用と右利き用とでは〈刃の向きが逆〉になっていて、比べるとよく分かります。写真左が左利き用、右が右利き用です。

私の左利きのはさみが大活躍でうれしい一日でした。機会がありましたらどうぞお試し下さいね。

おもしろ～い疑問

〈左利きのはさみで切ると左回り、右利きのはさみで切ると右回りになる〉というのを聞いて、図書館の掃除をしていた5年生の清太朗君が「じゃー左利きのはさみと右利きのはさみを交互に使って切るとどうなるかなー」と聞いてきました。私は「おもしろーい！みんなどう思う？」と図書館にいた子たちに聞いてみました。
①回らないでそのまま落ちてくる
②右と左の交互に回りながら落ちてくる
——という二つの予想が出てきました。

幸也君が5年生のクラスで聞いてみると、①の予想が17人、②の予想が13人だったということです。幸也君は普段おとなしくて表に出ない感じの子なんですが、今回は自分からみんなの前に出て、とても張り切って質問していたそうです。図書館にも、すぐ、ニコニコしながら報告に来ました。

予想を立てたところで、巧君と私が、左のはさみと右のはさみを使って交互に切って作りました。

パンパカパーン！

実験結果は①の〈回らないでそのまま落ちてくる〉でした。やはり切る角度が両方あるので、空気抵抗がそれぞれにかかって回らないんでしょうかね。

3回作って3回とも回りませんでしたが、4回目は私一人で左右のはさみを使って作ってみたら左に回ってしまいました。これは左で切る角度が少し多かったということかもしれません。そのあとまた子どもと一緒に作ったら、回らずにそのまま落ちてきました。

上の写真は見た目は同じですが、向かって左から左・両方（左右）・右です。

他にもいろいろ落下傘

花びら落下傘をきっかけに、いろいろな改良バージョンを子どもたちが考え出しました。いくつか紹介します。

●おさかな落下傘——

　おりがみを細長く切って，両側から切り込みを入れてかわいい魚の形にしたものです。「クルクル回ってきれいだよ！」と花びら落下傘と一緒に図書館の階段で実演してくれました。

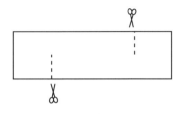

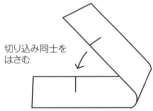

切り込み同士をはさむ

●くるくる落下傘——

　幸也君と巧君がいろいろ改良してつくった〈くるくる落下傘〉は，縦に持って落とすと縦にくるくる回って落ちていき，横に持って落とすと横にくるくる回りながら落ちていきます。

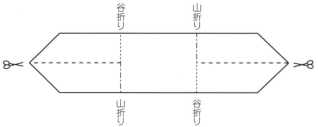

(初出 No.318, 07・1)

変わりかざぐるまで楽しもう！

広瀬真人　滋賀・小学校

　このかざぐるまを知ったのは，『たのしい授業』No.83（1989年12月）ですから，10年以上前です。それ以来「ものづくりクラブ」などで作っているのですが，なんとなくまだ定番になっていないのではないかという気がしています。

　この風車の特徴は，ハネにひねりを入れ，ほんの少しの風でもよく回るということです。手に持って歩くだけで，クルクルと本当によく回ります。ハネが心棒に固定されているので，ストローに心棒を通し，心棒ごと回すことになります。そのため，普通のかざぐるまをイメージしている人は，最初「どうやって回すの？」という感じになってしまいます。

　また，竹とんぼのような遊び方もできるところが子どもたちにうけています。

　なお，このかざぐるまを最初に『たのしい授業』に紹介したのは，兵庫県の松尾政一さんです（『ものづくりハンドブック3』仮説社，に収録）。松尾さんは「日本玩具博物館」の井上重義館長に教えていただいたということでした。松尾さん紹介の記事は，古ハガキを利用して作るということだったのですが，子どもたちから「カラフルなほうがいい」「きれいにしたい」という声が出てきて，最近では色付きの工作用紙を利用しています。

　作り方も自分なりの工夫を加えてみたので，ここで紹介させていただきます（44〜45ぺも参照）。

◇必要なもの◇

　色付き工作用紙1枚，ストロー1本，竹串1本，割り箸1本，両面テープ，はさみ，錐（きり）or 目打ち

◇作り方◇

①ここでは6枚ハネのものを作ります。ハネの大きさを変えたり，数を増やしたりもできます。

ハガキ大の色紙にハネの線を印刷します（右図）。真ん中の線に沿って，片方に両面テープを貼っておくと後で楽です。

これを線に沿って切り取ると，右図の形のものが6枚できます。何枚か色を変えてみるのもよいと思います。

②切り取った紙を，右写真のようにずらして貼り付け，残った端同士も貼り付けます。同じ形のものを3つ作ります。

③目打ちでハネの真ん中あたりに穴をあけます。あける位置は厳密でなくても大丈夫です。

穴をあけたら，2つ組み合わせたハネの間に，もう1つのハネを入れます。

④ストローを指3本分くらいの長さに切り，ハネの間にタテに入れます。ストローの中を通るように，竹串をさしていきます。この竹串が心棒となります。

注）この風車は，普通の風車のようにハネだけ回るわけではなく，竹串もハネと一緒に回るのです。

⑤突き出した串の先は危ないので，尖端に紙切れをのり付けします。または，竹串の先を折り，ハネと竹串をボンドで固定してもよいです。

残ったストローを，ハネの後ろ（竹串が長く突き出ているほう）に通し，抜けないように紙で止めます。ビーズなどのぴったりあうもので

止めてもよいです。

後ろに通したストローに、割り箸の持ち手を貼り付けると、持ちやすいです。

◇子どもたちの感想◇
◎仁美さん
　今日、かざぐるまを作りました。上手にできるかなーと思ってたけど、上手にできました。竹ぐしをさすのがむずかしかった。
◎寛行さん
　たけとんぼみたいにとばしたらおもしろい。
◎真由子さん
　くるくる回っておもしろかった。走り回るのはつかれたけど……。すごーく大きいのを作ったらどうですか？？？
◎沙季さん
　この風車は、色がカラフルの方がめっちゃきれい！しかもとばせるのがいい。また、どれだけとばせるかきょうそうしたい。

　このかざぐるまを学校の職員研修でもやったところ、とても好評でした。保健の先生は教室のロッカーの端に目玉クリップで固定して飾ってくれています。窓からの風にくるくると回ってきれいです。

　また、以前いた学校の教頭先生は、ぼうしの上にこのかざぐるまをつけて廊下を歩いて、みんなから喝采をうけていました。

　このように、いろんなところで使えると思います。でも、今まであまり普及していなかったのは、すぐにできるセットがないからかなと思いました。ものづくりって、簡単なものでも、自分で材料をそろえるのは大変だと感じる人も、結構多いようです。

　そこで、変わりかざぐるまの1クラス分のセットを作ろうと思い立ち、兵庫の松尾さんと井上館長に問い合わせてみたところ、「どうぞ作ってください」との快いお返事をいただきました。

　「変わりかざぐるまセット」を今までいろんな会で販売しましたが、好評です。ものづくりが普及するためには、セットを作って販売するのも大切なんじゃないかと思う今日この頃です。

＊40人分1セット800円（送料別）でおわけしています。ご希望の方は下記のアドレスまでご連絡ください。
広瀬真人：mjywd055@ybb.ne.jp

（初出 No.318, 07・1 ）

変わりかざぐるま
回るものと回らないものの違いがわかったぞ！

下地美枝子　沖縄・図書館司書

★回らないかざぐるま

　10月に沖縄でコズミック・カレッジが開催されました。コズミック・カレッジというのは，青少年を対象に，「宇宙」に関する興味関心を高めようという目的で，宇宙航空研究開発機構JAXAが主催する活動です。今回は新しい試みとして，沖縄仮説実験授業研究会も共同主催となって実施したのです。そのカレッジの一コマとして，ものづくりの授業を，小禄（おろく）さん・根神さん・私の3人で担当することになりました。〈風に乗る〉というテーマでいろいろお話をした後に，「変わりかざぐるま」（41ぺ参照）を作ることにしました。

　コズミック・カレッジの前に，私の勤務する小学校の図書館でもかざぐるまを作る機会がありました。夏休みの開館日に「図書館イベント」で作って楽しんだのです。

　その時，何人か，〈回らないかざぐるま〉を作った子がいました。

　「切り方がまずいのかな？」「貼り付け方かな？」「バランスかな？」――いろいろ考えましたが，結局，子どもと一緒に丁寧に作り直したら回ったので，その場はすっきりしないながらも終わりにしてしまいました。

　「コズミック・カレッジでも回らないのが出てくるかも……」とも

思いましたが，原因がわからないのでどうすることもできません。出てきたら一緒に作り直せばいいかな，と思っていました。

★失敗は成功の元！

さて，コズミック・カレッジの当日，案の定，作り終わって回す段階になって「せんせーい，これ回らないよ」と未羽さん（小2）が持ってきました。

今回は原因を突き止めるチャンス。注意して羽の付け方を見てみました。作り方の説明をする時に，「かざぐるまというのは，貼り付け方や角度で風が当たってまわる」という話をしていたからかもしれません。すると，未羽さんのかざぐるまは羽が右が上になっているもの（下図①）と，左が上になっているもの（下図②）が混ざっているのを発見しました。

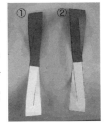

①の羽で作ったかざぐるまは，右回りに回ります。

②の羽で作ったかざぐるまは，左回りに回ります。

①と②をまぜてかざぐるまを作ってしまうと，両方に回ろうとして，回転しなくなるのです。

これは，「花びら落下傘大研究?!」（初出『たのしい授業』No.295，本書37ぺ掲載）に書いた，「左利きのハサミと右利きのハサミの両方を交互に使って花びら落下傘を作ると，回転せずに落ちてくる」というのと同じではないでしょうか。

大事なことは，同じ向きに角度をつけることなのですね。羽をくっつけるときに，「右が上なら，すべて右を上に，左が上ならすべて左を上に」して作れば，くるくる回る「変わりかざぐるま」ができるのです。回らないかざぐるまが出てきた時には，羽の重なるところを見ればいいわけですね。

未羽さんが失敗したおかげで，謎が解けたようでうれしく思います。まさに「失敗は成功の元」！

これからは失敗なく，回るかざぐるまができそうで，とてもうれしい発見でした。

(初出 No.298, 05・8)

伊藤正道　愛知・小学校

《浮力》の授業のおわりに

「浮沈子(ふちんし)が回ってる!」と言ったのは高校生の村田君でした。安城の山田芳子さん主催の〈サイエンスクラブ〉で,「浮沈子」を作っていた時のことです。

ぼくがよく授業をさせてもらっている〈サイエンスクラブ〉は,中学生・高校生が仮説実験授業を楽しむ会で,月1回土曜日の夜に行われています。中学生や高校生ばかりでなく大学生や大人の常連さんもいて,みんな気心が知れた仲良しという明るい雰囲気です。

その日は《浮力》の授業の終わりで,みんなで浮力を使ったおもちゃである浮沈子を作っていました。普段,浮沈子を作るときは仮説社で売っているお魚浮沈子セット(40個入り,税別800円)を使うのですが,この日は思いついたのが急だったので,自分で弁当用のしょうゆ入れとステンレスナットを買いに行きました。しょうゆ入れはさかな型のものが無かったので,ふつうのビン型のものを使いました。

浮沈子を作り始めてしばらくすると,個性派揃いの子どもたちは,それぞれ自分の楽しみ方を発見して遊び始めました。村田君は,しょうゆ入れの中の空気を極端に少なくして,わざとそう簡単には沈まない浮沈子(ぼくはどれだけ力を入れても彼の浮沈子を沈ませることができませんでした)を作って楽しんでいたのですが,その浮沈子がくるくるまわっているのです。

村田君の回る浮沈子を見ていて,仮説実験授業40周年の豊橋の会で見たストロー製の回る浮沈子のことを思い出しました。ぼくもその浮沈子を買った覚えはあるのですが,使った記憶がありません

（一度も使わずに忘れてしまうことはよくあることなのです）。

山田芳子さんと「回る浮沈子あったね」「回る浮沈子できないかなぁ」なんて話をしながら、その浮沈子がどんなものだったのかよく思い出してみました。たしか側面に小さな穴があった気がします。

作ってみよう！

そこで、おもしろ半分にあれこれ試しながら回る浮沈子を作ってみることにしました。たまたまそこにあったハンダごてを使って、しょうゆ入れの入り口を溶かしてふさぎ、側面に爪楊枝で小さな穴を2箇所開けたら少し回る浮沈子ができました。中学生の子が穴を4つにして作った浮沈子はもっとよく回って、歓声が上がりました。

くるくる回る浮沈子は水中のバレリーナみたいでなかなかかわいい感じです。こんなに簡単にできるとは思っていなかったので、びっくりしました。その後、いろいろ試してみて、穴を開ける向きに気をつければ、穴が2つでもよく回ることが分かりました。

それから数日、「もっと簡単に回る浮沈子はできないかなぁ」と考えて、あれこれ試してみたり、金物屋で材料探しをしたりして、誰にでも簡単にできるように工夫しました。岡崎サークルの7月例会に持って行ったのですが、面白いようにくるくる回る浮沈子が簡単にできて、とても好評でした。

準備するもの

・ペットボトル　炭酸飲料用のもの。500mlでも1.5ℓでもいい。
・弁当用のしょうゆ入れ　5mlのよくある大きさの物。たれビンとも言う。包装用品店などで購入。ふたは使わない。
・ステンレスの袋ナット　サイズ6。1個10〜20円ぐらい。
・目打ち　つまようじや画びょうでも可。
・コップ　浮沈子を浮かせて中の水の量を調節するためのもの。
・マジック　浮沈子に色や模様をつけたいときに使用。

作り方

①しょうゆ入れの口にステンレスの袋ナットをつけます。ねじの大きさがちょうど合ってぴったり止まります（ハンダごてで溶かす必要はありません。色や模様をつける場合はこのときに。油性のペンで縦にすじをつけると、回転の様子がよく分かります）。

②目打ちや爪楊枝など先のとがったもので、しょうゆ入れに下の図のように2つ穴を開けます。穴の大きさは直径1mmぐらいです。

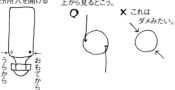

③しょうゆ入れを指先でつぶして中の空気を出し、そのまま水の中につけて指をはなすと、しょうゆ入れの中に水が入ります（スポイトと同じ）。

④水の入ったコップなどに入れて、しょうゆ入れの底が水面から

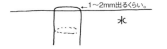

1～2mm出て浮かぶように、中の水の量を調節します。

⑤ペットボトルに水をいっぱい入れ、浮沈子を入れます。ペットボトルのふたを閉めて完成。ボトルの側面を指先でへこませると浮沈子は沈んでいき、指を離すと回転しながら上がっていきます。

うまくいかないときは……

・浮沈子が下がらない、下がったまま上がってこない→浮沈子の中の水の量を調節しましょう。

・浮沈子が回転しない→もう一度穴に目打ちを入れて穴の大きさや向きを変えてみましょう。

・何度やってもうまくいかないときは、もう一度作り直しましょう。

　一人ではわざわざやろうという気にならないものでも、大勢でわいわい言いながらあれこれ試してみれば、おもしろいことを見つけることができるものだなぁ、と改めて感じました。

(初出 No.298, 05・8)

回転浮沈子 ジュエルスピン

●当銀美奈子『キッチンから生まれたプラスチックの宝もの』

山口恵子　神奈川・小学校

〔編集部〕　当銀美奈子さん(オンライン自然科学教育ネットワーク)の著書『キッチンから生まれたプラスチックの宝もの』(日本ヴォーグ社，2014年現在は品切れ)には，身近な素材を使って驚くほどきれいなアクセサリーやおもちゃを作る方法がたくさん紹介されています。内容は「PETクラフト」「PSクラフト」「PP(ストロー)クラフト」に分かれていて，ここに紹介するのは，山口恵子さんによる「くるくる回転する浮沈子〈ジュエルスピン〉」(PP(ストロー)クラフトの一例)の紹介原稿です。〔口絵参照〕

　普通の浮沈子でも，浮いたり沈んだりする様子が不思議でおもしろいのですが，このジュエルスピンは浮き上がるとき「くるくるっ」と回転する優れものなのです。

　私はこの浮沈子を「青少年のための科学の祭典2003全国大会」(東京・科学技術館)で当銀さんに教えていただいたのですが，ビーズの綺麗さと動きの可愛らしさに，すっかり虜になってしまいました。

用意する物

・透明な曲がるストロー(100円ショップなどで購入できます)
・ガラスビーズ(手芸屋さんで購入できます)
・はさみ，目玉クリップ，ライター，まち針(または画鋲)，ペットボトル(炭酸飲料用)，コップ

作り方

①ストローの蛇腹を伸ばしてU字型に折り曲げ，短い方にあわせて切る。

②ストローの中に6～7割ビーズを入れる。入れすぎると封をしにくく，浮力の調整も難しくなる。

③ストローの先端を重ねてつぶし，目玉クリップで止める。この時，5mm程ストローの先端が出るようにする。

④クリップではさんだまま，ライターでストローの先端をあぶって溶かし，ビーズを封入する。冷めるまでそのままおいておく。冷め切らないうちにクリップを外すと，ちゃんと密封できないことがあります。

⑤図の部分2箇所に針で穴をあける。

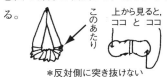

＊反対側に突き抜けない

⑥コップに水を張り，スポイトの要領で浮沈子をつまんで穴から水を入れる。手を離したとき水面から5mmほどストローの先端が出て浮かぶように水の量を調節する。

⑦ペットボトルに水を満たし，浮沈子を入れてキャップを閉める。

⑧ペットボトルをまわりから押したり緩めたりすると……。

回転浮沈子が回転する理由

浮沈子が沈むのは，ペットボトルを押すことで浮沈子の中の空気が圧縮され，その分の隙間に水がはいって重くなるからです。手を離すと今度は中の空気が膨張し，浮沈子の中に入っていた水が外に追い出されます。その結果，浮沈子は軽くなって浮かんでくるのですが，この時，穴から押し出される水の勢いで回転するようです。

作っていて気がついたこと

・あける穴が小さい方が勢いよく回ります。ホースで水をまく時に，口を細くしたほうが遠くまで飛ぶのと同じです。

・ビーズはガラス製のほうが上手くいきます。プラスチックビーズでは軽くて水をいれても浮いてしまうことがあるのです。

ペットボトルにいくつか入れて，ボトルを横にして浮き沈みさせると，まるでシンクロナイズドスイミングみたいですよ。

(初出 No.300, 05・10)

高速W回転浮沈子

当銀美奈子　大阪・ITC ONSENキッズ

　『たのしい授業』で山口恵子先生が浮沈子「ジュエルスピン」(49ペ掲載)と私の著書『キッチンから生まれたプラスチックの宝もの』を紹介して下さったことがきっかけで，私も新作浮沈子を紹介させていただくことになりました。その浮沈子の名前は「高速W回転浮沈子」です。浮沈子本体のタレビンが高速で回転し，その内部でもプラスチック玉が回転する，という二重の回転が見られるところから名付けました。

　工作教室やイベントで回転浮沈子を紹介すると，必ず「なぜ回るの？」という質問があります。仕組みについては山口先生が書かれている通りですが，この「W回転浮沈子」は，それを実際に視覚化して体感してもらうのに最適の浮沈子なのです。〔口絵参照〕

　私は，子どものためのサイエンスとITコミュニケーションのサイト「ITC ONSENキッズページ」(http://g3400.nep.chubu.ac.jp/onsenkids/)をボランティアで運営しているのですが，サーバーを中部大学工学部の研究室に置かせていただいている関係で，年に何回か中部大学を訪ねます。研究室には作りかけの科学工作が無造作に置いてあるのですが，そんなガラクタ（？）の中に〈タレビンの底を十字に切ってビー玉を押し込んだだけの浮沈子〉をみつけました。

　私はそういうものを見るととても勿体無い気がして，もっと面白く見栄えの良いものが作りたいという衝動に駆られます。また，それが浮沈子の仕組みの視覚化にも適したものであることに気付きました。こうして誕生したのが「高速W回転浮沈子」です。

　「ペットボトルを握ることで浮沈子の中の空気が縮んで，その分だけ水が浮沈子の中に入る……」ということを，プラスチック玉がタレビンの中で回転することで実

感として理解できるのではないかと思います。「ジュエルスピン」はストローを使いましたが、今回はストローより体積が大きなタレビンを使い、おもりをビー玉にしたことで、排水時の反作用の威力も大きくなって高速で回転するという予想外のおまけもあって、とても面白い浮沈子に仕上がりました。

材料 タレビン（直径16mm、長さ57mm）、ビー玉（タレビン内径よりわずかに大きい直径17mm）、プラスチックパール（ビーズ、直径2～3mm）、耐水性のシール
用具 はさみ（クラフト鋏がよい）、画びょう

作り方

1. タレビンの底を縁を少し残してはさみで切り取る。

図1 タレビンの底
16mm
点線で切り取る

2. プラスチックパールを1～2個入れてからビー玉を押し込み図2の位置にする。

図2 横から見たところ

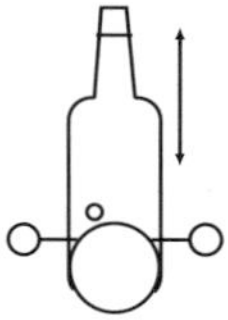

3. 画びょうで図2・3のような方向・位置で穴を開ける（あまり高い位置に穴を開けると沈みやすくなります）。

図3 上から見たところ

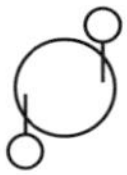

4. 回転を見やすくするために図2矢印の範囲にシールを貼る。
5. 水がいっぱいに入ったペットボトルに入れてふたをする。

　圧力をかけるとビー玉がタレビンから抜けてしまう時は、耐水シールやテープで補強します。

　「ジュエルスピン」などの浮沈子は、ペットボトルに入れる前にコップで浮力調整をします。ところが、この「W回転浮沈子」は、素材の重さのバランスによって浮力が自動的に調整されているため、その必要がありません。このことは手順を省けるという利点で喜ばれていますが、考え方によっては「浮力調整」で得られる試行錯誤しながら考える機会を無くしてしまうことになるので、子どもたちには、「ジュエルスピン」と両方を体験して欲しいと思います。

＊「高速W回転浮沈子」に使用するタレビンは株式会社タイセイの通販サイトから、100個単位で購入できます。

(初出 No.284, 04・8)

〈針金のアメンボ〉で遊ぶ

小川　洋 東京・小学校

●最初は大失敗

　〈針金のアメンボ〉を知ってますか？　細い針金で作ったアメンボの模型で，水に浮かべて遊ぶものです。『たのしい授業』No.6（83年9月号，『ものづくりハンドブック1』に収録）で板倉聖宣さんがその作り方を紹介しています。発表されてすぐに自分でも作ってみたことがありますが，初めて授業（小3）で作った時は，大失敗をしてしまいました。

　材料（♯30の細い針金とモール。手芸店等で手に入れることができます）と小型ペンチを子どもたちに配って作らせてみたところ，結果は惨敗。水に浮かんだ子が30人中3人しかいませんでした。

　「やはり小学校低学年ではむずかしいのかなー」と反省しつつ，子どもたちが作ったアメンボを見ると，みんな足がグニャグニャに曲がっています。これでは浮かびそうにありません。

●作り方を工夫して再挑戦

　幸い理科専科だったので，他のクラスでもチャレンジすることができます。そこで違うクラスでは，もっと細かくテイネイに作り方を教えてみることにしました。モールや針金は普通のハサミで切れるし，ペンチを使うのは3年生にはむずかしいようなので，ペンチを使わない作り方を考え，足の数も，実際のアメンボの足は6本なのですが，前足は省略して4本にしました。そのほうが低学年では教えやすいし，足も揃いやすいのです。

　板倉先生も書かれているように，一度水に沈んだアメンボはよく乾かさないと浮かすことができません。でもモールさえぬれなければ，ティッシュペーパーなどでぬれた足をふいて，復活させることができます。そこで，最初はシャーレにほんのすこ〜しだけ水を張って，うまく浮かぶことを確認

してから，たっぷり水をいれた水槽に浮かべるようにしました。

今度はなんと〈全員成功〉です！「センセー浮かんだ，浮かんだー」という子どもたちからの報告が相次ぎました。1人につき1時間で3匹くらい作りました。失敗したクラスもこのやりかたでやってみたところ，今度は大成功でした。

暑い夏の日に最適の授業です。おためしください。授業書《水の表面》の後ですると，表面張力の存在を実感できるので特にオススメです。〔口絵参照〕＊下図は4本足バージョンの作り方です。

前足

本来の〈針金のアメンボ〉は6本足で，短い前足があります。

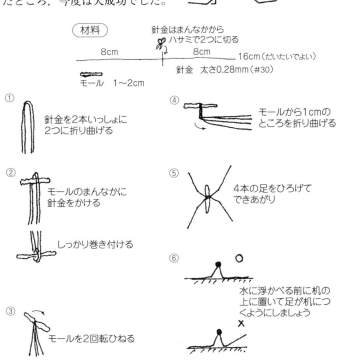

(初出 No.292, 05・3)

つまようじと牛乳パックで作る ミニトンボ

永田英治 宮城教育大学

○阿部さんのプラトンボを縮小

阿部徳昭さんの「プラトンボを飛ばそう！」（初出『たのしい授業』No.269,『ものハン７』に収録）は，私の講義「生活科教材研究法」でもとても好評です。

その縮小版に挑戦しました。プロペラ形のはねを50％縮小すると，軸が竹ぐしでなくて，つまようじで作れます。ただし，プラスチックを小さな形にきれいに切るのが難しく，不安定なものが多くできます。そこで，はねの材質を牛乳パックに変えるときれいに切れ，安定してよく飛ぶミニトンボができました。〔口絵参照〕

○つくりかた

①ミニトンボの型紙（右図）を上質紙にコピーして，型よりも少し大きめに切ります。
②その型紙を牛乳パックにスティックのりではりつけてから，型紙にそってきれいに切ります。（１リットルの牛乳パックで30枚ほど切り取れます）
③はねの折り目は，定規をあてて120〜140度ぐらい谷折りします。
④ピンなどで，はねの中心に孔をあけ，つまようじをねじこみ，３〜４ミリ頭を出します。ようじとはねの接する部分の上下両面にセメダインをひとまわりずつ塗り，軸を固定します。

○とばしかた

つまようじの軸を，親指とひとさし指とでつまみ，二本の指でひねって飛ばします。

＊中島暁「こんまい紙トンボ」（『たのしい授業』No.123）も，つまようじで作る紙トンボの記事です。参考にしてください。

(初出 No.312, 06・8)

牛乳パックで作る キラキラ花火

製作 **山本俊樹** 大阪・おりぞめ染伝人
　　　　　　　　　（当時・養護学校）

紹介 **西岡明信** 大阪・養護学校

　『たのしい授業』No.264に，厚井眞哉さん（東京）の「とっても簡単キラキラ花火」（『ものづくりハンドブック7』にも収録）という記事がのっています。

　〈キラキラ花火〉というのは，ビニール袋に紙筒をつけ，短く切ったモールを5～6個詰めこんだものです。筒から息を吹き込んで膨らませておいて，ビニール袋を叩くと，筒の中のモールが勢いよく飛び出して，まるで花火のようできれいなのです。作ってみたところとても簡単で，子どもたちに披露すると好評でした。それで，クラスの子どもたちにも飛ばしてもらおうとしてみたところ，これがなかなか難しい。

　子どもたちにとってビニール袋版〈キラキラ花火〉の難しかったところは，①息を吹き込むときに勢いよく吹き込みすぎて，筒の中のモールがビニール袋の中に落ちてしまう。②上手に息を吹き込めず，袋が膨らまない。③袋を叩いて飛ばすのが意外と難しい。……といったことです。でも，作るのはとっても簡単なのです。

　「さてどうしたものか」と思っていたところ，〈近畿たのしい障害児教育の会〉の例会で山本俊樹さんから牛乳パックを使って〈キラキラ花火〉を作ればいいことを教えてもらいました。すぐにその場で一緒に作ってみたところ，イイ感じだったので紹介します。

○材料

・紙筒　直径3～4cm，長さ10～30cmぐらい。ラップやアルミホイルの芯など。

- モール　いろいろな色があるとキレイです。5cmくらいのものを5～6個。
- ネット　みかんが入っていたものなど。モールが落ちなければよい。筒の直径より少し大きめ。
- 牛乳パック（1リットル），定規，ボールペン，セロテープ，ビニールテープ。

①牛乳パックに下図の要領で定規を使ってボールペンで「少し強めに」（重要！）線を引く。先に鉛筆で下書きをしておくと失敗が防げます。

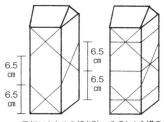

最初にななめの線を引いて,それから横の線を引きます。裏面も同じように線を引く。

②書いた線に沿って，牛乳パックを蛇腹型に折り畳む（注ぎ口は片側だけ開ける）。
③紙筒の片方の口にネットでフタをする。とれないようにセロテープなどでしっかりとめる。
④牛乳パックの注ぎ口に紙筒を（ネットを付けた方の口から）差し込み，ビニールテープで固める。空気が漏れないようにしっかりと。

筒にネットをかぶせ,セロテープでしっかりとめる

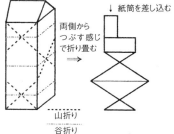

⑤紙筒に詰めるモールを，ハサミで適当な長さ（5cmぐらい）に切る。大きすぎると筒の中に詰まってしまう。

●飛ばし方
①切ったモールを紙筒の中に5～6個詰め込む。
②牛乳パックの蛇腹を伸ばして空気を入れる（伸ばしすぎると上手

く畳めないのでほどほどに)。
③片方の手で紙筒を上に向けて持ち、もう片方の手で牛乳パックの底を叩く(底を机などに叩きつけても可)。
④すると中の空気が押し出されるついでに、モールも吹きだされて花火のようにキレイに飛び散ります。

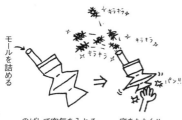

モールを詰める　のばして空気を入れる　底をたたく!!

　牛乳パック版のいいところは、①筒の底にネットを付けることで、モールが中に落ちない。②空気を吹き込まなくても、蛇腹型をのばすことで簡単に空気が入る。③蛇腹型になっているので、叩いて飛ばすのが簡単、などです。

　でも、作るのはビニール袋版よりも手間がかかります。作るのが大変そうなときは、少し手助けしたほうがよいかもしれません。

●たのしさの先入観を

　昨年、僕は、新しい学校に転勤しました。着任式の自己紹介は、ポケットからおもむろに〈キラキラ花火〉を取り出し、「キラキラ花火！　カウントダウン３・２・１！（飛ばす）キラキラ花火の西岡です」といっただけです。その後すぐに「花火の先生」と声をかけてくれる子がいました。

　「あの先生は楽しそうだ。なにかやってくれそうだ」という〈たのしさの先入観〉が生まれると、その後も子どもたちといい関係で過ごしていけます。

　何より、〈キラキラ花火〉で子どもたちの笑顔をみてしまえば、もっと笑顔がみたくなって、「次も何かやりたい！」というやる気がでてしまいます。

　まずは、自己紹介や学期の初めなどに、〈キラキラ花火〉を飛ばして、たのしんでみてください。そして、誕生会や入学式・卒業式などで、子どもたちと一緒に〈キラキラ花火〉を作って、飛ばしていただけたとしたら、うれしいです。

(初出 No.333, 08・2)

ショーゲキのものづくり

● 〈キラキラ花火〉大改良!!

小笠原　智　北海道・養護学校

●キラキラ花火はスバラシイ

　2007年1月に行われた「北海道たのしい授業講座」の「いつでもものづくりコーナー」で，ボクは西岡明信さん紹介の「牛乳パックで作るキラキラ花火」(56ページに掲載)をとりあげることにしました。牛乳パックを蛇腹折りにしたものにラップの芯などの紙筒をつけ，切ったモールを入れて飛ばすものです。

　ボクは，最初に厚井眞哉さんが『たのしい授業』03年3月号で，ビニール袋と紙筒を使って作るキラキラ花火を紹介されたときから，好きでよくやっていました。PTA会議のあいさつでもやり，好評でした。作り方を聞きにきたお母さんもいました。しかし，西岡さんもご指摘されているように，ビニール袋と紙筒のキラキラ花火は失敗することが多いのです。めでたい時用の花火なのに，「おめでとう」の合図でスカしてしまうとがっかりです。

　牛乳パック式にすると失敗がなくなり，これは学級に一つ置いておくといつでもお祝いができるすばらしい発見だと思っていました。だがしかし，作るのがとっても大変なのです。残念ながらかなりの工作好きでないと手が痛くなって作るのを断念してしまうでしょう。

　でもこの牛乳パックキラキラ花火はすぐれものなので，みんなに広めたい，生徒さん全員が作るのは無理でも，先生が作って学級に一つは置いてほしいと強く思ったのでした。そしてこの北海道の

「ものづくりコーナー」がきっかけになればと思ったのでした。

● 楽に作る方法は？

「ものづくりコーナー」でキラキラ花火を作るにあたり，改良の道を考えてみることにしました。

まず材料です。〈牛乳パックやラップの芯をとっておく〉というのは面倒です。代わりのものはないでしょうか。芯は厚紙を丸めればよいとすぐ思いつきましたが，蛇腹折りにしても大丈夫なのは牛乳パックくらいです。仕方がないので牛乳パックはせっせと集めて，ゴミ袋2袋分ほどためました（これは取っておくのも持ち運ぶのも大変です）。

次は作り方です。牛乳パックを蛇腹折りにするためには，折り線を定規で測ってつけていくのですが，それは面倒な作業です。そこで牛乳パックの型を作り，これをあててボールペンで印をつけることにしました。しかし，これでも8回は印をつけなくてはなりません。それに，力を入れて線をつけていくのはかなり大変です。

次に，下からつぶしながら折るのですが，かなり線がしっかり付いていてもそう簡単には折れません。けっこう時間がかかります。女の人の力では無理なことも多いようです。

それからネットを筒につけてガムテープで合体させ，筒に100円ショップなどで売っている金や銀のモール（装飾用のメッキモール）を切って入れます。しかし，このモールもくせ者で，切ると破片が落ちてすごいゴミになります。

だがしかし，飛ばすととってもたのしいです。盛り上がります。でも，もう1つ，牛乳パックがガムテープに巻かれた姿は美しくありません。ガムテープを透明や色付きの物にしてみましたが，元が牛乳パックなので，さほど美的になりません。苦労したのになぁ，見た目がなぁぁぁぁ。

● さて，当日

当日，キラキラ花火の実演をしていたら，何人ものお客さんが寄って来てくれました。さらに10人ほどの人が実際のものづくりに

チャレンジしてくれました。

結果は予想通り大変でした。女の先生は「指が痛い」と言いながら、かなり苦労して作っていました。時間も、ほとんどの人は完成までに30分ほどかかってしまったようです。それなりに満足してくれたとは思うのですが、不満も多かったです。

最後には開き直って、ボクは「これは男のものづくりじゃ！」「力業でやるんじゃい！」「力自慢の人、集まれ」とやけくそで宣伝していました。

●3分でできてしまった……！

そんな1日目の夜、売場でビール片手にナイター（という名の飲み会）です。どんどんたまる空き缶とペットボトルを見ていたら、あることに気がつきました。キリンの「アルカリイオンの水」2Lのラベルに、「環境・リサイクルを考えたペコロジーボトル採用。はがしやすい、つぶしやすい、リサイクルへ」とあるのです。

「つぶしやすいの？」と思いながら、ボール紙で筒を作ってペットボトルにガムテープでくっつけて、モールを筒の先から入れてみました。そしてペットボトルをギュッと潰してみると……「ガサッ」という音とともにモールが飛び出してきました！　ペットボトルを潰す音が多少うるさいのですが、キラキラ花火として十分に使えます。30分かかったものづくりが3分でできてしまいました。

他のペットボトルでも試してみると、水以外のものでも十分作れました。お茶などの2Lのも使いやすいようです。1.5Lの炭酸や、500mlのペットボトルはちょっと力がいりますが、ちゃんと飛びました。

牛乳パックのときはモールが落ちないように、口に網を張っていましたが、ペットボトルなら中に落ちても振ればすぐ出るので問題ありません。ホントにペットボトルと厚紙だけで作れるのです。

●エライ発見をしてしまったなぁ

1日目に時間をかけて作った皆さんに申し訳ないという状況になってしまいました。知らせるべ

きか黙っているべきか，ちょっと悩みましたが，すでにうわさは広まっており，見に来た人たちからは「エーッ‼」「何で教えてくれなかったの‼」と非難ごうごうでした。「ボクも夜中に気付いたモンで……」と謝りつつ，何だかエライ発見をしてしまったなぁという気持ちでいっぱいでした。

　もちろん，2日目に牛乳パックでキラキラ花火を作る人はいませんでした。ペットボトルのものも作る人は数人でした。実物を見て「ああ，ペットボトルでもできるんだ」とわかれば，無理して荷物を作らなくてもいいですものね。

〈ペットボトル版キラキラ花火〉の作り方

用意するもの

　　ペットボトル：一番いいのは「水」などの蛇腹になっている2Lサイズ。次はお茶の2Lサイズ。1.5Lの炭酸や500mlサイズはちょっと堅いです。厚紙（A4サイズ），ガムテープ，モール。

作り方

①厚紙を丸めて筒を作ります。紙のタテヨコは気にせず，丸めやすいほうに丸めて，ガムテープや両面テープで固定してください。このとき筒の太さはペットボトルの口に合わせること。それをガムテープでペットボトルの口に固定します（口絵参照）。

②モールを1〜2cmごとに切ります。このときモールの破片がずいぶん出ます。このモールを5〜6個，筒に入れたら出来上がり！

　ペットボトルの中にモールが落ちるのが心配だという人は，ペットボトルの口を網で塞いでから厚紙の筒を合体させてください。

③それでは思いっきりペットボトルをつぶしてください（右写真。実演しているのは息子の小笠原真）。

　　3・2・1・0　発射！

(初出 325, 07・7)

回転！ かさぶくロケット ≡3

● 「開発物語」ではないけれど

竹田美紀子　愛知・小学校

● **空気弁のついたポリロケット**

　2006年，仮説実験授業研究会の香川大会で，ヒラバル教材社の商品を売っているお店で，「ポリロケット」というのを見つけました。空気弁のついたものとついていないものがあり，ついているのは1枚数十円して，「子どもたちと作るのにはちょっと高いなあ」という感じ（「弁あり」は，空気の吹き込み口に弁があり，ストローを差し込んで空気を入れた後，抜き取ると吹き込み口がふさがり空気が漏れない）。でも，細長いポリ袋が回転しながら飛んでいくのはたのしくて，私は「弁は自分で工夫しよう」と思って，弁のついていないポリロケット（50枚入り700円）を買ったのでした。

　私はポリロケットと一緒に，佐賀女子短期大学の牟田常文さんの書いた「飛ばそう！回転ポリロケット」という資料も手に入れました。その資料の最初にはこんなことが書かれていました。

> 　細長いポリ袋をふくらませて，口を結んでそのはしのどちらかを先にして投げてもうまく遠くへ飛びません。しかし，布テープなどを先端に巻きつけおもりにしてつばさ（羽根）をつけると飛行機のように飛びます。さらに遠くまでまっすぐに飛ばすために，回転して飛ぶポリロケッ

トを作ってみましょう。

　私は家に帰って，まず弁を作る方法は棚上げにして，この資料にあるような羽根（尾翼？）を作ってみました。この資料にはそれぞれ作り方の違う，2枚羽根と1枚羽根の説明が載っていたのですが，私の目で見て簡単そうな1枚羽根を作ってみました。

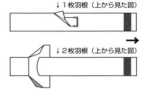

羽根とも言えなさそうな紙切れですが，これをつけるとちゃんと回転して飛んでいって，とても満足することができました。このとき，資料をよく読んでいなくて，おもりの布テープを巻いていなかったのですが，それでもちゃんと飛びました。

　その作業の中で私が思ったのは，「弁は作らないといけないのだろうか？　ただ口でふくらませて袋の口を閉じればいいのではないか」ということでした。

　そこで，ビニール袋をふくらませて，口をひねって閉じてセロハンテープでとめ，尾翼をつけただけでやってみると，ちゃんと飛ぶではありませんか。「あらあら，弁はなくてもいいんだ！ じゃあ，もっと簡単になる‼」――そう思うととっても嬉しくなりました。そして，8月の刈谷の会（愛知・仮説実験授業フェスティバル）の「もの作り」でこれをやろうと，立候補しました。

● かさ袋の飛行船 ―― 瑞浪のサイエンスワールドにて

　それから数日後，瑞浪の「サイエンスワールド」というところへ，学校の社会見学の下見に行きました。ここでは，予約をしておくとちょっとレベルの高い「もの作り」のようなことがいろい

ろ体験できるので，その予約に行ったのです。

　その日，ちょうどそこでは，サイエンスワークショップという，〈もの作り集会〉のようなことをやっており，子どもたちがたくさん来て，スライムやプラ板を作っていました。そして，「とばせポリ袋飛行船」というコーナーに，かさ袋に尾翼をつけて飛ばすものもあったのです。

　そこでは，私が〈仮説〉の大会で買ったのよりちょっと小型のかさ袋をふくらませて，可愛い尾翼を3枚つけ，口はしばってビニールテープで巻くことになっていました。説明には「重心が大事」と書いてありました。私は最初に見たとき「わ～，可愛い‼ こっちのほうが可愛くていいな。でも，これでは回転しないんだろうなあ」と思いました。実際，そこで飛ばしている子供たちの作ったものは回転していませんでした。

　でも，見本を手にとって，大会で売場の方に教えてもらった飛ばし方――片方の手で袋を支え，もう一方の手でおしりを強く押し出すようにして飛ばしてみると，あら～～～‼ 回転するではありませんか。私は思わず，そばにいたお子さんにも「こうやって飛ばしてごらん。回転するよ」って教えてしまいました。

　特別のビニール袋を購入しなくても，「かさ袋でできる」ということを知ったのは大きな収穫でした。そして，「なぁ～んだ‼ あの尾翼じゃなくても回転するんだ。だったら可愛い尾翼のほうがいいな‼」と思い，私は家でいろいろまた実験してみました。

　「もしかしたら，どんな尾翼をどんな風につけても回転するんじゃないか」なんてことも考えていろいろ作ってみました。また，「サイエンスワールド」でやっていたということは，私が知らな

かっただけで，これは結構メジャーな工作ものかもしれないと，インターネットで検索もしてみることにしました。

実験してまずわかったことは，「〈どんな尾翼をどんな風につけても回転する〉というわけではない」ということでした。では，どんな尾翼をどんな風につければいいのか……。

●尾翼のポイントはななめ？

ネットで探すと「かさ袋で作るロケット」というのはいろいろありましたが，回転の仕組みまでは書いてないものがほとんどでした。私が見つけた中では，ただひとつ，浜松市立蜆塚中学校のHP（http://www.city.hamamatsu-szo.ed.jp/shijimizuka-j/）の「理数大好き」の中にある「袋ケットを作ろう」というところが回転について触れていました。

そこでは，単に尾翼をつけるだけでなく，先端に三角帽子のような「ノーズ・コーン（円錐形の頭部，右図）」というものをつけることになっていました。そして仕組みの説明として以下のように書かれていました。

> 一般的な袋をふくらめたものを投げても，真っ直ぐには飛んでいきませんが，かさ袋なら，真っ直ぐに飛びます。細長い物体は，真っ直ぐに運動する性質（直進性）があります。これは，まわりの物質（空気や水）のはたらきで，運動の向きが直線的に決められるからです。
> 　翼を斜めに付けることで，袋ケットは回転しながら飛びます。物体が回転することで運動の直進性が増します。（後略）

先端には何もつけなくても飛ぶことは実験済み。しかし，尾翼を前後の軸に対してななめにつけることについては「そうか～」と思い，やってみました。しかし，ただななめにつけただけでは，

うまく飛ばないこともあります。

何回かやってみた結果, 私は「どんな形の尾翼でも, 前後の軸に対してななめにつけ, それを貼り付けた面に対して垂直に立

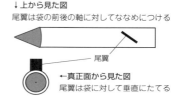

↓上から見た図
尾翼は袋の前後の軸に対してななめにつける

尾翼

←真正面から見た図
尾翼は袋に対して垂直にたてる

てれば, 回転して飛ぶ」という結論に達し, それについての資料をまとめて, 刈谷の会に向けて準備を進めました。

● ロケットが回転しない?!

刈谷の会のもの作り用に, かさ袋をたくさん買っておこうと近くのお店をあちこち回りました。どこでも売っていそうな気がしたのですが, 売っていないのです。仕方なく, インターネットで探して, 1000枚1890円のかさ袋を2組注文することにしました（トーシンウェブ。アドレスはhttp://www.104web.co.jp/。「いろいろ便利グッズ」の中の「カサ袋」ページにある,「カサ袋B」というのを買いました）。そして画用紙その他の準備も整えました。

ついでに会場で,〈ポリロケットのセット〉を売ろうと思いました。このポリロケットに私は「かさぶくロケット」と名前をつけ, 2000枚のかさ袋を40枚ずつ袋に入れて, 作り方と資料をつけて, 準備万端完了。刈谷の会の2日前の夜のことでした。

会の前日, すっかり整ったセットを目の前に,「そういえば, 見本もあったほうがいいね」と, 試作品を何気なく飛ばしてみたらびっくり!!! 回転しないではありませんか。ええぇ〜〜 ??!!! これでは, 資料に書いた作り方は嘘になってしまいます。「尾翼は1枚でOK。それをななめにつけて立てれば, どんな形でも大丈

夫」のはずだったのに……。

　これでは準備した資料は没にしなくてはいけません。いくつもロケットを作って確認したところ，やっぱり牟田さんの「1枚羽根」のやり方が一番安定していそうだったので，それをメインにして資料を作り直しました。そして，刈谷の会に行きました。

　もの作り会場で何人かの方に回転ポリロケットを作っていただいたのですが，そこで発見したことがいろいろありました。

　1つは，先端には，ガムテープを巻くよりもノーズ・コーンをつけるほうがうんと人気があったということ。ガムテープを巻くほうが簡単ですが，形としてノーズ・コーンをつけたほうがかっこいいということがあるのでしょう。「すごくめんどくさいことはいやだ」という人は多いのですが，「ちょっとぐらいのことだったら，かっこいいもののほうが好き」ということのようです。

　2つ目は，「一つの形でいいから，確実にできる方法」が求められるということ。私はできるだけ簡単にできることとともに，「いろんな形でもできる」ということを追求していました。でも，作る人は，「いろんな形でも」なんてことは全然思っていなくて，確実にできる方法を求めているということがわかったのです。

　もの作りは午前中の1時間。結局そのときは，頭にはノーズ・コーンをつけ，尾翼は牟田さんが資料に書いていらしたものをつけるという方法で終わりました。みんなちゃんと回転したし，勢いよく飛んでいく様子には歓声も上がりました。

● **新たな発見……ではないけれど**
　そんな風に1日目は終わりました。終わってから，私は新た

追求を始めてしまいました。かっこいいもののほうが好評なら，ノーズ・コーンをつけた上で，尾翼もロケットらしいものをつけたほうがいいと思ったからです。

　尾翼の形をいろいろかえるのは前にもやったことではあるのですが，そのときは「できるだけ簡単に」ということを考えていたので，「尾翼は1枚！」としか考えていませんでした。

　でも，ちょっとなら，めんどくさくてもいいのです。ちゃんとした型紙があって，「そのとおりに作ればかっこよくできる」というようになっていればいいのです。

　そこで，私は「これなら回転するであろう」と思う尾翼を4枚，ななめにつけて立ててみることにしました。すると見事に回転します。牟田さんの教えてくださったものより，羽根が多い分だけいっぱい回転しているように見えます。しかも出来上がった形は，よりロケットっぽくてかっこいい。でも，これって考えてみたら，蜆塚中学校のHPに載っていたのとほとんど同じでした。

　結局，「明日は新バージョンで回転ポリロケットを作るぞ〜」と，またまた新しい資料を作りました。新しい資料には，ノーズ・コーンと羽根の型紙もつけて，「このとおりにやればできる」という形にしました。それが，71ぺで紹介している作り方なのです。

　さて，新バージョンの資料を作り，見本もいくつか作って，再度，刈谷の会に行きました。もの作り会場は，前日にも増して大盛況。張り切って「新バージョンになりました」なんて宣伝をしたおかげでしょうか，とってもたくさんの人が来てくださり，用意したノーズ・コーンや羽根用の紙も足りなくなってしまいました。あわてて本部から画用紙をいただいてきて，私はひたすら

切っているという有様でした。

　さいわい，新バージョンでのロケットはとても好評で，作ってくださった人のものはみんな元気に回転して飛びました。

　もの作りが終わったあと，私は講座の準備をしなくてはいけなかったため，ロケットコーナーの机に資料だけをおいておきました。講座が終わって帰ってきたら，作り方の説明のプリントは1枚残らずなくなっていました。うれしい限りです。こうして〈回転かさぶくロケット〉作りは大成功で終わったのでした。

● **よくよく考えてみたら**

　ところで，「回転させるためには，翼の形か取り付け方か，どこかを傾けないといけない」ということは，よく考えてみれば当たり前のことに思えてきました。風車(かざぐるま)だって何だって，風を受ける（抵抗を受ける）ところがなければ回るはずはなさそうです。

　また，ロケットのあの形にも意味がありました。想像できたことですが，ノーズ・コーンの部分の形は空気の抵抗を少なくするため，尾翼は直進しやすくするためにあるのです。回転させるとさらに直進性は増すのだそうです。

　私は回転するのがおもしろくて，それについて追求しようとしていたけど，一般的には，遠くに一直線にとばすためにいろいろ工夫されているようでした。

　さらにその後見つけた「教えてまこペンギン」というサイト（http://www.eyeladream.com/index.html）にも「かさ袋ロケット」が，2001年に紹介されています。

　回転する「かさ袋ロケット」は，私の開発したものではありませ

んが，いろいろ工夫していく中で開発気分を味わい，楽しむことができました。ぜひみなさんも作って遊んでみてください。

作り方をご紹介します。

回転！かさぶくロケットの作り方

材料
・かさ袋（雨の日に傘を入れるビニール袋，大きな文房具屋等で入手可）
・画用紙（羽根とノーズコーンを作る。色画用紙だときれい）

作り方
① かさ袋をふくらませて，口を閉じる。
　セロハンテープが一番簡単です。でも，翌日しぼんだのをふくらませ直したい人は，ゴムでとめたほうがいいです。
② ノーズコーンをつける。
　後に型紙がありますが，この大きさでなくても大丈夫。
　先にセロテープで円錐を組み立ててから，かさ袋の先につけます。口を閉じたほうにかぶせると見栄えがいいです。反対側につけるときは，袋のはしを折り曲げてセロテープで留めると丸くなってかぶせやすいです。
② 尾翼をつける。

　後に型紙がありますが，この形や大きさでなくても大丈夫。折り目で直角になるように折って，セロハンテープで前後の軸に対してななめに貼ります（67 ページの図参照）。
　何枚かつけたほうがいいです（3～4枚くらい）。すべての尾翼の向きが同じになるようにつけます。

飛ばし方
片手の上にロケットを乗せて，反対の手でお尻をたたくようにします。思いっきりたたくと，かなりのスピードで飛んでいきます。
　ただ投げただけでも回転する時が多いですが，うまくいかないときには，この飛ばし方でやってみてください。

型紙

(ノーズコーン・尾翼とも141％拡大してお使いください)

○ノーズコーン○

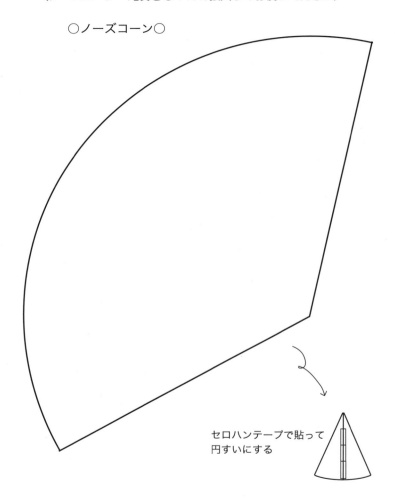

セロハンテープで貼って円すいにする

○尾翼○

点線で直角に折り曲げて（谷折り），斜めにつける

(初出 NO.325, 07・7)

やってみました！
回転かさぶくロケット

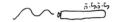

伊藤正道　愛知・小学校

竹田美紀子さんの資料を元に，回転かさぶくロケットを岡崎仮説サークルとボクのクラス（小3）で作ってみました。

まずサークルで作るためにかさ袋を探すと，透明で丈夫なものと半透明で軽いものがありました（後日「イオン」で白色のものも発見）。ボクの好みは透明。丈夫なほうを使うことにしました。

ふくらませたものを両手に1つずつ持って叩くと，キーンキーンと金属音がして面白いです（これは音田祐治君が発見）。ただふくらませた袋だけを飛ばしても面白いという意見も。また，口を輪ゴムで止めるのは難しそうだったのでセロハンテープで止めました。

次に教室で子どもたちとやってみました。まずボクが作りながら作業の流れを説明しました。

① ふくろをふくらませる。

② ノーズコーンをつける。

③ 羽根をななめにつける。

①②③のステップごとにできたものを飛ばすと，子どもたちは大喜びでした。

約1時間でみんなできました。数人ですが，「ふくろのままだけがいい」「羽根はめんどうだからつけない」という子もいました。もちろんその子たちもたのしそうに遊んでいました。

子どもたちに書いてもらった感想文の一部を紹介します。

●かさぶくろで，こんなロケットができるとは思わなかった。とばしてみたら，よくとんだよ！（ゆきや君）

●わたしは，先生がつくっているのを見て，かんたんそうだなーと思いましたが，むずかしかったです。でも，やるととてもたのしかったです。また，スーパーとかにかいものに行ったときに，かさぶくろをもらって，いえでも作ってみたいです。

（みなみさん）

(初出 No.328, 07・8)

めっちゃかんたん
ストローロケットで遊ぼう

広瀬真人 　滋賀・小学校

　「ストローロケット」というのは，ストローをロケットに見立てて飛ばすものづくりです。

　とはいっても，その飛ばし方はさまざま。インターネットで検索してみると，いろいろな種類の「ストローロケット」が出てきます。アルコールの爆発を利用して飛ばすもの，牛乳パックを利用したもの，スーパーボールを使ったもの，マヨネーズ容器のようなものを使ったものなど。息を使って飛ばすものもありました。これは，太いストローの中に細いストローを差し込んだものでした。

● 「ストロー飛行機」から

　これから紹介する「めっちゃかんたんストローロケット」〔口絵参照〕も，基本的に「太いストローと細いストローを組み合わせたもの」です。しかし，最初から「ロケット」として考えだしたものではありません。

　きっかけは，「ストロー飛行機」でした。「1年生の親子活動でいろいろなものづくりをしたい」という同僚の先生から，「ストロー飛行機の作り方」の相談を受けたのがはじまりです。

　これは太いストローの先端をふさぎ，さらに画用紙で主翼と尾翼をつけたものです。その太いストローの中に細い（曲がる）ストローをさし込んで吹くと，太いストロー飛行機が飛んでいくのです。

　同僚の先生が参考にしていた本（書名は不明）には，作り方が簡単に書いてあるのですが，「本のとおり」ではうまく飛びません。う

まく飛ぶようにするには，羽根の重心や左右のバランスを調整するのが大変でした。

●もっと簡単に

この「ストロー飛行機」を作って，少したってから「そんな面倒な工作をしなくても，ストローだけ飛ばせばいいじゃないの」と思いつきました。

そこで，ストローの先を少し折って，セロハンテープでとめ，少し細いストローに差し込んで，「フッ！」とやってみました。すると，これが，意外に飛ぶのです。簡単に2mくらいは飛びました。「これなら，ちょっと工夫すればもっと飛ぶぞ」と俄然意欲がわいてきました。

飛び方を考えると，過去に作ってきた「水ロケット」（ペットボトルロケット）と原理は同じです。ポイントは「ノーズコーン」と「羽根」です。

でも，ストローは細い。「ストロー飛行機」のときも主翼と尾翼を同じ水平面につけるのは大変でした。今回も，小さな羽根やノーズコーンを作ってつけるなんて，とても面倒な作業です。そんなことするくらいなら，つけないほうがいいという人も多いと思いました。私のものづくりの基本は，「簡単に」「誰でもできる」です。このままでは，そうなりそうもありません。

ストローの先を折ってテープでとめるだけでも，先が尖っているので，ノーズコーンをとりつけることはあきらめました。また，「尖ったままだと危ないかもしれない」と思い，ティッシュをちぎったものを詰めて，セロハンテープで固定もしてみました。

ロケットの先の部分はこれでなんとかうまくいきそうです。

●羽根は「付ける」のでなく

問題は羽根です。〈なにかをくっつける〉以外に方法はないかと思って考えていたら，いいことを思い出しました。それは，「ペットボトル風車」です。

私は10年くらい前に「ペットボトル風車」の資料も書いているのですが，このペットボトル風車はペットボトルに羽根を付けるのではなく，ペットボトルの一部を羽根として切り出しているのです。

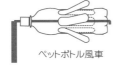
ペットボトル風車

　「それと同じことをすればいいんだ」と気づいたのです。

　さっそく，ストローの後ろの部分を4分割して，それぞれ角度がつくように折って飛ばしてみました（図は次ページ）。すると，くるくると回転しながらまっすぐに飛んでいったのです。

　これなら，誰でも簡単に作って飛ばしてもらえるでしょう。

　後ろの羽根は，なくても飛ぶのですが，この「ストローロケット」を使って的当てゲームなどをしようとすれば，直進性というものが大切になってきます。

　羽根のないものと羽根のあるものを飛ばして比べてみると，羽根の役割がよくわかります。両方とも最初はまっすぐ飛んでいきますが，羽根がないものは，最後のところでどこに飛んで行くかわかりません。

　一方，羽根のあるものは，くるくると回転しながらまっすぐに飛んでいきます。的当てゲームなどで楽しむには羽根は不可欠でしょう。でも反対に羽根なしで，どこへ行くかわからないものの方が偶然性があっていいとも言えるかもしれません。

　まあ，それは作った人の好みに任せることにします。

　ともかく，「めっちゃかんたんに作れて遊べるストローロケット」が完成しました。ぜひ，あなたも試してみてください。

●作り方

材料（目安）：直径8mmのまっすぐなストロー／直径6mmの曲がるストロー／ティッシュ（先を安全なものにする場合）／セロハンテープ／はさみ

　ストローは直径の違うものであればできます。また，両方曲がるストローでも，必要に応じて一方の蛇腹を切り落としてしまえば使

えます。私は，直径の大きいほうのストローとして，(株)友栄の「超太口ジャンボストロー」をおすすめします。長さが22cmあって直進性が増すからです。百円ショップ「シルク」か「セリア」で売っています（直径8mm，80本入り）。

作り方：①ロケットの先の部分を作る。ティッシュペーパーを5分の1くらいにちぎって細長くクルクル丸める。細長くなったティッシュを二つ折りにする。その折り曲げた部分が外に出るよう，直径8mmストローの先に詰め，セロハンテープを巻いてくっつける。

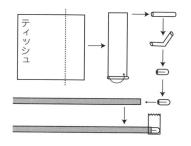

ティッシュを詰めるかわりに，ストローの先を折るだけでもいい。その，ストローの先を1cmくらい折り曲げ，セロハンテープでとめる。（羽根をつけない場合は，④に進む）

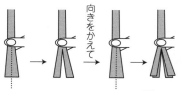

②8mmのストローの後端に4等分切り込みを入れて，羽根を作る。ストローの端を指でつぶし，真ん中に2cmくらいの切り込みを入れる。ストローの向きをかえて，また指でつぶして，真ん中を切る。これでほぼ4等分になる。

③4つの羽根を横90度に折る。折り目は同じ向きに。

④8mmのストローの羽根の方から6mmのストローを差し込む。6mmのストローの蛇腹の部分を曲げれば完成。

（初出 No.314, 06・10）

くるくる回そう！ゴム動力ヘリコプター

野呂茂樹

青森・板柳町少年少女発明クラブ

ライト兄弟も遊んだという，上下2組の翼（プロペラ）を持つゴム動力ヘリコプターを数種作ってみました。身近な材料だけで自作したいと考えていたところ，アンドリー・デュアー『ダ・ヴィンチの飛行機をとばそう！』（二見書房）という本に，ほとんど全てを紙で作る例が載っていました。同じ本の中にあった，「内藤晃氏の考案した人力ヘリコプターをモデルにした回転翼が下にあるヘリコプター」や，別の文献で見たプロペラを尾翼の後に配置した模型飛行機を元に，材料・作り方を工夫して，簡単に作れるゴム動力ヘリコプターを考えました。なかなかよく飛ぶものができましたので，ご紹介します。

○材料

・厚さ1mmのPPシート：100円ショップで売っている1mm厚のファイル（PPシート製）を切って作ることもできます。
・ストロー：太さ6mmのもの。
・輪ゴム：No.16を3本。
・ビーズ：直径5〜6mmのものを1人2個。
・ゼムクリップを伸ばした針金。
・20cmぐらいの細い針金：輪ゴムをストローに通すとき使用。

○作り方

①PPシートを型紙の通りに切り取って翼を2枚作ります（型紙は81ペ）。軽量化と安全のために型紙の灰色の部分は切り取ります（切り取らなくても飛びます）。

②ストローを10〜13cmぐらいの長さに切ります。蛇腹の部分は強度が弱いので使いません。切り取ったストローの片方の端にV字型の切り込みを2

ヵ所入れます。

③片方の翼の中心に一穴パンチで穴を開け、ストローに通します。穴が小さすぎる場合はハサミでグリグリして少しだけ穴を広げます。穴が大きくなりすぎると固定できなくなるので気をつけてください。ストローに通した翼の上下にビニールテープを巻いて固定します（翼を固定する位置はストローの真ん中あたり）。

④もう一つの翼の中心に錐か千枚通しで穴Aを開けます。中心から5mmぐらい離れたところに同じような穴Bを開けます。

⑤PPシートを切って、1cm四方ぐらいの四角い切片を作ります。切片の中心には錐か千枚通しで小さな穴を開けます。

⑥ゼムクリップをまっすぐに伸ばして、5cmぐらいの長さに切ります。ラジオペンチを使って、片方の端を鉤（かぎ）形に曲げます。

⑦ゼムクリップを伸ばして作った針金を、ビーズ→⑤の切片→ビーズ→④の翼、の順に通します。穴Aから針金を通し、ラジオペンチで曲げて穴Bから出します。ラジオペンチで翼にぴったりつくように折り曲げて固定します。

⑧針金の先端の鉤に輪ゴムを3本ひっかけてストローに通します。細い針金にひっかけて引っ張って通します。

⑨つまようじを2cmぐらいに切って、輪ゴムに通し、②の切り込みにひっかけます。

⑩上下の翼が逆ひねりになるように点線のところで翼を折ります。翼の角度を調整して完成です。

〔口絵参照〕

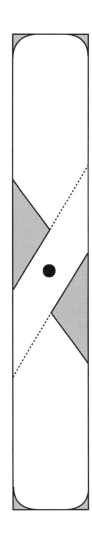

○飛ばし方

　作り方③のビニールテープで固定したあたりを持って、もう片方の手で下側の翼を下から見て時計回りに50～100回ぐらい巻きます。翼から手を離して翼が回転し始めたら、もう片方の手をそっと離すと、勢いよく飛び上がります。室内でやるとすぐに天井にぶつかってしまうので、体育館や校庭など、広いところで遊んでください。

　ゴムの巻き方を逆にすると、上下逆に飛ぶようになりますので、お試しください。また、翼のひねりを大きくすると、勢いよく上空に飛び上がるようになります。

　上手く飛ばないときは、翼のひねりの角度を調節してください。また2枚の翼のひねりが逆になっていないと、うまく飛んでくれませんので、気をつけてください。

　上下の翼が逆ひねりになっていることにさえ気をつければ、材料、大きさ、形などで、いろいろな工夫が楽しめます。ゴムの本数を増やしたり、ストローの長さ、太さ、翼の大きさや形を変えたり、いろいろ試してみてください。実は、上部の翼は、空気抵抗が大きければ翼の形をしていなくても飛びます（右写真参照）。大きいヘリコプターを作るときは、模型飛行機用の1mm角の動力用ゴムがオススメです。

作ってみました！ 遊んでみました!!

動きが楽しいものづくり
追試・補足情報

（初出 No.317, 06・12）
ナマケダマ

栃木　岩本洋二

萠出浩「不思議なころがり球・ナマケダマ」（11ペ）を読んで，さっそく作ってみました。

加工していないピンポン球とナマケダマを一緒に斜面で転がすと，動きの不思議さを驚きとともに実感するようです。のりの量は，「注射器で15cc弱」とありましたが，重さで表示するのもひとつの方法かと思いました。

孔は，針金をガスコンロで焼いて（火傷に注意）あけました。孔をふさぐシールは，タックインデックスにパンチをあけて作りました。マジック等で目玉や鼻を描くと，ユーモラスなナマケダマになります。

（初出 No.312, 06・8）
電動歯ブラシカー

大阪　藤井幹二

「電動歯ブラシカー」（15ペ）を早速作りました！ 動きが軽やかで，おもしろい！ しかも電動歯ブラシがありさえすれば簡単にできます。

じつはこの記事で一番驚いたのは，〈100円ショップで電動歯ブラシを売っている〉ということ。電動歯ブラシって，僕には"いい値段の電化製品"というイメージがありました。それが100円ショップで売られているなんて！「ホンマか？」と，半信半疑で学校近くの「ダイソー」へ。すると，ありました！ 思わずニンマリ。次のサークルの例会で作る予定です。

(初出 No.335, 08・4)

老人ホームで皿回し

福島　早川一人

　老人ホームを訪問し，私が担任しているクラスの子どもたち（小学生）は，皿回しを発表しました。やったことは，
①普通に回す
②手のひらでバランスをとりながら回す
③皿のジャンプ（回っている皿をジャンプさせ，棒で受け取る）
④鼻の下で回す（鼻の下に棒をのせ，バランスをとって回す）
⑤棒の長さを2倍にして回す（皿回し用ジョイントを使う）
です。一通り，子どもたちの皿回しが終わると，職員のみなさんが，子どもたちの皿を借りて回し始めました。5分ぐらいなので，さすがに回った人はいませんでしたが，ずっと練習している職員の方もいました。
　そのあとは，ふれあいタイムということで，子どもたちとお年よりの方との交流の時間になりました。「子どもたちの皿回し，とっても上手だったので，ぜひ，そばに行って回してあげてください。そして，近くでよ～く見せてあげてね」という係の人の説明があり，子どもたちが，近くに行って皿回しを始めました。
　子どもが回した皿をお年寄りに渡すと，なんと立ち上がって棒を持った方がいました。別の方は，ニコニコして棒を持っています。どこのテーブルでも，お年寄りの方が棒をもっています（自分では回せませんが）。
　「先生，こんなにくいついてくるのは初めてだよ。今までの訪問の時にはなかったよ」
と，職員の方が教えてくれました。
　「皿回しのセットをホームでもそろえようかな……」とも言っていました。
　まさか，職員ばかりか，お年寄りにまで皿回しがこんなに好評だとは，想像できませんでした。老人ホームの訪問には，皿回しは欠かせませんね。

(初出 No.326, 07・8)
かさぶくロケット

徳島　小野健司

・・・・・・・・・・・・・・・・・・・・・

「かさぶくロケット」(63ペ),さっそく家でも小学生の2人の娘相手に作って遊びましたが,とても好評です。翌日は,ゼミでも大好評。今日も,大学生100人相手にやりました。100台のロケットが大教室に飛び交いました。まるで小学生が100人いるかのように,ワイワイ楽しみました。時間が経つにつれて,教壇に立っている僕に向かって発射されるロケットが続出！

それから,8月に行なう四国大学での「わくわく科学教室」での〈ものづくり〉にも,急遽採用させていただくことになりました。

科学教室の準備会では,参加者から「先端部分の型紙に〈のりしろ〉部分を付け足した方がいい」とか,ただの「テープ」で貼るよりも,「〈ノリテープ〉を使えば,低学年でも,もっと簡単に作れそうだ」という意見が出ていました。「これからの〈ものづくり〉の定番になりそうだ」という感想が多かったです。

(初出 No.329, 07・11)
ストローロケット

福岡　古殿了一

・・・・・・・・・・・・・・・・・・・・・

「ストローロケット」(75ペ)をさっそくやってみました。今は担任していないので,職員室にいる先生方8人くらいを相手に,下のア〜ウのどのロケットがよく飛ぶのか予想してもらいました。

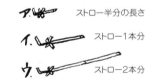

予想は,「アの短いロケットがよく飛ぶだろう」が多数派でした。わけは,「軽いので遠くまで行く」!?　――じゃ,やってみましょう……と結果を見ると,「えーっ,なんで～」と大人のみなさんにも喜んでもらえました。

お手軽・美味しい!!
食べ物づくり

(初出 No.296, 05・6)

紙風船ポップコーン

神奈川小学校
榎本昭次

レンジでチンして1～2分で出来上がりの,おいしくて楽しいポップコーンです。きれいな紙風船をビリビリと(もったいないけど)破って,出てきた香ばしいポップコーンを温かいうちに食べます。

プレゼントとしても,GOODです。「あれ? 紙風船の中にポップコーンが入っている。どうして? どうやって入れたの?」ときっと驚いてくれます。みなさん,ぜひ楽しんでください。

材料

- **紙風船** ふくらませたときレンジに入る大きさのもの。ぼくは直径22cmのものをつかいました。1束5枚入り250円でした。
- **ポップコーン用コーン** ぼくはフィルムケース2杯分(約60g,17cmの紙風船なら30g)を使いましたが,想像以上に大きく膨らむので,あまり多く入れない方が無難です。スーパーなどで売っています。ぼくは1kg314円で買いました。
- **ストロー** 無くても可。
- **塩&油** 油は小さじ1杯くらい。塩はお好みで。

作り方〔口絵参照〕

1. 紙風船をストローでふくらませる。
2. 風船の上部(穴があいている所)を少しへこませてコーンを入れ,少しずつ穴から中に入れる(プレゼントするならこのまま可愛くパッケージング)。

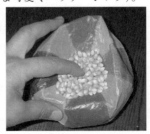

3．穴から塩を少々風船の中に入れます。やや多めがおいしく感じられます。
4．その後サラダ油を少々。
5．紙風船を膨らませてから，レンジで１〜２分加熱します。油断するとすぐに焦げ付きます。加熱しすぎると紙風船が焼けてきたりします。油を入れているので高温になってしまうからです。全部はじけなくても，１分半ぐらいでやめておくほうが無難です。
6．紙風船を上部からバナナの皮を剥くようにビリビリと破り，楽しくいただきます。

２年前のこと

「紙風船ポップコーン」に出会ったのは２年前。当時受け持っていた３年生の村田あすかさん（今は京都に引っ越ししてしまいました）から，２学期の終業式の朝，「いつも楽しい理科をありがとう」とプレゼントとしてもらったのが最初です。その紙風船ポップコーンは，大分の湯布院にお土産としてあったものを見て，あすかさんのお母さんが自分で作ってくださったものでした。

その時は，ホントに感激しました。寒い朝に昇降口でずっと待っていてくれたことも含めて，暖かい気持ちが伝わってきました。「普段やっている理科の授業（仮説実験授業が中心）をこんなに喜んでくれて，理科専科のぼくを驚かそうと凝ったプレゼントまで用意してくれるなんて，なんて嬉しいんだろう，もっと楽しいことをいっぱいやらなくちゃ」と。その嬉しい思いは今も続いています。

３学期の始めの授業では，受け持っている全クラスで，〈紙風船ポップコーン〉を紹介しました。座間の仮説の会でも紹介し，仮説以外のいろいろな会でも「スゴイでしょ」と紹介してまわりました。どこでもとても喜ばれました。

紙風船の安全性について

　現在，おもちゃの紙風船を作っているのは国内では「磯野紙風船製造所」1社だけで，ほとんどは中国からの輸入品だそうです。ぼくは厚木市の「本間紙器」というお店で100枚単位で買いましたが，2〜3枚でしたらダイソーなど100円ショップでも入手可です。

　これまでは紙風船ポップコーンを作る時は衛生面をまったく気にしていませんでした。しかし，『たのしい授業』で取り上げようかという話をいただいたときに，「食品に紙風船を使っても衛生的に大丈夫なのでしょうか？」と聞かれて困ってしまいました。

　とりあえずインターネットで調べてみると，東京大学の江前敏晴助教授が2001年8月に東京都北区王子の「紙の博物館」で，「楽しい紙の科学」という講座を行った時に，「紙風船ポップコーン」を取り上げておられました。そこで，江前先生に安全性についてメールでお聞きしたところ，江前先生と，江前先生がアドバイスを受けた「株式会社システムクリエイツ」の小杉さんという方から，すぐにメールが届きました。「とりあえずは大丈夫そうだが，塗料やのりなどは材料が分からないので慎重に」という内容でした。食品に使うことを前提としていないので安全性について確かなことは言えない，ということのようです。

　思案していたところ，「富山県農事組合法人・食彩工房たてやま」というところに，特産の「かんもち」を紙風船に入れてレンジでチンする「かんもち紙風船」というユニークな特産品があることを知りました。「かんもち紙風船」に使われている紙風船は，安全な塗料とのりで独自に開発されている，ということです。「その紙風船を分けていただけないか」とお願いしたところ，「1000枚単位ならば独自に印刷発注できる」ということでした。そこで，ようやく安全な紙風船を作ってもらうことができました！　10枚入り700円（送料実費・別）です。ご希望の方は，下記アドレスへご連絡ください。
Mail：itsumoegaodeshyoji@jcom.home.ne.jp ／ Tel 046-256-1740

(初出 No.287, 04・11)

田辺守男　埼玉・中学校

　できたてのポップコーンに，カラメル状に溶かした砂糖を薄くからめました。市販の「キャラメルコーン」と同じように，甘くておいしいお菓子です。カリッとした食感が好評です。作り方はわりとカンタン。

【材料・用具】
□ポップコーンの素（1クラス分＝250gで150円位）
□ホットプレート（またはフライパン）とガラスふた
□サラダ油少々
□砂糖（三温糖かサトウキビ糖がよい）
□スプーン
△お皿か紙コップ（なくてもよい）

【作り方】
①ホットプレート（フライパン）にコーンを重ならないように並べる。その上から，サラダ油を全体がしめる程度にかける（大さじ1杯程度）。
②ふたをして中火にする（フライパンは焦げ付かないように揺さぶり続ける）。
③2～3分たつとはじけ始める。全部はじけるのがおさまったら，ふたをはずす（余熱で焦げてしまうので，8割くらいはじけたところで火を止める）。
④砂糖をスプーンでポップコーンにまんべんなくふりかける。
⑤再び中火にする（ふたはしない）。
⑥砂糖が溶け始めたら，スプーンでかきまぜる。溶けた砂糖をポップコーンにからめるように。
＊①の段階で砂糖を入れてしまうとポップコーンと一緒に砂糖もはじけ飛んでしまうので注意しましょう。

冷めたら出来上がり〔口絵参照〕。お皿か紙コップに移して食べましょう。

【片づけ】
初めから，机の上に新聞紙を敷いておけば，砂糖やコーンがこぼれても後始末がカンタンです。

(初出 No.331, 07・12)
●●●アップル餃子パイ●●●

村上かおる 北海道・小学校

 今年もクリスマスが近付いてきました。この時季，教室でケーキなんて作れたらいいですよね。でも，コストや手間を考えると大変です。もっと「安くて・簡単で・おいしい」ケーキ作りができたらなぁ……。

 そこで紹介したいのが，「アップル餃子パイ」。一般的な「ケーキ＝スポンジ・デコレーション」という概念とちょっと違うものになってしまいますが，作ってみると思ったよりも楽しめるのです。

●餃子の皮でアップルパイ?!

 私はいつも，札幌の仮説実験授業のサークル「教師業を楽しむ会」に行っています。そしてその12月例会が近くなったころ，〈クリスマスにちなんでケーキを持っていけたらいいなぁ〉と考えていました。そんなとき，以前，同僚だった長原洋美先生が「餃子の皮でアップルパイを作ったらおいしかった」と言っていたのを思い出しました。

 詳しい作り方を聞いていなかったので，なんとか連絡を取りたいと思っていたら，その方と管内の研究会で偶然再会できたのです。

 早速，作り方をたずねると，「リンゴを切って砂糖をかけて煮る。砂糖の量は適当。あとは餃子の皮にリンゴ煮をのせ，皮の端に水をつけて2枚重ねるだけ。トースターで焼いて焦げ目がついたら完成」と教えてくれました。焼きたての熱々がおいしいとのことでした。

 そこで，父をアドバイザーにし

て，家で追試してみました。

しかし……トースターだと皮がバリバリになってしまって，いまいちでした。しかも中のリンゴ煮だけではあまりおいしいとは感じられません。そういえば，ふつうのアップルパイにはクリームが入っています。

そこで，アーモンドパウダーで作ったクリームをリンゴ煮と一緒に入れてみると，こちらのほうが断然おいしい。

また，「トースターよりフライパンで焼いた方が，しんなりしておいしい」という感想を父からもらいました。

●簡単カスタードクリーム作り

もっといい方法はないかなぁと思って，インターネットで「簡単アップルパイ」と入力して検索すると，たくさん出てきました。でも，〈餃子の皮を使って作る〉というのはありませんでした。

いろいろ見ていくうちに，すばらしい情報をゲットしました。なんと，短時間で簡単にカスタードクリームを作る方法を見つけたのです（COOKPAD・アクアマリンの簡単キッチン「簡単！　無駄が無い！　電子レンジで全卵カスタードクリーム」下記URL参照：http://cookpad.com/marin/recipe/87344/）。

そういえばアップルパイの中に入っているのはカスタードクリームでした。この方法を活用して作ってみたのが，ここに紹介する「アップル餃子パイ」なのです。

●材料●

餃子の皮，適量

〔リンゴ煮〕リンゴ1玉，砂糖大さじ2，バター5g

〔カスタードクリーム〕薄力粉大さじ1，コーンスターチ大さじ1，牛乳200cc，砂糖大さじ4，卵L玉1つ，バター大さじ1

●作り方●

〔リンゴ煮作り〕

①リンゴを一口大に切る。
②鍋にバターを入れて火にかけてとかす。
③リンゴと砂糖を入れて、5～7分炒めたら、冷ましておく。

〔カスタードクリーム作り〕
④深めの耐熱容器に薄力粉・コーンスターチ・砂糖をふるい入れる。
⑤そこに牛乳を大さじ1～2入れて、ダマにならないように気をつけながらよく混ぜる。

⑥そこに全卵を入れてよくかき混ぜる。さらに残りの牛乳を入れて、またかき混ぜる。
⑦ラップをして電子レンジ(私は500Wのものを使用)強2分で取り出し、よくかき混ぜる。少し、とろっとしてくる。
⑧もう1度、1分30秒～2分レンジにかけ、取りだしてよくかき混ぜる。プリンみたいに固まるが、かき混ぜるとなめらかになる。まだゆるいようなら、少しずつ様子を見ながらレンジで温めていく。お好みで熱いうちにバターを入れてかき混ぜる。

＊コーンスターチを片栗粉に代えてもよい。その場合、片栗粉の方がコーンスターチより早めに固まるので、レンジの加熱時間は少なめにして、様子を見ながら作業すること。

〔アップル餃子パイ作り〕
⑨餃子の皮にカスタードクリームを塗る。
⑩真ん中にリンゴ煮をのせる。

⑪上からもう1枚餃子の皮をのせて、端をはりあわせる。
⑫フライパン(またはホットプレート)で両面を焼く。薄く焼き色がついたらできあがり！
〔口絵参照〕

（初出 No.303, 05・12）
●●家庭科の授業で●●
電子レンジで簡単クッキー

松本アキヨ
埼玉・中学校

1時間でできるメニュー

 今年（2001年）から教育課程が変わり，家庭科も少なからず影響を受けました。3年生は昨年までは週に2～3時間でしたが，たった1時間になってしまいました。その中の「保育」という領域で，人間の誕生，心身の成長，幼児の食生活，保育園実習，そしておやつの実習などをやっています。

 問題はおやつの実習です。その他のことは縮小しながらもなんとか教えていますが，試食・かたづけを考えると，実習にはどうしても2時間必要です。しかし無いものねだりしても仕方ありません。1時間でできるメニューを考えることにしました。そこでひらめいたのが，『たのしい授業』（02年4月号，No.251）で島百合子さんが紹介していた「電子レンジで簡単クッキー」（テレビ「伊東家の食卓」で紹介されたもの）でした（『ものづくりハンドブック6』仮説社，に再録）。

 生地を焼いてから型を抜くところが画期的です。早速，家で『たのしい授業』で紹介された2倍の材料で作ってみました。

 家族の評判もまずまず。20分ぐらいで完成して，手際よくやれば，50分の授業で食べて，かたづけも終わりそうです。

おいしい！

 最初に実習したクラスの評価と感想です。（2学期）

| とても楽しかった 24人 | 楽しかった 8人 | 4人 |

楽しいともつまらないとも言えない ↗
つまらなかった　0人
とてもつまらなかった　0人

★ホットケーキミックスであんなに簡単に作れると思っていなかっ

たから，すごくびっくりした。でもおいしくできて嬉しかった。家でも作ってみたくなった。

（百合江さん）

★普通のクッキーと変わらず，とってもおいしくできました。私はこの間，家で作りました。父も母も妹も「おいしい！」と言ってくれました。先生が言うようにチョコレートなどをいれて自分でアレンジするのもおいしいですネ。とても楽しくできました。

（直子さん）

★速くて，簡単にできるのでびっくりした。やわらかいクッキーもあれば堅いクッキーもあった。意外な味だった。　　（哲哉くん）

★最初は「焼いてから型を抜く」ってことに驚いて，美味しくなるかなあーと不安だったけど，完成したら，サクサクでとても美味しかった！　作ってて思ったけど「ココアの素とかも入れてみたいなあー」と。今度，家でも作ってみようと思います。（萌未さん）

★クッキーではなくスポンジみたいな仕上がりになった。あまりおいしくなかった。　（卓也くん）

簡単クッキーの作り方

材料（4人グループ2回分）：ホットケーキミックス　150g，卵1個，牛乳　100ml，さとう　40〜50g，バター　50g。

道具：ボウル，泡立て器，クッキングシート，電子レンジ，型抜き，計量カップ。

作り方：①バターは室温で（お急ぎの時はレンジで）やわらかくしておき，泡立て器で混ぜる。

②バターの入ったボールにさとう・卵・牛乳・ホットケーキミックスの順に入れて混ぜていく。

③レンジの皿にクッキングシートをしき，その上にボールの材料を流し込み，材料が2〜3mmの厚さになるように，スプーンのうらを使ってのばす。

④レンジで5分間くらいチンする。うっすらきつね色になるのが目安。焦がさないように注意する。きつね色にならず，グニャッとした感じなら，もう少しチンする。

⑤熱いうちに，好きな型で抜く。冷めるとサクサクになります。

〔口絵参照〕

(初出 No.286, 04・10)

アメリカの
カントリー・クッキーを作ろう！

島　百合子　富山・小学校

●今年のテーマは「国際理解」

　今年，私は3年生の担任になりました。私の学校の3年生の「総合的な学習」のテーマは「国際理解」です。私は思わずにんまりしてしまいました。このテーマなら色々楽しめそうです。相棒も話の合う好青年で，二人で「あれやりたい」「これやりたい」と盛り上がってしまいました。

　話し合った結果，私たちは「世界のお料理シリーズ」を始めることにしました。最初に選んだのは，「アメリカン・カントリー・クッキー」です。これは，子どもたちが英語を教えてもらっている西野先生のホームページに載っていたものです。そういうわけで，クッキーを作る前に子どもたちの気分を〈総合〉らしく（?!）盛り上げるために，西野先生にはまず，子どもたちにアメリカの食文化の話をしていただきました。

　ただ，ホームページそのままのレシピは，中学年でやるのはちょっとたいへんそうだったので，「一人一個のクッキー作り」にアレンジしてみました。まずは一人一人に，満足感とおいしさと期待感を届けたかったからです。

●カントリー・クッキーの作り方
［材料］
①薄力粉とベーキングパウダーを混ぜたもの（100g：3g）……大さじ2（事前に教師が混ぜておく）
②溶かしバター……10cc（大さじ2／3）
③砂糖……5g（コーヒーシュガー1袋）
④とき卵……小さじ1

［用意するもの］

オーブントースター・机に敷くための紙・ナイロン袋・アルミカップ（底の直径5cm位）

［作り方］

1．ナイロン袋に材料を全て入れ，もみもみ混ぜる。全体が黄色っぽくなり，白い粉が見えなくなったらOK。

2．袋から出し，丸めてクッキーの形にして（平たくしないと火が通りにくい），アルミカップの上にのせる。

3．オーブントースターできつね色になるまで焼く（冷めてから食べた方がサクサクしておいしい）。

教室で作ることにしたので，オーブントースターを家庭科室から借りてきました。子どもたちは手をきれいに洗い，身支度をします。机の上には材料を散らかさないために紙を敷きます。

作り方を一通りやって見せ，それから材料を配ります。まず，①の粉（大さじ2杯）が入ったナイロン袋と，コーヒーのシュガースティック（5g）を渡します。子どもたちが砂糖を袋に入れて振って混ぜている間に，並んでいる席の順に，教師が残りの材料を袋に入れて行きます。

それから全部の材料を袋の中でもんで混ぜ合わせ，袋からたねを取り出して，平たいクッキーの形にしてアルミカップの上に置きます。子どもたちは教師に言われるまでもなく，自分でハートや星の形を作って楽しんでいました。

終わったら，ゴミはすべて下敷きの紙に包みゴミ袋に入れます。

自分の作ったクッキーが後でどれか分かるように，大きな紙に座席表を書き，その上にクッキーのたねを置いてもらいました。ここまでで45分です。

次の時間はテストだったので，子どもたちのテスト監督をしながら，クラス全員（30人）の分のク

ッキーを焼きました。1回焼くのにオーブントースターで5〜6分というところです。子どもたちは，いいにおいの中，「はやく食べたい〜！」と言いながら，テストをしていました。

　隣のクラスでやったときは，私が隣のクラスの子どもたちにたねの作り方を教えている間，相棒に私のクラスを見てもらい，その次の合同体育の時間の間に，クッキーを焼きました。子どもたちが体育から帰ってくると，こんがりとクッキーが焼けていて，みんなの顔はニッコニコでした。

●子どもたちの評価は？
　以下は学年61人の子どもたちの評価です。
5　たいへん楽しかった……49人
4　楽しかった………………11人
3　ふつう……………………1人
2　楽しくなかった…………0人
1　つまらなかった…………0人

A　たいへんおいしかった…56人
B　おいしかった…………　5人
C　ふつう……………………0人
D　おいしくなかった………0人
E　まずかった………………0人

☆自分で作ったクッキーがおいしいとは思わなかったです。自分が食べるときはきんちょうしました。でもおいしくてよかったです。　　　（肥田侑子・5・A）
☆とてもおいしくこくがあった。しかも作り方がかんたん。
　　　　　　　（釣井陽介・5・A）
☆自分で作ったクッキーはおいしかったです。かんたんではやいクッキーは初めてです。お父さんとクッキーを作ったことはあるけれど，こんなにはやくできませんでした。
　　　　　　　（松浦朱里・5・A）
☆むずかしいと思っていたけど，とてもかんたんでした。味がふわりでやわらかかった。
　　　　　　　（山本晃平・5・A）
☆作り方もかんたんでおいしかったです。ふくろに入れてまぜるだけだから，かんたんでした。
　　　　　　　（城石結奈・4・A）
☆オ〜，アメリカ！
　　　　　　　（森崎太陽・4・A）

(初出 No.309, 06・5)

びっくり！色変わりホットケーキ

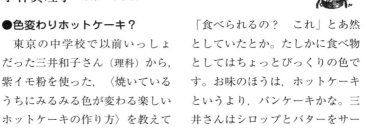

小林眞理子　東京・中学校

●色変わりホットケーキ？

　東京の中学校で以前いっしょだった三井和子さん（理科）から，紫イモ粉を使った，〈焼いているうちにみるみる色が変わる楽しいホットケーキの作り方〉を教えてもらいました。〔口絵参照〕

基本の材料（4人分）
小麦粉…40g，紫イモ粉…2g，砂糖…20g，塩…ひとつまみ，重曹…1.5g，水…35〜40cc

　卵と牛乳が入っていませんが，まずこれだけで焼いてみましょう。

　熱くしたフライパンに材料をまぜたホットケーキの「たね」を流して焼くと……。なんと，うすい紫色からピンク色になったかと思うと，みるみるうちに青みがかった濃い緑色に変わっていきます。

　生徒さんたちは最初，「俺たちの班は材料が少ない」などと文句を言っていたのに，この色を見て「食べられるの？　これ」とあ然としていたとか。たしかに食べ物としてはちょっとびっくりの色です。お味のほうは，ホットケーキというより，パンケーキかな。三井さんはシロップとバターをサービスしたそうです。

質問

　さて次の材料のうち一つを入れずに焼くと，ちゃんと紫色のケーキが焼けます。それは何でしょう。
　ア・重曹　イ・塩　ウ・砂糖

●色の変化の秘密

　紫イモは名前のとおり，中身が紫色のサツマイモです。紅イモと呼ぶこともあり，皮が赤いもの，白っぽいものなどいくつか品種があるようです。この紫色は，ブルーベリー・黒豆・ブドウなどにも含まれる，健康によいと最近人気のポリフェノールの一種，〈ア

ントシアニン〉という色素が含まれるためだそうです。

　同じアントシアニンを含む紫キャベツの汁が，リトマス紙のように酸性・アルカリ性を調べるのに使えることは，教科書などに載っています。紫イモの色も，酸性やアルカリ性の物質に出会うと変化します。そこで，紫イモを粉末にした，〈紫イモ粉〉または〈紅イモ粉〉と呼ばれるものを水に溶かして，いろいろなものに混ぜ，色の変化を観察すると下のようになります。

塩酸（酸性）→赤
炭酸水（酸性）→赤紫
牛乳（アルカリ性）→青紫
卵白（アルカリ性）→青緑
水酸化ナトリウム（アルカリ性）→黄色　　　（三井さんの資料より）

　先ほどの「質問」の答えですが，イの塩と，ウの砂糖は水に溶かしてもほぼ中性で紫イモの色を変えることはできません。

　色が変わったのは，アの「重曹」のはたらきです。

　重曹とは炭酸水素ナトリウムのことです。ベーキングパウダーの原料のひとつで，〈ふくらし粉〉として使われます。お菓子を焼くときこれを混ぜて加熱すると，気体の「二酸化炭素」が泡になって出てくるので，お菓子のたねがふくらむのです。

　中学２年生の理科の教科書には「炭酸水素ナトリウムの分解」の項目があり，〈炭酸水素ナトリウム〉が分解して，〈水〉〈二酸化炭素〉〈炭酸ナトリウム〉という３つの別の物質になるという化学変化を勉強します。水は中性ですが，二酸化炭素は水に溶けると酸性，炭酸ナトリウムは水に溶けるとアルカリ性になります。

　紫イモ粉を混ぜたホットケーキの生焼けの「たね」がピンク色になるのは，二酸化炭素がいったん「たね」の水分に溶けたために酸性となり，紫イモ粉に含まれるアントシアニンと反応した結果です。

　焼けてくると二酸化炭素は気体になって出て行ってしまうため，残った「炭酸ナトリウム」でアルカリ性となり，はっきりした緑色になるのでしょう。

　ホットケーキの定番の材料，卵

や牛乳を入れると、そのせいで別の発色になります。焼いたときの色の変化もあまりはっきりしませんが、違った色のできあがりと味が楽しめます。

また重曹のかわりによく使われる「ベーキングパウダー」では炭酸水素ナトリウムが25％しか含まれていないため、他の原料の影響を受けやすく、色の変化ははっきりとしません。「ホットケーキミックス」もph調整剤（酸性アルカリ性の程度を調節するもの）などが入っているためか、色の変化は劇的には見えないようです。

ちなみに重曹を入れすぎると、ホットケーキの味が苦くなり、おいしくなくなるのでご注意を。

● 紫イモの利用法

三井さんは「筑波大学附属盲学校の間々田和彦さんから、紫イモ粉をホットケーキに使ってもおもしろいよ、という話を聞いてやってみたの。はじめはホットケーキミックスに入れてみたのだけれど、もっとはっきりした色の変化を楽しみたくて、このレシピを工夫した」と言っていました。

紫イモ粉は乾燥品なのでいろいろな点で便利です。教材として使うことは数年前から普及していて、〈指示薬として直接使う〉ほか、〈紫イモ粉を多めに混ぜた小麦粉に雨粒を受け、酸性雨を調べる〉〈白玉粉に混ぜて団子を作り、いろいろな液に漬けて色の変化や味を楽しむ〉〈媒染剤を変えて様々な色を出す染色に使う〉などいろいろ工夫されているようです。

＊紫イモの粉入手方法……「玉三」や「火乃国食品株式会社」という白玉粉のメーカーのものがスーパーなどで売られている。1袋200gで200円程度。沖縄物産品などでフレーク状のものも売っており、同じように使える。

＊紫イモの教材化の初出文献……瀧口公夫・山本明子「紅いも粉を利用した身近な実験」（『化学と教育』vol. 48, 2000年, 日本化学会）

＊紫イモ粉の利用例……サイエンスフォーラム2004のwebページ（http://www.sci-fest.org/2004/booth4.html）に「雨粒をつかまえよう」という間々田和彦先生の実践が載っています。

（初出 No.303, 05・12）
お手軽・ヘルシー・おいしい

キャラメル sweet ポテト

島　百合子　富山・小学校

●思いついたが吉日

　1996年の春のことです。春，真盛りということで，学年花壇の植えつけ計画をすることになりました。「ここはおしろい花」「こちらにひまわりは？」「ここはサツマイモがいいね」と学年の先生とわいわいやっているうちに，私は「お～，そうだ！　サツマイモといえば，去年調理クラブで好評だった〈キャラメルポテト〉のことをまだ書いていないぞ！」と思い出しました。思いついたが吉日───というわけで，これを書き始めました。

　元々は『たのしい授業』（95年3月号）No.151の「おたよりコーナー」にでていた，今井裕紀子さんの「給食の残りのパンの活用法」を真似したものです。それは「パン（給食のあまり2枚），マーガリン（給食のあまり4個），砂糖大さじ4杯，白ゴマ少々」という材料で，「①パンを1～2cmのサイコロ型に切り，ラップをしないで電子レンジで10分ほどチンする。②鍋にマーガリンをとかし，砂糖を入れて少し色がつくらいまで加熱。③火を止めて①のパンを入れてからめて，しあげに白ゴマをふりかけるとできあがり」という作り方でした。あまりに簡単そうなので，すぐに給食の残り物のパンとマーガリンで作ってみました。甘さは自分好みにできるし，後をひくおいしさです。

●パン以外でも

　この今井さんのやり方は，パン以外の食品でもポップコーンやクラッカーなどといった，水分の少なめのものなら，キャラメルがら

めにして楽しめそうです。そこで,畑でいっぱいとれたサツマイモを使うことにしました。

キャラメルポテトの作り方

材料（4〜6人分）　さつまいも
　……小1本（100g程度）
　バター……大さじ1
　砂糖……大さじ2
用具　まないた・包丁・フライパン・さいばし・皿・耐熱性のビニル袋

作り方
①サツマイモはきれいに洗ってビニル袋に入れ，袋の口を軽くしばり，100gにつき2分，電子レンジでチンしておく（または固めに蒸すかゆでる）。

②袋に入れたまま，手で持てる熱さまでさまし，さめたら皮をむいて1cm角のサイコロ型に切る。

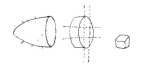

皮付きのままでも皮がカリカリしておいしい。

③フライパンにバターと砂糖を入れ，砂糖が溶けたらサツマイモを入れておいしそうなきつね色になるようにからめる（こがさないように注意）。

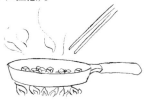

④お皿にあけてさます。さめると固まるので，できるだけバラバラに置くようにする。仕上げにお好みでゴマ（白でも黒でもよい）をふりかけてもよい。〔口絵参照〕

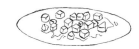

●子どもたちの評価と感想

楽しさ度

		②楽しくなかった2人	
⑤たいへん楽しかった 13人	④楽しかった 10人	③ふつう 6人	

「①つまらなかった」はなし。
「②楽しくなかった」の2人の理由は「クラブにおくれてきたから」

でした。
おいしさ度

A たいへん おいしかった 13人	B おいしかった 12人	C ふつう 6人

「Dおいしくなかった」と「Eまずかった」は，なし。
感想
谷かなえさん（②・A）
　こんな短い時間にこんなにおいしいものができるなんて思ってもみませんでした。
本郷絵里さん（③・B）
　ポテトがキャラメルになるなんて，すんごくかわっているなぁ，おいしいのか？　と思っていました。でもおいしかったです。
山崎瑠依さん（⑤・A）
　サイコロ型がかわいい。とてもおいしかった。あまかった♪　家でもきがるに作れるぞ！

●ちょっと注意
　イモは学校でかために蒸してから使ってもいいのですが，私は時間削減のために，家の電子レンジでチンしてから学校へ持っていきました。きれいに洗って皮つきのまま，耐熱性のビニル袋に入れ，口を軽く縛ってから，100gにつき2分ほどチンするとよいです（ビニル袋は，しっかり縛るとチンしているうちに膨らんで破れるから注意！）。また，チンした後すぐに切ろうとすると熱くて危ないので，冷めるまで待ちますが，このとき袋に入れたままで蒸らすようにしておくと，まんべんなく熱がまわってよいです。
　この作り方だと，パンとは違ってあまりカリカリにはなりませんが，パンと同じ要領でサイコロ型に切り，キャラメルがけにします。最後にゴマをふりかけると，さらに香ばしくなります。
　大学イモより油を使わない分，手軽でヘルシーな，おいしいキャラメルポテトができあがります。これもやめられないとまらないという感じです。
　調理クラブも仮説実験授業と同じで，回を重ねるうちに「〈おいしい〉〈楽しい〉が当たり前」になってきて，要求水準が高くなってきます。その中でこの評価はなかなかのものだと思っています。あなたも作ってみませんか？

(初出 No.329, 07・11)
秋は**サツマイモ**でお菓子づくり

三木淳男 　岡山・中学校（特別支援学級）

今年（2006年）もたくさんサツマイモがとれました。

私は毎年，サツマイモを「黒ゴミ袋方式」で作っています。ポリエチレン製の黒いゴミ袋（45ℓ）を2重にしたものに土を7～8分目まで入れ，袋に水抜きの穴をあけて，サツマイモの苗を1袋につき3本ほど植え付けるという方式です。これはちょっとしたスペースさえあれば，「どこでも誰でもサツマイモが簡単に作れる」すばらしい方法なのです。

例年，6月上旬に植付けし（梅雨時期だと根付きやすいため），10月中旬（霜が降りる前）に収穫しています。今年はゴミ袋5袋に苗を植付け，大小あわせて20本ほどのサツマイモを収穫しました。

さて，たくさんのサツマイモ，あなたならどう料理しますか？

私は「焼きイモ」「イモきんつば」「イモようかん」「イモもち」の4種類を障害児学級の子どもたちと一緒に作りました。

そこで私のおすすめ順に，その作り方を簡単に紹介します。

👑 第1位・イモきんつば

今から10年ほど前に，福井の松口一巳さんが発行している「若狭たのしい授業の会ニュース」の中の，「山本恵理子さんが〈いもきん〉を紹介した」という記事で作り方を知りました。追試したところ，とても気に入って，以後よく作っています。山本さんのレシピを紹介します。

用意するもの 　小麦粉，砂糖，ホットプレート，フライ返し，平皿。

作り方　①サツマイモは皮をむき，小さめに切って柔らかめにゆで，湯を捨てて熱いうちにつぶす（電子レンジでも可）。つぶしたイモに砂糖をお好みで混ぜる。

②①を1辺が3cmほどの立方体に成形する。直方体よりも立方体の方が後で崩れにくい。まな板などの平らな面の上に置くと成形しやすい。机の上にサランラップなどを広げ，その上で成形してもよい。

③小麦粉に水を混ぜ，ホットケーキのタネより少しゆるいくらいにして，平皿に分ける。

④イモの立方体の1面に水溶き小麦粉をつけ，それをホットプレート上に置いて焼く（中火〜強火）。1面目に焼き色がついたら，フライ返し等でそっとはがす。次の面も同様にして焼く。それを6回（全面）繰り返せばできあがり！

　このイモきんつばは，材料の準備が簡単ですし，成形したり焼いたりする楽しさがあります。しかも冷めてもおいしい。片付けも油汚れがないので簡単。そんなわけで，おすすめ第1位！

👑 第2位・イモようかん

　私は，東京は浅草名物「舟和の芋ようかん」が大好きなので，これもよく作っています。自分でも手軽にイモようかんを作れるというのがいいです。

用意するもの　砂糖，寒天（棒状でも粉状でも可），アルミホイルカップ。

作り方　①サツマイモは皮をむき，ゆでて，つぶす。砂糖をお好みで混ぜる。

②寒天は水を加えて柔らかくし，煮溶かして寒天液にする。分量はイモ300gに対して，棒寒天1/2本＋水250cc（粉寒天なら小さじ1.5杯＋水200cc）を使用する。

③寒天液につぶしたイモを入れてよくかき混ぜ，アルミカップにスプーンで分け入れて冷ませば，できあがり。

　ようかんのような形にしたければ，高さ3cmほどのタッパー容器にサランラップなどを敷き，そこに入れて冷ます。

　室温でも固まるが，冷蔵庫で寝かせると，よりしっかり固まる。

　これも材料の準備が簡単，片付けも簡単です。裏ごししなくても十分おいしいものが作れます。

👑 第3位・イモもち

　これも数年前に，仮説実験授業

の研究会で知りました（山本恵理子さん「もちっこポテト」『ものづくりハンドブック6』仮説社）。

用意するもの　マーガリン，かたくり粉，ビニール袋，ホットプレート。

作り方　①サツマイモは皮をむき，ゆでて，つぶす。イモが熱いうちにマーガリンを混ぜる（イモ300gに対してマーガリン大さじ3杯くらい）。

②①とかたくり粉100gくらいをビニール袋に入れ，手でぐにゃぐにゃ揉むようにしてよく混ぜる。かたくり粉の白いところが見えなくなるまで混ぜる。

③混ざったらかたまりを袋から取り出し，小判くらいの大きさにまるめてホットプレートで両面を焼いたら完成。

熱いうちにしょうゆをかけて食べると，もちもちしていておいしいです。冷めると少しごわごわした感じになってしまうので，熱いうちに食べることをおすすめします。マーガリンを使うので，ベタベタして片付けはやや面倒です。

♛ 第4位・焼きイモ

いわずと知れた定番おやつです。サツマイモは太さが3cmくらいまでのものを選んでください（太いものは輪切りにして蒸し器で蒸し，「ふかしイモ」にしたほうが良いです）。

用意するもの　オーブントースター。

作り方　①サツマイモを洗って水気をふき，そのままオーブントースターで15分ほど焼く。これだけで十分おいしい焼きイモに！

野外で何かを燃やしたりしなくてよいので，とにかく簡単です。でも，「ひと手間かけてお菓子（おやつ）を作った」という達成感が少ないかもしれません。

これ以外にもサツマイモの輪切り（1〜1.5cm厚）をゆでたものにベッコウアメをからめた「さつま芋飴」（『たのしい授業』99年12月号の「おたより」欄で岡山・高田邦枝さんが紹介）や，フライパンと少しの油で作る「サツマイモの素揚げ」「サツマイモ天ぷら」などもおいしそうです。

サツマイモを使った簡単なお菓子作り，あなたもぜひ試してみてください。

(初出 No.304, 06・1)

串ごとポリポリ♪ プリッツだんご

島　百合子　富山・小学校

串ごとぽりぽり♪

　我が家の子どもたちは食事やおやつの時に，よく「試食販売ごっこ」をして遊びます。たとえば，ハンバーグとかでていたら，小さくちぎって1つ1つにつまようじを刺して，

　　兄「いらっしゃいいらっしゃい，おいしいハンバーグですよ」
　　妹「あら，おいしそうですね」
　　兄「1ついかがですか？」
　　妹「ありがとう」

とかなんとか言いながら食べるのです。

　どうも，何かをつまんで食べるのはおいしいようで，箸を使ったちゃんとした食事では食べたがらないものでも，私が「味見の先生，お願いしまーす」と言って一口つまんでやると，喜んで食べます。

　そんなわけで，だんごとか焼き鳥といった串に刺してある食べ物をよく食べるのですが，食べるのにちょっと苦労することが多いのです。小さい頃はそのまままっすぐ食べようとして，串でのどを突きそうになっていましたし，今でも横からかじりついて口のまわりがタレでベトベトになったりしています。だんごを食べ終わった二人の顔は，もうすっかり「くまねこ」状態です。

　そこで串もポリポリ食べられる「プリッツだんご」を考えました。調理クラブで子どもたちと作ってみたところ，だんごのもっちりした甘味とプリッツのポリポリした塩味が好評でした。あなたもいかがですか。

材料（4～6人分）
・白玉粉……100g
・きな粉……25g
・砂糖……大さじ1杯
・水……約90cc（白玉粉用）
・プリッツ……人数分（1人1本）

用具 ボール・なべ・穴あきおたま・計量スプーン

作り方
①なべに八分目ぐらいの水をいれて火にかけます。
②ボールに白玉粉を入れ、水を少しずつ加えて混ぜる。なかなかまとまらなかったり、ゆるすぎたりする時は、水を足したり粉を足したりして調節して下さい。耳たぶくらいのかたさになったら、一口大のだんごに丸めます。

あまり大きいだんごを作ると、プリッツが重さで折れてしまうので注意。白玉粉100gでだんごが15個ぐらいできます。
③沸騰した湯の中にだんごを入れて、浮かんできたものから穴あきおたますくい、水につけて少し冷まします。
④冷めたら、串代わりにプリッツを刺します。あまりたくさん刺すと折れやすくなるので、2個ぐらいにしておくのが無難です。
⑤きな粉と砂糖を混ぜる。
⑥お皿にプリッツだんごを並べて、上から砂糖入りきな粉を振りかけて出来上がり。

ふやけると折れやすくなるので、早めに食べてね。〔口絵参照〕

子どもたちの評価
調理クラブの子どもたちに評価と感想を書いてもらいました。

楽しさ5段階評価

⑤たいへん楽しかった……13人	④楽しかった……8人

③ふつう1人
②つまらなかった、①たいへんつまらなかった、は無し

おいしさ5段階評価

Aたいへんおいしかった……13人	Bおいしかった……7人

Cふつう……2人
Dまずかった、Eたいへんまずかった、は無し

老田(おいだ)さん（4年）評価⑤A
家でも作ってみたい。食べるとポッキーとおだんごがあって、おいしかった。

沖村さん（5年）評価⑤A
くしだんごみたいだった。2つの味が楽しめるところが良い。

四十九(しじゅうく)さん（4年）評価⑤A
きなこのだんごとプリッツがよくあっていて、おいしかったです。

高波さん（4年）評価④A
とてもおいしかった。「合わないのかな〜」と思っていたけど合った。

鷲本さん（6年）評価④B
かんたんでおいしかったのでいいと思いました。

(初出 No.291, 05・2)

カマ・デ・チーズ
●炊飯器でチーズケーキ

木浪健二郎 　岡山・スズメのがっこ

チーズケーキも炊飯器で

 炊飯器で作るケーキ,カマ・デ・ショコラが『たのしい授業』に掲載されてから5年が経ちました(『ものづくりハンドブック4』仮説社,にも掲載)。多くの方々から「たびたび作っているよ」と声をかけていただいています。人に喜んでもらえるというのはうれしいことです。

 この3月(2004年),尾道にいる息子のつれあいから「ケン(私のこと),この頃新しいケーキは作らないの?」と言われてしまいました。〈カマ・デ・ショコラ〉のほかに〈カマ・デ・グリーン(抹茶と甘納豆)〉〈カマ・デ・フルーツ(ドライフルーツを入れる)〉等を作っていましたが,納得のいく〈カマ・デ・チーズ〉を作ることはできないでいました。

 そんな時,常会(昔の小字の集い)の愛育委員から「健康とオレオレ詐欺のことで集会があります。チーズケーキも作ります」と誘われました。「チーズケーキを作る」という言葉にひかれて参加したのですが,そこでもらったレジメや作り方を見て,これなら少し工夫すれば〈カマ・デ・ショコラ〉と同じようにチーズケーキも炊飯器で作れそうだと思いました。

 そこでは,すべての材料をミキサーで撹拌して種を作るのです。ミキサーは洗うのが大変なので,ミキサーを使う一番の理由をたずねると,「クリームチーズを撹拌するため」だそうです。私は「クリームチーズは,電子レンジでチンすれば軟らかくなるかも。そうすればミキサーを使わないで作れる。小麦粉の替わりにホットケーキミックスを使えば砂糖は減らせ

るし，塩は入れなくてすむ。電気鍋より電気炊飯器の方が時間を気にしないで作れる」と思いました。

　参考文献が書いてないので出所はわかりませんが，ともかく翌日，材料を揃えて試作しました。試行錯誤の末に，3つ目に「これならば！」というケーキができたので，岡山仮説サークル等にもって行ったところ「もう少しフワフワ感がほしい」「しっとり感がたりない」「甘さがたりない」と言われました。ホットケーキを焼く時に，プレーンヨーグルトを入れると「フワフワ感」「しっとり感」が出ることを思い出し，入れてみたら，今度はバッチリOKです。「これなら売り物になる」と自画自賛してしまいました。家族にもほめてもらいました。

大会でも好評！

　4月に東京に行く用事があったので，原稿と〈カマ・デ・チーズ〉を持って，仮説社に立ち寄りました。「午後から編集会議がある」とのこと。しかし，『たのしい授業』5，6，7月号と，掲載されることはありませんでした。その間，〈カマ・デ・チーズ〉を10個は作って友人・知人に食べてもらいました。みんなから「おいしい。作り方を教えて」と言われました。

　そこで，仮説実験授業研究会の夏の大会で発表することにして，「ものづくり分科会」に電気炊飯器と電子レンジを持ち込みました。

　それとは別に，前日に作って保冷庫に入れて持ち込んだ〈カマ・デ・チーズ〉3個は，北海道から参加された桜井朝子さんの模擬店「さくらや」のコーヒーと一緒に売ってもらいました。それは2日目の午前中にはほぼ完売状態で，桜井さんから「あと2つ作ってもらえませんか」と言われました。スーパーに材料を買いに走り，喫茶コーナーに炊飯器とレンジを持ち込んで2つ作ったのですが，それも夕食までには全部売れてしまいました。冷蔵庫で冷やしてから食べるとおいしいのですが，荒熱が取れただけの，まだ温かい〈カマ・デ・チーズ〉でさえ，とてもおいしかったのです。もちろん，

分科会での発表も好評でした。

ところで，電子レンジを会場に持ち込んでみて，その重さに閉口しました。家で作る時は，手間とは思わなかったのです。それで，喫茶コーナーでいろんな人に「クリームチーズをレンジを使わずに軟らかくする方法」を聞きました。島百合子さんが「常温にしておけば軟らかくなるわよ，夏なら溶けるよ」とのこと。

さすが，『おやつだホイ！』（仮説社）の著者！ 「目からウロコ」でした。今まで使ったこともないのに，「クリームチーズは冷蔵庫で保存するもの」という思いこみにとらわれていたことに気づかされました。それでピンときたのです。早めに冷蔵庫から出しておいて軟らかくなったら，最初にポテトマッシャー（ゆでたジャガイモをつぶす道具）でつぶしてから，生クリームと卵を入れて泡立て器で混ぜればクリームチーズは溶けるに違いありません。

喫茶コーナーで2つ目を作るときは，クリームチーズは室温のままだったので軟らかくなっていました。しゃもじを持参していたので，それでつぶして作ってみました。クリームチーズの小さい粒が少し残りましたが，みなさん「これで十分」と言ってくださいました。「さくらや」さんに売上げの2割くらいお礼をしたかったのですが，「ケーキのおかげで，用意した紙コップが足りなくなるほどコーヒーが売れました。こんなことは初めてです」と受け取ってもらえませんでした。「また大会で一緒にお店を出しましょう」と言ってお別れしました。

帰宅した翌日，10時にクリームチーズを冷蔵庫から取り出して外出し，3時に帰宅してみると軟らかくなっていました。ボウルに入れてポテトマッシャーでつぶすと，簡単につぶれました。そこに生クリームと卵3個を加えて，泡立て器で混ぜると，すぐに溶けてくれました。残りの材料を入れてかきまぜてから，内釜に流し込んでスイッチONで完成です。

島百合子さん始め，皆々様のお陰で，電気炊飯器だけで作れるようになりました。

〔カマ・デ・チーズの作り方〕

道　具：電気炊飯器5合炊き，電子レンジ，ボウル，ゴムべら，ポテトマッシャー，皿，しゃもじ。
材　料：ホットケーキミックス50g，クリームチーズ200g，生クリーム200g，卵3個，砂糖50g，プレーンヨーグルト大さじ1〜2杯。

作り方
① クリームチーズを常温で軟らかくしておく（電子レンジで1分チンしてもいい）。
② 軟らかくなったクリームチーズをボウルに入れてポテトマッシャーでつぶす。
③ その中にホットケーキミックス以外の材料をすべて入れてポテトマッシャーで撹拌する。
④ さらに，ホットケーキミックスを入れて撹拌する。
⑤ 撹拌した材料をボウルから内釜にゴムべらを使って入れる。
⑥ 炊飯器のスイッチON。
⑦ スイッチが切れた後30分くらい保温して出来上がり。
⑧ 釜とケーキの周りにしゃもじを入れてケーキの底を少し持ちあげるようにしてから皿を被せ，ひっくりかえして取り出す。

〔口絵参照〕

　温かいうちに食べるも，冷ましてからラップに包み冷蔵庫に入れ冷たくしてから食べるもよし。冷凍して保存することもできます。

　ところで，炊飯器は機種によっては1回でできないものがあります。その時は，もう1回スイッチを入れ直せばできます。

　「卵3個」というのは，いい加減な言い方です（S〜LLまである）が，どんな大きさでもいいです。ホットケーキミックスも砂糖もいちいち計らなくても，200cc計量カップ半分で約50gなのでそれでいいと思います。③の工程で，プレーンヨーグルトを2杯，あるいは抹茶やココアを大さじ山盛り2杯入れても，おいしいチーズケーキができます。チーズのつぶつぶが残っていても，ホームメイド的でいい感じになります。

　「いい加減が良い加減」でいきましょう。（2014年3月一部修正）

(初出 No.292, 05・3)

作ってみました
カマ・デ・チーズ
高橋香織
北海道・中学校

　昨夏の仮説実験授業研究会の大会で発表された木浪健二郎さんの〈カマ・デ・チーズ〉（改訂版は109ペに掲載）をさっそく作ってみました。

　最初は，木浪さんの大会でのレシピ通りに作りました。レシピではプレーンヨーグルトを大さじ1杯入れるのですが，そのためだけにプレーンヨーグルトを買うのが億劫でした。それに，レシピ通りに作ってみて「ちょっと風味に欠けるな」と思ったので，2度目からはヨーグルトの替わりにレモン汁を加えることにしました。

　また，大会でのレシピで作っていくと，チーズがダマダマになってしまったので，よりダマになりずらい手順に変えてみました。

　札幌の教師業サークルに参加された方々に，私のレシピで作った〈カマ・デ・チーズ〉を食べてもらったところ，好評でした。

＊

道具：電気炊飯器，電子レンジ，耐熱ボウル，泡立て器，ゴムべら，皿，しゃもじ

材料：ホットケーキミックス50g，クリームチーズ200g（1箱），生クリーム200g（1パック），卵3個，砂糖50g，レモン汁大さじ1杯（レモン半分～1個分）

作り方：①クリームチーズを耐熱ボウルに入れ，ラップをせずに1分間電子レンジにかける（皿にのせて1分間レンジにかけてから，ボールに移してもよい）。

②その中に砂糖とレモン汁を入れ，泡立て器でよく混ぜる。

③そこへ卵を1個ずつ入れ，そのつどよく混ぜる。

④ホットケーキミックスを入れて混ぜる。

⑤さらに生クリームも入れて，よく混ぜる。タネの完成。

⑥ゴムべらを使って，タネを炊飯器に流し入れ，炊飯スイッチを入れる。スイッチが切れたら，30分間保温する。

⑦釜に皿をかぶせ，一気にひっくり返して取り出す（一気と言っても，なるべく優しく取り扱ってください）。

⑧あら熱が取れてから，ラップをかけて冷蔵庫で冷やす。

　紅茶でも用意して，おいしく召し上がれ！

(初出 No.307, 06・4)

ビスケットで かんたん！ アイスケーキ

●お手軽・お好みで、冷たくあま〜いひとときを

宮地仁美 佐賀・小学校

●すご〜く簡単なアイスケーキ

　私は，ほとんど毎月，クラスの子どもたちと誕生日会（以前はお楽しみ会）と称して，何らかの食べ物作りをしています。もの作りの効果は，ここでいうまでもありませんが，それが「食べ物」となると，効果は倍増ですよね。

　その月のレシピは，必ず学級通信に載せます。すると，すぐに保護者の方から「家でも作りました。おいしかったで〜す」とか，「今度一緒に作ろうね，と材料だけ準備していたら，一人で作って皆に食べさせてくれました。弟たちにも好評」といった反応をよくいただきます。子どもたちも「今月は何？」「作り方を（学級通信に）載せて」などと，楽しみにしてくれています。

　これまでで一番お世話になっているレシピ本は，島百合子さんの『おやつだホイ！』（仮説社）です。「簡単でおいしく」しかも「作り方も楽しい」ところが素晴らしい。私の学校クッキングの考え方のベースにもなっているありがたい本です。

　さて，今月は何にするのか，いつもネタ探しには楽しく苦労しています。もちろん定番ものはありますが，時には「へぇ〜，こ

んな作り方で！」とみんなを驚かせたいから、「おもしろい新ネタはないか」と、いつもアンテナをはっています。

　そんな中、『すてきな奥さん』（主婦と生活社、2004年7月号）に「牛乳パックをケーキ型に、ビスケットでサクサクアイスケーキ」という記事を見つけました。

　ビスケットケーキといえば、『ものづくりハンドブック6』（仮説社）に「クッキー（またはビスケット）をさっと牛乳につけ、泡立てた生クリームを面に塗りながら並べる。まわりにも生クリームを塗ったら整形し、それをラップして冷蔵庫に一晩入れて冷やす」という、佐藤重範さんの「クッキーケーキ」が紹介されていました。佐藤さんは黒柳徹子さんの作り方をもとにしたそうです。『すてきな奥さん』に載っていた作り方も、黒柳さんのものをベースにしているのですが、佐藤式のクッキーケーキよりももっと簡単。砕いたビスケットと砂糖、イチゴジャム（大人向けにはインスタントコーヒーやプレーンヨーグルトでも）、生クリームをバサッと混ぜて、空の牛乳パックに詰め、冷やして出来上がりなのです。

　佐藤式のクッキーケーキも簡単で楽しいのですが、私は〈生クリームを塗る〉という作業をこの時期（7月）はちょっと敬遠したい気持ちがありました。そろそろ暑くなってきたし、作ってもらうのが低学年だし、ということで、より簡単で涼しそうなアイスケーキを試してみることにしました。

●ビスケットアイスケーキ●

材料（4〜5人分）：ビスケット（森永マリービスケットなど、バター分が少なくあまり甘くないもの）80g、生クリーム（植物性で十分）200cc、イチゴジャム大さじ3、砂糖大さじ2、型用の牛乳パック（500ml、なけ

れば1ℓのを切って使う）
作り方
①クッキーを手で砕いて，ボールに入れる。このごろのクッキーは個別包装になっているものが多いので，その袋のまま砕くと簡単。さらにジャムと砂糖も入れておく。
②①のボールに徐々に生クリームを入れ，もったりするまで，まんべんなく混ぜる。生クリームの量は様子を見ながら入れていく。混ぜてみて，マヨネーズ状よりちょっと固いくらいになればOK。
③②の生地を空の牛乳パックに入れる。生地を入れたらトントンと牛乳パックの底で机をたたいて空気を抜く。
④牛乳パックの口はホチキスでパチンと止め，冷凍庫で冷やす。夏の暑い時期でも冷凍庫で2時間くらいでよい。好みによって冷やす時間は調節する。
⑤冷凍庫から取り出したら，牛乳パックの上部の隅にはさみで切り込みを入れ，パックの側面をはがして開く。好みの大きさに切り分けてお皿に盛る。おしゃれにフルーツやジャムやチョコをかざってもおいしそう〔口絵参照〕。

＊少量でおなかにたまります。カロリー高そ～～うなので，食べ過ぎ注意。
＊カチカチに凍らせてもおいしいですが，凍らせすぎると取り出しにくく，またなかなか切れないのでご注意を。また，凍ったアイスケーキを切るときは，包丁をお湯で温めてから切るとよいです。

（『すてきな奥さん』04年7月号の記事をもとに，宮地が要約・補足）

●試作を重ねる

　まず，サークルで試作してもらいました。ところがその日，砂糖を持っていくのを忘れてしまったのです。その分ジャムを多めにいれたところ，おいしいけれど，ちょっとジャムの味が強くて，「甘すぎる」という人もいました。また，ケーキが固まるのに，とても時間がかかりました。改良の余地がありそうです。まず，ビ

スケットの量を増やした方がよさそうです。

　次に，こんどは同じサークルの日吉さん夫妻のご自宅へおしかけて調理。この時，生地のベースを3種類（森永マリービスケット，チョイスビスケット，コーンフレーク）を用意して，できあがったものを近所の子どもたちに食べ比べてもらいました。その結果，一番人気はチョイス。チョイスはマリーよりもバターが多く，しっとりした食感になるのです。それに甘さも十分にあるので，砂糖やジャムは必要がなく，ますます簡単です。マリーもおいしかったのですが，どうもしっとり感のあるものの方が子どもたちにはうけがいいようです。コーンフレークは固すぎて論外でした。

　3回目，いよいよクラスの子どもたち（小3：17人）とともに，ビスケットの種類をいろいろかえて実験してみました。ビスケットの種類は，チョイス，ムーンライト，マリー（以上，森永製菓），クランキー（ロッテ）の4種類。生クリームとビスケットの割合も大切なので，グループごとにかたさを少しずつ考えながらやってもらいました。そして，試食タイムでは4種類を食べた中でどれが一番よかったか，料理評論家のような気分で投票。結果，やはり一番人気はチョイスでした。

　◇チョイスがおいしかった。チョイスは，サクサクでやわらかくておいしかった。先生はすごいかも。料理の天才だー。クリームとかかけて，フルーツとかのせたらもっといけるかも。（れいこ）
　◇とにかくチョイスがうまい。あとのは，ふつうでした。チョイスがうまいと思ったのは，食感と味で決まりました。（まさし）

　2位はクランキーでした。これはチョコレートをサンドしたビスケットです。チョコがはいっているので，チョコ好きにはおい

しいのですが，アイスケーキにするためにはビスケットの量がたくさん必要でした。

　もっとやわらかくしっとりが好きな子は，ムーンライト派（バターたっぷりでやわらかいビスケット）でした。子どもたちの反応を見ていると，バター多めのビスケットかクッキー系であれば，おおむねOKのようです。

　結局，「学校で，安く，一番簡単に」を考えると，〈森永チョイス150グラム（1箱くらい），生クリーム約200cc（1箱くらい，様子を見ながら量を調節すること）〉だけで，〈ジャムや砂糖を使わない〉のが一番良いのではないかと思います。

　子どもたちの評価は，「とてもおいしかった12人，おいしかった5人」（その他はなし）と好評でした。

● 作り方を見直してみると……

　子どもたちに大好評だった〈アイスケーキ〉でしたが，クラスでやった時，ある子が「ビスケットのままでもおいしいよ」とつぶやいていたのがずっとひっかかっていました。「だから，料理しないほうがマシだ」と言っているわけではないのです。でも私は〈料理ってなんだ〉と考えさせられました。それで，もう一度きちんと雑誌に載っていたやり方で作り直してみることにしました。すると，作り直している最中に自分の手ぬかりに気付いたのです。それは生地の混ぜ方でした。

　雑誌には「へらでまんべんなく混ぜる」とありましたが，私はとにかく簡単に作ろうと思い，ビスケットの砕き方や混ぜ方を十分にしていなかったのです。しっかり混ぜないと生地のまとまり

が悪く，固まるのに時間がかかります。最初にサークルで試作したときになかなか固まらなかった原因は，これだったのです。ビスケットと生クリームをもったりとするまで混ぜると，冷蔵庫で２時間ほどでババロアぐらいにちゃんと固まりました。よく混ぜることで口当たりもよくなり，よりおいしくいただけました。

　結局，胸焼けするほどいろいろ作って試食してみて，「やっぱりオリジナルの作り方が一番かな」とも思いました。でも，「大雑把でもできる」というのが，学校クッキングでは大事なことだと思います。だから，「とにかく簡単に」の発想で生まれた，ジャムなどを使わない〈チョイス簡単バージョン〉もいいんじゃないでしょうか。ともかく簡単でおいしいですから，試してみてください。

　ところで，皆さんはビスケットとクッキーの違いってわかりますか？　当たり前のように使っている言葉ですが，明快には答えられませんよね。そう思っていたら，ありました。『おやつだホイ！』の「１・２・３のクッキー」に！　さすが，島百合子さん。この本は熟読していたはずなのに，忘れていたのかなぁ。でも，これで，すっきりした感じです。

　「クッキー」とは，オランダ語の「koekje（小さなお菓子の意）」が語源で，渡米したオランダ人が自家製の焼き菓子を，「クッキー」と呼んだのがアメリカで広がったと言われています。（日本にはアメリカから伝わった）
　「クッキー」は，結局は「ビスケット」の一種で，その中でも「砂糖やバターを多めに含んだ柔らかめのもの」をさします。日本では，「ビスケット類の表示に関する公正競争規約」によって，糖分・脂肪分の合計が重量百分比で40％以上のものとされています。
　　　　　　　　　　島　百合子『おやつだホイ！』仮説社，113ぺより

　アイスケーキを作りながら，こうしたまめ知識も子どもたちに紹介してみてはいかがでしょうか。

（初出 No.312, 06・8）

暑い時にはこれ！
おばけアイスできました

長嶋照代　埼玉・小学校

●残暑厳しすぎ

　夏休みが終わってすぐ，運動会の練習に突入しました。冷夏かと思いきや残暑の厳しいこと厳しいこと！　体育館も校庭も気が遠くなるほど暑いのです。練習していてもイヤになってしまいます。

　更に，教室が暑い！　6年生の教室は4階なので屋上の熱がそのまま伝わるらしく，1階に比べると断然暑い！　助けて〜。

●アイス食べたい

　子どもがたまらず「アイス食べテェー！」と叫びました。「先生も食べたいよ，トホホ……」

　と，そのとき思い出したのが狭山のサークルで岩瀬直樹くんが紹介していた「おばけアイス」（島百合子『おやつだホイ！』仮説社）でした。彼は自分のホームページで〈クラスでやっていること〉などを紹介してくれているのですが，そこに「おばけアイス」のことも載っていました。

　それを急に思い出して，スーパーで牛乳とカルピス，割り箸とビニール袋を買い込み，翌日早速，家庭科の時間に予定を変更して「おばけアイス作り」をしちゃいました。1時間目に作って4時間目に食べられたらいいなあ，と考えていましたが，固まったのは6時間目でした（家庭科室の冷蔵庫

を借りました)。帰りまでに食べる時間が作れず,結局その日は食べられませんでした(見込みが甘かった!)。「ごめんね。明日の最後の練習の後,食べようね」と言うと「い〜よ〜」との声。あんなに楽しみにしていたのに,子どもたちってやさしい。

● 先生,ごめんね

翌日,灼熱の校庭で組み体操の最後の練習を終えた子どもたち。髪の毛から足の先まで泥だらけです。しっかりと手を洗い,準備OK。そこに待ってましたのアイス登場!〔口絵参照〕 歓声で隣のクラスの子どもたちもやってきてしまいました。学年の先生にはアイス作りのことを話してありましたが(私も図々しくなったなあ),他のクラスの子どもたちはそんなこと知りません。ドアか

おばけアイスの作り方

①ビニール袋に,牛乳(50cc)とカルピス(大さじ1)を入れてまぜる。(一人分)

②袋に割り箸をさして,中の空気をぬきながら,入り口2カ所を輪ゴムでしっかりとめる。

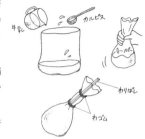

③冷凍庫に半日くらい入れて凍らせば,出来上がり!

　ビニール袋に入れて凍らすため,出来上がるとグニャグニャいろんな形になるので「おばけアイスキャンディー」と島さんにより命名されたそうです。

（島百合子『おやつだホイ!』仮説社,参照）

らのぞきながら「いいなあ!」「食べてえ!」「チョーだい」と叫んでいます。チャイムが鳴ると渋々帰っていきましたが,その姿があまりに気の毒。他の場所で食べればよかったなあ,と後悔しました。

「うちのクラスの分しかないから気を遣って食べようね」と話していたので,「センセー,ばれち

ゃったよ。どうしよう」と心配する声が聞こえました。「職員室でしかられちゃったら、ごめんなさいとあやまっておくよ」と何の気なしに答えると、「先生がしかられちゃってごめんね」という声。クラスで一番大きくシャイなモトくんです。身長はとっくに抜かされています。普段は話しかけても目を合わせてくれないので、嫌われているのかな、と気になっていた子です。その子からのやさしい言葉にジ〜ン。アイスはおいしいし、やさしい言葉ももらえたし、やってよかった！

● 評価と感想

子どもたちの評価と感想は以下のようなものでした。

⑤とてもたのしかった
27人

③たのしくも、つまらなくもない　1人

☆作るのはめんどくさかったけど、うまかった。（かいくん③）
☆私はこのアイスを作ってみて、簡単だしとお〜ってもおいしかったです！　今度は家で作って、家族で食べようと思っています。ありがとうございました!!（まみさん⑤）
☆はじめて自分で作ってとってもおいしくて感動しました。「こんなうまいアイスは初めて食べた……」と思いながら食べていました。先生、また作ってください。（はるさん⑤）
☆いろいろな形になっておもしろかったです。簡単にできてしかもおいしいので、家でもやりたいです。（くりくん⑤）

——後日、家でも作ってくれて、「おいしかった」とお母さんから葉書が来ました。

食べている時に、子どもたちからは、「サイダーで作ったらどうなるかなあ？」「炭酸を凍らすと、爆発するかもしれないぞ」「オレンジジュースでは、できるかなあ？」などと、色んな声が聞こえました。

岩瀬くん、ありがとう！　子どもたちが「またいろいろ教えてね」と言ってましたよ。

(03.10.4)

(初出 No.297, 05・7)

―食べられる虹―
4色アイスキャンディ

厚井眞哉(こういしんや)
東京・小学校

前から科学クラブでは，〈食塩水の虹作り〉ということをやっていました。食紅で色をつけた100gの水を4種類用意し，それぞれに食塩を5g，10g，15g，20g溶かしておきます。それを比重の重い順に，試験管にストローをつかってゆっくり入れると，きれいな虹のように分かれるのです。この実験は子どもに人気があって，特に女の子はとっても喜びます。

さて，この実験をするたびに，このまま凍らせてもきれいだなあとは思っていました。そしてふっと〈食塩の代わりに砂糖をつかえば，おいしいアイスキャンディになるのでは〉と思いついたのです。しかもジュースをつかえば食紅も必要なさそうです。

ということで，1学期の終わりに，がんばった子どもたちへのご褒美として，この4色アイスキャンディ作りをプレゼントすることにしました。

●用意するもの

40人分（1班4人× 10班の場合）

・未使用の試験管（内径16mmの260mmぐらい）40本
・試験管立て　10個
・6gスティックシュガー　60本
・ジュース（ブドウ，リンゴ，オレンジ，パイナップル等）それぞれ1リットルパックで。
・ストロー，割り箸，プラコップ　各40
・スプーン　10本
＊ジュースは色の付いているものならなんでも良い（グリーンティ，トマトジュースなど）。なるべく色が違う方が良い。

●作り方〔口絵参照〕

①各班にコップ4個，スプーン4本，試験管立て1個，スティックシュガー6本を配る。試験管とストローと割り箸は人数分配る。
②コップに4分の1くらいずつジュースを入れる。
③スティックシュガーをブドウジュースに3本，リンゴに2本，オレンジに1本を入れてスプーンでかきまぜて溶かす。パイナップルには入れない。
＊どのジュースに砂糖を何本入れるかは，自由に変えてかまいません。
④砂糖を一番たくさん入れたジュースから順番に，試験管にストローで入れていく。ストローの端をジュースの中に入れて，反対側の端を親指あるいは人差し指でふたをして持ち上げ，試験管の中にストローの端を移し入れてから，指を離す。するとストローの中のジュースが試験管の中に入る。
⑤これを繰り返して，試験管の中で2～3cmの高さになったら，2番目に砂糖をたくさん入れたジュースを同様にして，ゆっくりストローで試験管に入れる。ごく少しずつゆっくりと入れないと，境目が崩れてしまうので気をつける。
⑥2段目も2～3cmになったら，3段目を入れる。最後に4段目を入れる。
⑦全部のジュースを入れ終わったら，2つに割った割り箸の一方を，境目をこわさないように，そっと試験管の中に差し込む。
⑧試験管立てに立てて，冷凍庫の中に入れる。1時間ほど待つとできあがり！
　＊冷凍庫がない時は，発泡スチロールの箱の中にクラッシュアイスを入れ，食塩をまぜて温度をさげたところに差し込んでもできる。
⑨食べるときは，試験管をちょっと握って温めると簡単にスポッと抜くことができる。

　希望者には，砂糖を溶かしたジュースを飲ませてみましょう。

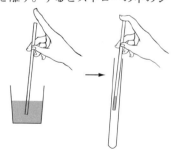

「とても甘くて気持ちが悪い！」と言うでしょう。ところが，アイスキャンディになってしまうと，この甘さがちょうどよくなってしまうのです。冷たいと甘みを感じにくくなるのですね。おそらく市販されている冷たいアイスには砂糖が山のように入っているのでしょう。

1・2時間目に作って冷凍庫に入れておき，給食のときにデザートで食べました。子どもたちも大喜び‼ 本当に大成功でした。オススメです。

●子どもたちの評価・感想
「たのしさ」5段階評価
⑤とてもたのしかった……27人
④たのしかった……5人
③ふつう②つまらなかった①とてもつまらなかった，は無し！

感想
⑤とてもおいしかった。色もきれいにできてよかった。
⑤アイスキャンディおいしかった。先生はいろんなことを考えるな，と思った。
⑤4色のアイスは出来ないと思ったけど，意外とうまくできた。
⑤ジュースが混ざらないのがおもしろかった。いろんな味が楽しめておいしかったです。
⑤今日は最高だった。暑いときに冷たいものは最高だった。家でも作ってみたい。
⑤きれいに4色に分かれて感動した。比重の実験は初めてだったので，やれてよかった。
⑤4色キャンディは楽しかった！試験管で作るのが意外でした。
⑤4色アイスキャンディはとてもおいしかったです。ストローで入れるのが大変でした。でも最高でした。
⑤4つのジュースがちゃんと分かれていて不思議だった。食べるときにジュースが溶けてたれたりして大変だったけど，楽しかった。
⑤砂糖を入れたパイナップルジュースがとても甘くておいしくなかった。ジュースを混ざらないように入れるとき，緊張したけど，入れるのは楽しかった。アイスはとてもおいしかった。

(初出 No.325, 07・7)

❄ ❄ ドライアイスシャーベット‼ ❄
チョー早わざで

○おススメです。電動かき氷機！

斉藤香代子 福岡・小学校

＊ドライアイスを使用するときは，必ず換気してください。

●夏といえば？

　夏といえば，そうです！「ドライアイスを楽しむ季節」です。もう，計画をたてている人も多いはず。そこで，私がいつもやっている，チョー簡単にできる〈ドライアイスシャーベット〉（牛乳を使えば，ドライアイスクリームもできます）をご紹介します。

　それはズバリ，業務用の電動かき氷機を使うことです。

　機械に氷をおく要領でドライアイスの塊を固定して，スイッチを入れると，あっという間に大量の粉末ドライアイスができます。これを使えば，本当に手軽にシャーベットができるというわけです。

　実は私はかれこれ10年ほど前から，この電動かき氷機の愛用者なのです。といっても，電動かき氷機は10万円以上もする高価な機械。それを自分で買って持っているわけではありません。

　私はクラスの子の親御さんに，お店関係の人がいたので，「学校の授業で使う」と言ったら，喜んで貸していただけました。また，たこやき屋さんや，ちょっとしたお店（カラオケボックスにもあった！）にも置いてあるし，商工会とかも持っています。

●そうだ，電動かき氷機を使おう

　電動かき氷機を使うまでには，いろんな試行錯誤がありました。

　夏の定番で子どもたちも大好きな《ドライアイスで遊ぼう》。でも低学年での授業や大人数のときだと，細かく砕く作業が大変です。

　ならば家庭用のかき氷機を使っ

てみてはどうか。高学年で授業したときに、クラスの子に家庭から持ってきてもらって挑戦してみました。しかし、ハンドルを回すのが難しく、少ししかできないうちドライアイスが小さくなって、「あ〜あ」とため息をついたことが何度もありました。

そんな時、〈母と女性教職員の会〉の担当になり、校内の集まりで「ドライアイスの実験」をしようということになりました。そしたら申込が殺到！ うれしいけど、ドライアイスを砕くのがとても大変そう……。

そのとき「あ、そうだ!!」と思いついたのが、夏祭りとかで見かける、電動のかき氷機でした。

さっそく地域の商工会に電話してみると、「いつも近くの仕出し屋さんから借りてる」との返事。これはシメタ!!です。すぐにその店に電話すると快く貸していただけることになりました。

これで一安心。あの汗をだらだら流しながら、ひたすら金槌でドライアイスを細かく砕く作業から解放されるのです。実際に校内の集まりでやってみた結果、子どもからも保護者からもとてもいい評価をいただくことができました。

それからは有り難いことに、学校がかわっても、クラスにいつも電動かき氷機を貸してくださる保護者の方が一人はいるのです。

ある年に担任した1年生のクラスで、「今年は無理かなぁ」と思ったこともありましたが、懇談会で「ドライアイス、割るのが大変で……」という話をしたら、その翌日「かき氷機を貸せます」という嬉しい電話をいただきました。もちろんすぐにお願いしました。

●わくわく科学教室でも大活躍！

2004年5月、前年から始めた「浮朝楽しい授業サークル」で、初めての「わくわく科学教室」を開催しました。50人の予定が80人までふくれあがり、最後はその全員でシャーベットを食べました。ここでも「電動かき氷機」が大活躍してくれました。〔口絵参照〕

1キロに切ってもらったドライアイスを固定して、スイッチオン！ 下からシャーッと〈かきド

ライアイス〉が出てくるのを見るだけで，子どもたちはこーふんして大喜びしてくれます。

　今回は，人数が多く低学年も多かったので，大きな漬け物袋でまとめてドライアイスシャーベットを作ろうということにしていましたが，これも大人気。ゴミ袋でドライアイスシャーベットを作るという話はよく聞きますが，漬け物袋の方がオススメです。ゴミ袋より厚手で丈夫，さらになんとなく感じも良いです。

　まず，かき氷機で作ったドライアイスの粉末1キロを漬け物袋にドサッと入れて，その上から1.5リットルのジュースを一度に注ぎます。そして混ぜる感じで漬け物袋をゆすると，白く，ぽわっと袋がふくらみます（軍手をした方がいいかもしれません）。それをシュワーっと子どもたちに向けて出してやりながら「おじいさんになれー」と浦島太郎の気分を楽しみました（＊酸欠注意！）。

　みんなどやどやっと寄ってきて，本当ににぎやかなシャーベット作りになりました。

　あとは，できたドライアイスシャーベットをコップに入れてもらい，「いただきまーっす！」。

　長い長い列が，ずっと途切れなくて困ってしまうくらいでした。結局，時間の許す限り，またドライアイスがある限り，楽しんじゃいました。

　初めての「わくわく科学教室」は，みんなの評価もとても良く，感想からも楽しんでもらえたことがよくわかりました。

　感想の一部を紹介します。
★ひさしぶりに科学をしました。ドライアイスのシャーベットがとてもおいしかったです。（小学生）
★ドライアイスのじっけんはおもしろかったです。シャーベットはおいしかったので，6ぱいもおかわりしました。（小学生）
★ドライアイスを使った実験どれも楽しかったです。ドライアイスを使った実験は私たちも真剣に考えてしまいましたが，実際にやってみるので，すごくわかりやすかったです。（保護者）

　電動かき氷機があれば断然ラクして楽しめるのです。ぜひ一度お試しください！

＊板倉聖宣・藤沢千之『ドライアイスであそぼう』仮説社，を参照。

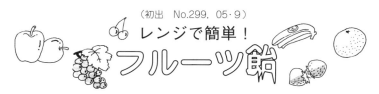

(初出 No.299, 05・9)
レンジで簡単！フルーツ飴

島 百合子 富山・小学校

男子厨房に入る！

　最近は「男子厨房に入る」で、若い同僚の旦那さんなど「お料理が好きでよくやってくれる」という話を聞きます。

　今年の料理クラブにも元気な男の子たちが入ってきました。私は最初、「彼らは甘いものが好きではないかも」と気をつかって、あまり甘くなくてボリュームのあるメニュー（アコーディオンサンドイッチ、ポテト入りお好み焼き等）にしていたのですが、どうやら彼らは甘いものもいけるようです。

　そこで、暑くてあまり火を使いたくないようなある日、料理クラブで「フルーツ飴」（電子レンジで作る。子どもたちはおみやげに出来るようなものをとても喜びます）と「サイダーフロート」（サイダーにバニラアイスを浮かべる）を作ることにしました。

　余談ですが、私は家庭でも夏場になると火を使うのが暑くって、電子レンジの利用率が上がります。冷やし中華に添える薄焼き卵なんて、レンジのターンテーブルにラップを敷いて溶いた卵を流してチンするだけで、あっという間に出来るのでとっても便利です。

　しかし料理クラブにはグループが六つもあるのに、調理室には電子レンジが１台しかありません。ですから、グループごとにあまり時間のかかるものには電子レンジを使えません。電子レンジを利用するのは「１～５分くらいでできるもの」ということになります。

　フルーツ飴というと、私は昔から「リンゴ飴」というのが好きで、祭りに行くたびに買って食べたことを思い出します。飴のカリカリとリンゴのシャリシャリの食感、そして甘酸っぱさがとても好きでした。これはそのミニチュア版といったところでしょうか。

材料（4～6人分）
- 砂糖……30g（できればグラニュー糖が良い）
- 水……小さじ1杯（5cc）
- 果物……チェリー，ぶどう，姫りんごなど水気の少ないもの

用具
- ザル（洗った果物の水を切る）
- 耐熱ボール（またはどんぶり）
- アルミホイル（30cm×30cm）
- つまようじ（または竹串。枝のついているチェリーは必要ない）

作り方
①果物を洗い，ザルで水を切っておく（缶詰の果物も汁を切る）。チェリー以外の果物には持ち手代わりにつまようじを刺しておく。
②耐熱ボールに砂糖と水を入れて混ぜ，透明なシロップ状になるまでレンジでチンする（600wで約1分）。べっこうあめの色のつく一歩手前くらい。加熱しすぎると茶色くなるので注意。
③果物にできたシロップ（たいへん熱いので火傷に注意）をからめ，アルミホイルの上にのせて乾かす。砂糖が透明な状態で固まれば出来上がり。〔口絵参照〕

シロップはかきまぜすぎると白く濁るので，できるだけ手早くやる。途中でボールの砂糖が固まってしまった場合は少し水を加えて再度溶けるまでチンして使う。

＊残ったシロップをピーナッツに絡め，ココアをまぶすと「ココアピー」，きなこをまぶすと「きなこピー」。どちらもおいしいです。

評価・感想

楽しさ5段階評価

⑤たいへん楽しかった 17人	④楽しかった 9人	③ふつう……5人

②つまらなかった，①たいへんつまらなかった，は無し

おいしさ5段階評価

Aたいへんおいしかった……15人	Bおいしかった 12人	Cふつう……4人

Dまずかった，Eたいへんまずかった，は無し

松坂さん（4年）評価④B
　さくらんぼが，本当に飴みたいに甘くておいしかったです。
津田くん（5年）④B
　うますぎ！
谷さん（5年）④B
　くだものと砂糖の甘味がまじわって，ほんとうにおいしかったです。
利田くん（5年）⑤A
　うめ～～～～！
岡村さん（6年）⑤A
　作り方がとても簡単でびっくりした。家でもやってみたいと思った。
押川さん（4年）⑤B
　短い時間と少しの材料で簡単にできて感激した。

(初出 No.321, 07・4)

韓国料理 チヂミを作ろう！

姜　成美（カン　ソンミ）　朝鮮初中級学校

　皆さんは，「韓国料理」といえば，どんなメニューを想像しますか？

　韓国には色々な料理があります。我が家では冬の寒い季節になると，삼계탕（サムゲタン／参鶏湯：1羽丸ごとの鶏の腹を割いて，その中にもち米や栗，干しナツメ，朝鮮人参などといった，薬膳料理の食材を詰め，スープで長時間煮込んだもの）をつくったり，두부찌개（トゥブチゲ：豆腐鍋）などをします。

　中でも一番手軽でポピュラーな韓国料理といえば，지짐（チヂミ）ではないでしょうか。

　「チヂミ」という名前は，지지다（チヂダ）という，〈鉄板の上に油を塗って焼く〉という動詞に由来するもので，〈焼き物〉という意味です。韓国ではフライパンをチヂミパンとも言うこともあるくらいなのです。

　「チヂミ」と一言で言っても様々です。チヂミのベースになる粉にも，いろいろあります。小麦粉はもちろん，緑豆や小豆，とうもろこし，もち米，米などの粉がベースになります。

　具も様々で，ニンジンやカボチャ，ニラなどの野菜から，豚肉，アサリ，タコなどを入れることもありますし，韓国料理で定番のキムチも具になります。

　単品の具でチヂミを作ることもあれば，複数の具を入れた豪華なものを作ることもあります。

　普通，自分の家で作るときは，

主に，各地方でとれる素材をベースに，彩りを考えて作っているのです。だから，各家庭ごとにチヂミの具も違います。

学校や家庭でチヂミを作るときは，それぞれ好きな具を持ち寄ると楽しいですよ。どんな食材でも薄切り・千切りにすればチヂミの具になります。

ここではとてもシンプルな，「ニンジンとニラのチヂミ」をご紹介したいと思います。

【ニンジンとニラのチヂミ】
☆材料☆（4人分）
小麦粉1カップ半(150g程度)，卵1つ，水300cc程度，ニンジン1/2本，ニラ半束，塩少々，ダシの素少々，ごま油適量

☆つくりかた☆
①ニンジンは千切り，ニラは5～10センチくらいの長さに切っておく。
②小麦粉に，割りほぐした卵，塩，ダシの素，水を入れ，泡立て器で混ぜ合わせる。水は何回かにわけて，生地の様子を見ながら入れていくと良い(粉と水の比率はだいたい1：2が良いと思う)。

このとき，ダマにならないように，しっかりと混ぜる。生地の状態は〈クレープ生地よりも少しゆるいくらい〉にする。
③②の生地に①の具を入れて混ぜ合わせる。具が少し多いかな？と感じるくらいのほうが良い。

④フライパンを強火で熱し，うすくごま油をひく。フライパンが

じゅうぶん熱されてきたら、生地を流し入れ、丸く形を整える。後で裏返すので、フライパンの大きさよりも少し小さめに生地を広げること。
⑤生地のまわりが透明になってきたら裏返す。裏返したら、フライ返しで表面をギュウギュウと押す。

　程よい焼き色がついたらできあがり！〔口絵参照〕
<u>卵の代わりにジャガイモをすりおろして入れてもおいしいです。</u>

　私の勤務している学校では、小学6年生の理科の授業の一環として、ジャガイモを育てます。それを収穫したときに、よく「ジャガイモのチヂミ」をクラスで作っています。「ジャガイモのチヂミ」を作ると、でんぷんが糊のような役割をすることがよくわかります。それに、みんな喜んで食べてくれます。

　また、チヂミを食べるときは、ポン酢や「ヤンニョムジャン」をつけると更においしくなります。

　ヤンニョムジャンとは、昔から韓国でよく使われている調味料で、ヤンニョムは「薬味」、ジャンは「タレ」という意味です。

　チヂミに合うタレも手作りしてみたらいかがでしょう？　作り方をご紹介します。

【ヤンニョムジャン】
☆材料☆
ニラ1束、ネギ1本、赤唐辛子（韓国産）適量、おろしニンニク（1かけら分）、すりごま適量、ごま油大さじ1、しょうゆ適量

☆作り方☆
❶ニラ、ネギをそれぞれみじん切りにする。
❷❶を容器（蓋ができるタッパーやビンがよい）に入れ、かぶるくらいのしょうゆを入れる。
❸❷に残りの材料をすべて入れ、一晩おいたらできあがり。

　できたタレは冷蔵庫に入れておけば、保存が効きます。

　手軽に作れる韓国料理、皆さんもぜひ、学校や家庭で作ってみてはいかがでしょうか？

(初出 No.313, 06・9)

まるめて焼くだけ
もちもちパン

中西明子 　三重・小学校

●**画期的なパン生地**

　昨年度，小学2年生の生活科で町探検の学習をしました。いろんなところに出かけましたが，子どもたちが一番気に入ったのは，手作りパンのお店でした。そのパン屋さんは，子どもたちのことをとても歓迎してくれ，焼きたてほかほかのパンを食べさせてくれました。子どもたちは大興奮です。「おいしい！おいしい！」と，大喜びでした。

　〈焼きたてパンのおいしさ〉を知ってしまった子どもたちは，そのご，「ぼくたちもパンを作ってみたーい」と言い出しました。でも，子どもたちにパン作りは難しそう。それでも「何とかならないものか……。簡単にパンを作れる方法はないものか……」と，本を探したり，インターネットで調べたりしました。でもなかなかいい方法は見つかりません。

　そんな頃，近所のスーパーへ買い物に行ったところ，偶然見かけたのがSHOWAの「まるめて焼くだけ　もちもちパンミックス」という商品でした。

　パッケージを見ると〈発酵いらず・オーブンで15分〉の文字があるではないですか。パン作りって，発酵させるのにとても時間がかかるものですよね。でも，この「もちもちパンミックス」は発酵が必要ないのです。それに作業工程も単純です。

　「おー，スゴイスゴイ！」と興奮し，「よし，一回作ってみよう!!」とさっそく購入して，家で作ってみることにしました。

大急ぎで家に帰って作ってみると，説明どおり本当に簡単。焼く時間も入れて30分ほどで出来上がりました。さて，お味は……？

ほんのりチーズの味がして，外はカリッと内側はもちもちっとした食感で，と〜ってもおいしい！

味もいいし，これなら子どもたちでも簡単に作れそうです。たのしみ〜！

```
＊簡単もちもちパン＊
材料（一口サイズ16個分）
・「まるめて焼くだけもちもちパンミックス」(SHOWA，2袋入りで200円程度）1袋（100g）
・卵1個
・牛乳大さじ4（60cc）
・サラダ油大さじ1/2
作り方
①ボールに，卵・牛乳・サラダ油を入れてよく混ぜる。
②パンミックスを加え，ボールのふちに粉がつかなくなるまでヘラで混ぜ合わせる。（1〜2分）
③粉っぽさがなくなり，ひとかたまりになるまで手でこねる。（40〜50回）
④生地を一口大にして手で丸め，あらかじめ200℃に熱したオーブンで13〜17分ほど焼く。きれいに焼き色がついたらできあがり。
```

● 「おいしい！」の連続

2年生の子どもたちでも1時間で作れました。こんなに簡単なのに（だから？）おいしい！ 香ばしい焼きたてパンの香りに包まれながら，あつあつパンをほおばると，みんなニッコニコになれます！

とても好評だったので，私のクラスでは合計3回も作っちゃいました。1度目は自分たちで作って食べ，2度目はお家の人にお客さんになってもらい，〈子どもパン屋さん〉を開きました。3度目は他のクラスの子どもたちを招いて，またパン屋さんを開きました。

お家の人にも他のクラスの子どもたちにも大好評で，「とってもおいしかった」と感想をもらいました。子どもたちもにこにこ。そのご，「もちもちパンミックス」をお母さんに買ってもらって家で作った子もいるようです。

簡単に作れてとってもおいしい「もちもちパンミックス」はおすすめですよ。

(初出 No.289, 04・12)

ボクのそば打ち道入門

●向山玉雄・榎本桂子『やさしくできるひとりそば打ち』体験記

中西　康　三重・小学校

●**そばにはまってしまった私**

　ボクは今,「そば」にハマっています。じつは,休日になると自分で〈そば打ち〉までするようになってしまいました。そばに関する書籍・雑誌もたくさん集めました。そうですねえ,全部合わせると40冊ほどでしょうか。ここまでそば打ちのできる小学校教師なんて,少なくとも三重県にはいないと思うんですが……。それから,〈そば屋めぐり〉もしていますよ。情報誌を片手に,県内各地のおいしいそば屋さんを何軒も訪ねてきました。

　そして最近になって,〈そばには作り手のポリシーが出る〉ということが,少しずつわかるようになってきました。「そば」の主な材料は〈そば粉と水〉だけ。「つゆ」にしたって〈昆布にかつお節,しょうゆにみりん〉といったところです。なのに,(だから?)そば作りはとても奥が深いものであるようです。単純だが複雑。

見た目は同じようであっても、じつは味は千差万別なのです。打ち手の技だけでなく、その日の気温・湿度なども大きく影響してきます。修行を何十年と重ねたベテランの職人さんでさえ、めったに自分の思い通りのそばは打てないと言います。

「そばの美学」「そば打ちを究める」あるいは「そば道」——こんな言葉まであるほどです。そば打ちは芸術か、それとも哲学か!?

さて、こんな風にそばに夢中になっているボクは、今では自分が担任している６年生のクラスでも「そば・ソバ・蕎麦・SOBA」と題して総合学習をやっています。

——え？　自分の趣味を子どもに押し付けるなって？

いやいや、ちょっと待ってくださいヨ。これほどボクが「そば」にはまってしまったのには、じつはこんな事情があるのです。

● 「食教育」の素材探しを

昨年度、ボクの学校は市の「食教育」の研究指定校となりました。全然ノリ気がしないのですが、仕方なく一昨年の冬あたりから、〈素材探し〉を始めました。しかし校区では「食」に関するおもしろい素材がなかなか見つかりません。次は授業書《技術入門》を考えました。〈火起こしは「食」の原点だ〉という位置づけで攻めることを考えたわけです。関連書籍も集めました。

その過程で、産業教育研究連盟の「向山玉雄」という名前にぶつかりました。そこで今度は向山玉雄さんの著作をインターネットで検索したところ、向山玉雄・榎本桂子著『やさしくできるひとりそば打ち』（合同出版、税別1300円、2002年）という本があることを知りました。「火起こし」とは関係ないなと思いながらも、

広告の文章を読んでみると……

> 　学校の授業で家庭で，今人気の手打ちそば。ただし上手に打つには熟達した技が必要だった。そこで考案されたのが，100グラムのそば粉でそばを打つ「ひとりそば打ち」。専用の「のし板」を使えば，初心者でも気軽にそば打ちを楽しめるようになった。「ひとりそば打ち」なら熟達した職人でも難しいとされる「十割そば」も比較的簡単に打てる。「そばは一度に400～500グラム打つ」という，そば打ちの常識を根底から覆した注目の書。

「初心者にも気軽にそば打ちを楽しめる」とありますが，そのときのボクには疑いの気持ちの方が強く，すぐには飛びつきませんでした。でも，そば打ちも十分「食教育」に関わることだし，目次や表紙の写真から，そば打ちの授業の様子が紹介されていることもうかがえたので，やっぱり中身を読んでみようかと思い，数日後，注文することにしました。

●大晦日直前に届いた一冊の本

　2002年の12月30日。ボクは妻と二人で大掃除をしていました。「部屋も片付いたことだし，明日はのんびりと〈紅白〉でも見ながら年越しそばを食べたいね」なんて話をしていました。「俺が打ったろか」なんて冗談を言いながら……。

　するとそこへ宅配便が。開封すると，中身はあの本『やさしくできるひとりそば打ち』でした。おおおお〜〜。ちょうど届いたッ‼　これは恋の予感？　はたまた運命のいたずらか？

早速ボクたちはスーパーでそば粉を購入。家にはでっかいまな板と麺棒がありますので，次の日，つまり大晦日に「モノは試し」と本を見ながら打ってみたわけです。

　ところが……これが大失敗。やっぱり最初は難しいです。ぶっとい麺。固いし。切れ切れのミミズみたいなものがわんさか出来上がってしまいました。茹でても火の通りは悪く，たしかにそばの風味はするものの，食感は最悪でした（原因は使ったそば粉にありました。これについては後述します）。

　しかし，その作業の楽しさは格別でした。粘土遊びに似た感触。切っていく作業や茹でる作業もおもしろい。それに，考えてみれば，〈ミミズ麺〉〈どじょうそば〉になったとはいえ，初回にしてこれだけ（そばもどきが？）出来たのですから，立派なものともいえます。やはり，向山さんが独自に開発した「100gで打つ方法」が画期的であるようです。

● 「そばの授業」もおもしろそう?!
　本の目次から，章の名前だけ抜き出してみると次の通りです。

1．そば打ちの基本（ひとり分のそばを打つ，ほか）
2．こだわりのそば打ち（そば道具にこだわる，ほか）
3．そばの栄養と健康
4．そばおもしろミニミニQ＆A
5．「そば打ち体験」をベースにした教育活動（教材としてのそば打ち・ソバの栽培，ほか）

本を読んでいくうちに，〈ソバの栽培〉もおもしろそうであるこ

とがわかってきました。白いソバの花は可愛いし、種まきからわずか75日で実の収穫までいけるそうな。それに世話もそれほどいらないようです。ということは……「種まき→発芽→生長→開花→結実→収穫→脱穀→製粉→調理→食べる！」という、食べ物が出来るまでのすべての過程を、自らの手で体験できるというわけです。タネから麺まで‼

　これはいい！　だんだん授業で取り上げたくなってきました。本の中には、中学校での授業の様子も紹介されています。

　　そば粉に水を混ぜてこね、平らにのばし、切ってめんにして食べるという「そば打ち」の一連の仕事は、手のひら全体を使い、しかも何回繰り返しても飽きない習熟過程を含むなど、手と頭脳の訓練にこれ以上のものはないといっていいくらいです。
　　そば打ちを体験した子どもも「こねる楽しさ、切る楽しさ、ゆでる楽しさ、食べる楽しさ……」とその面白さを表現し、なかには家で家族と繰り返し打つ子どももいて、そば打ちが限りなく発展性のある体験学習になることがわかります（『やさしくできるひとりそば打ち』74ペ「教材としてのそば打ち」より）。

「何回繰り返しても飽きない習熟過程」という言葉に、ボクはシビれてしまいました。〈人間、夢中になって遊んでいるときが一番真面目になる〉というのがボクの持論ですが、ボクの目には、夢中になって生地と格闘する子どもたちの姿が浮かんできました。それに、おじいちゃんやおばあちゃんのためにと、おそばを作って喜ばれている子どもたちの笑顔も……。

● 「そば打ち」に挑戦してみませんか？

　ボクは今では，週に１度はそば打ちを楽しんでいます。あの大失敗の大晦日のあと，３回ほどやってみるうちに，ずいぶんと長くつながったそばが作れるようになってきました。味の方も，「おいしいおいしい」と家族に大好評です。

　それに，うまくいかなかった決定的な要因は，〈粉が悪かったせいだ〉ということもわかってきました。スーパーで売られている粉は品質が悪く，そば打ちには適さないのです。通信販売で製粉所から直接買うようになると，粉の質が全然違うのがよくわかります。つながり方・風味・味がまったく違うのです。

　学校でやっている〈そばの授業〉の方も快調です。ボクのクラスでは，〈科学の授業〉と並んで，総合〈そばの授業〉が子どもたちに人気の授業なのです。〈ソバの栽培〉もやりました。石うすでひいて，そば粉も作りました。そば打ち道具は『やさしくできるひとりそば打ち』に載っているものを参考に，自分たちで作りました。本の中に紹介されている専用の〈のし板〉です。30cm四方で，100gの生地をのばしていくとちょうど収まるサイズになっています。しかも，のし板の周囲四辺には高さ２mmの縁取りがしてあり，生地を麺棒でのばしていくうちに，２mm厚の生地が均一に出来上がるようになっているのです。すごいでしょ!?

＊こののし板は〈山崎教育システム〉で購入できます。のし板と麺棒が入った「ひとりそばづくりセット」は学納価格1620円。そば粉も製粉所から通信販売で買えます。

山崎教育システム　〒189-0021　東京都東村山市久米川町5-33-24
　　　　　　　　Tel：042-392-1111/Fax：042-392-1110

書店に行くと,「誰でもできる」「初めてでも打てる」と銘打った類書がたくさん並んでいます。でも,どれもそば打ちの名人か職人さんが書いたもの。なかなか書いてある通りにはうまくいきません。でも,この本は違います。〈教わる人の視点〉で書かれています。そりゃそうだ。著者は中学校の元先生と現役の先生。最初から授業で扱うことをイメージして書かれているのです。

　もともとこの「ひとりそば打ち」は,学校の子どもたちにそば打ち体験をしてもらうために研究したものです。すでに多くの学校で実践され広まりつつありますが,さらに多くの人にそば打ちを楽しんでもらえることを願っています（同書4ぺ）。

　そばはもともと家庭で気軽につくられていた料理。栄養からいっても,日本の食文化継承からいっても価値の高いもの。「ひとりそば打ち」は日常食としての家庭でのそば打ちを可能にします。かんたん,短時間で可能です。みなさん,そば打ちを楽しみましょう（同書12ぺ）。

いいですよ。この本おすすめです。この本を手にあなたも「そば打ち」に挑戦してみませんか？　そして,今年の大晦日はおいしい「手打ちそば」で年越しをしましょう！
　それでは,次ページ以降に,子どもたちとのそば打ち体験（2004年7月）を記録した「授業通信」を紹介します。
＊月刊『技術教室』2004年3月号・9月号（農文協）にも,「学習素材〈そば〉を味わいつくす」と題した,ソバを使ったボクの授業記録が掲載されています。よろしければご覧下さい。

～我汗だくで蕎麦と格闘せり～

　ついにこの日がやってきました。今日は待望の「初そば打ち大会」です！
　これまで１学期間かけて「そば」について調査を行い，「MYそば打ちセット」を製作し，「そば粉とつなぎの関係」について実習し，つい先日は自称「そば打ち名人（迷人？）」の中西康次師匠に教室に来てもらっていました。（＊本人は「手打ちそば〈康庵〉」から来たと言い張っている。でも，そば打ち歴18カ月は本当の話）
　これまでの研究によって，〈そば打ちの段取り〉を，言葉と目や耳で一応の理解はしています。しかし，これがそう簡単にはいかないのが「モノ作りの常」。そうして，ここが〈そば打ちの難しさとおもしろさ〉でもあります。
　まずは準備にたっぷり１時間かけます。そば粉と打ち粉・ミネラルウォーターなどの材料，それにボールにのし板・のし棒などの道具。これらを自分が動きやすいようにセットします。そば粉は80g，つなぎの小麦粉20g。これを混ぜ合わせて一人分100gです。またミネラルウォーターをカップにちょうど45g準備します。ここが重要，水加減に最も気を配らなければなりません。よし，これで準備は整いました。
　さあさあ，緊張感を高めて，ゆっくりと深呼吸をしましょう。そうして手の平の感覚を中心に，体中の神経を研ぎ澄ませて，そば粉と向かい合うのです。これから始まるのは，全身の運動——つまり「体育の学習」と言ってもいい。ノーミソと筋肉との，まさに文字通りの「総合学習」だッ‼

それでは実際のそばの作り方を説明しましょう。

1．水回し

ボールの中にそば粉（80g）と小麦粉（20g）を入れてよく混ぜ，カップの水（45g）を半分入れます。そうして指先で粉をすくうようにかき混ぜながら，粉全体に水を行き届かせます。そばは乾燥しやすいので，素早くかき混ぜましょう。

ある程度混ざったら，残りの水を2回ほどに分けて加えていきます。混ぜるに従って粉が色づき，ぷ～んとそば粉の香りが立ってきます。なるべく水が直接手につかないようにしましょう。

2．くくり

水を吸ったそば粉の小さな固まりがたくさんできたら，固まりを集めて，一つの大きな固まりにしていきましょう。グッグッと押さえつけて一まとめにくくっていきます。一まとめにできたら，今度は手の腹を使い体重をもたせ掛けて，ぐいっぐいっとこねあげます。 つやが出てきたら丸めて玉にしましょう。

3．のばし

のし板全面にまんべんなく打ち粉（そば粉）を振ります。のし板の真ん中にさっき作ったそば玉を置いて，直径15cmくらいまで手の平でのばしましょう。十分にのびたら麺棒を使ってのばしますが，その前にもう一度打ち粉を振ります。生地の上，生地とのし板の間，麺棒にも軽く打ち粉をまぶしておくと，生地が麺棒につきません。

麺棒を転がしながら左右，前後，ななめに生地をのばしていき

ます。厚さが均一になるようにゆっくりと丁寧にのばしましょう。正方形になるようにのばしておくと，切るときに便利です。

4．切り
　生地同士がくっつかないように，打ち粉を振りながら生地を4つに折り畳み，2mm幅で（なるべく細く）切っていきます。

5．ゆで・水洗い・盛り付け
　沸騰したお湯に麺を入れて再沸騰させ，およそ2分30秒茹でます。茹であがったら，ボールに入れざるにそばを取り，やけどしないように注意して水道水で水洗いしてぬめりをとりましょう。お皿にきれいに盛り付けたら出来上がりです。

　みなさん，スバラシイ‼「初打ち」にしては上等の上出来でした。ちゃんと〈麺〉になってますもの。ただの「かたまり」だったボクの最初の作品と比べると雲泥の差です。
　今年一番の猛暑の中，体中汗だくになりながらの授業でした。まさに「全身総合学習」にふさわしい。そして早くも聞こえてくるのは，「次はいつ打つの？」の声。
　やっぱりキミたち，「そば打ち道」にハマっちゃいましたね？

＊詳しいそばの打ち方については向山玉雄・榎本桂子『やさしくできるひとりそば打ち』（合同出版）をご覧下さい。
＊クラスの中に〈そばアレルギー〉の子がいる可能性があるので，事前に調査しておいたほうが良いでしょう。

作ってみました！ 食べてみました!!

お手軽・美味しい!! 食べ物作り
追試・補足情報

（初出 No.290, 05・1）
カントリークッキー

大阪　松木幸枝

　島百合子さんの「アメリカン・カントリークッキー」（95ペ）を作ってみました。材料と作り方は少し変えました。

　私が用意した材料は，
①天ぷら粉（ベーキングパウダー・卵黄粉がすでに入っているもの）
②10グラムずつに〈切れているバター〉

　以上の二点です。スティックシュガーは子どもたちに持ってきてもらいました。

　まず，②のバターひと切れを入れたポリ袋を一人ずつ渡し，スティックシュガー1本分をバターと混ぜ合わせます。全体がよく混ざって柔らかくなったら，天ぷら粉（大さじ2より少し少な目）を混ぜて生地を作りました。科学クラブと養護学級で作りましたが，「めちゃおいしい！」「家に帰ったら絶対作るねん」と好評でした。

　いいアイデアを教えていただき，ありがとうございます。

（初出 No.299, 05・9）
カントリークッキー

広島　斉藤佳子

　いつも楽しく拝見させていただいています。島百合子さんの「アメリカン・カントリークッキー」を6年生でやってみて，気づいたことをお知らせします。

　カントリークッキーは，材料を量ってビニール袋に入れて混ぜ混

ぜし，オーブントースターで焼くだけで作れる，手軽でおいしいクッキーなのですが，どうしても混ぜる時にビニール袋の内側に細かいクッキーのタネがくっついてしまうので,「もったいないな」と思っていました。

ところが，ある先生がビニール袋に空気を入れてパンパンになった状態で袋を振ってみたところ，ビニール袋の内側にくっついていたクッキーのタネが，お互いにくっつき合って一つにまとまったのです。これでもう袋の内側についていたクッキーのタネを無駄にしないで済みます。1学期の終わりに，クッキー1枚と紅茶でお茶にしました。

（初出 No.290，05・1）
カラメルコーン

北海道　原田美智代

田辺守男さん紹介の「カラメルコーン」(89ペ)，さっそく作ってみました。小学校の茶話会に持っていったのですが,皆さん「お いしい」と言ってくれました。

自宅にあった〈少ししけてきた市販のポップコーン〉を，フライパンに入れ，砂糖をまぶして同じように作ってみました。カリカリにもどって，塩味がプラスされて，ひと味違っておいしかったですよ。

（初出 No.331，07・12）
サツマイモでお菓子

富山　島　百合子

三木さんの「秋はサツマイモでお菓子作り」(104ペ)はおいしそうですね。サツマイモって，いろいろバリエーションが楽しめます。

私は〈イモようかん〉を作るとき，つぶすのがめんどうなので，最初からサツマイモを小さく切ってゆで，煮崩れてどろっとした感じのところに寒天や砂糖を入れてます。そこにミルクも入れるとサツマイモ風味と合っておいしいですよ。

(初出 No.293, 05・4)
カマ・デ・チーズ

福岡　**國友　浩**

・・・・・・・・・・・・・・・・・

　木浪健二郎さんの「カマ・デ・チーズ」（109ペ）をレシピ通りにやったら，本格的なケーキが焼けました。菓子作りには無縁の50男の私にも焼けたのです。

　我が家には五合炊きの炊飯器がなかったので，一升炊きでしたら，平べったい形になりました。が，味は本物。甘いものにうるさいかみさんも「おいしい！」と星3つの評価をくれました。高校生の息子も友だちに作っていく気になって，レシピを見て，「こんなにいい加減でいいの？」とうれしそうでした。

　〈ケーキ作りは手間が大変〉というイメージが覆りました。粉をふるったり，計ったり，泡立てたり，メレンゲを作ったり…という面倒な作業がないのがいいです。しかも，焼くのは炊飯器まかせ。これはすごい。

(初出 No.284, 04・8)
バナナケーキ

東京　**石川恵子**

・・・・・・・・・・・・・・・・・

　3月末に退職し，4月からは小学校で嘱託をしている者です。2年生の体育，3年生の漢字，5年生の漢字，家庭科と，週10時間担当しています。

　4月当初，どの教科の担当になるのかと，ドキドキでした。

　でも，漢字は『漢字の宝島』（馬場雄二著，仮説社）や，「マッキーノ」（『教室の定番ゲーム1』仮説社，参照）をやりながら，楽しくスタートできました。

　家庭科で，お茶の入れ方の学習をした時に，お茶だけではつまらないのでお菓子も一緒にやろうと思い，初めてでも成功できそうなものをと，過去の『たのしい授業』をさんざん探してみて，「バナナケーキ」（初出No.129，『ものづくりハンドブック4』に収録）を作ることにしました。試作品を持っていきましたら，学年の

先生たちがおいしいと言ってくださり，勿論授業は大成功で，子どもたちは大喜びでした。

職員室で，先生たちにもお裾分けしたのですが，「生クリームをかけたらもっとおいしいだろうね」という声に翌日さっそくやってみましたら，高級感がでてきたと評判でした。栄養士さんからはバターを加えるともっとおいしくなることや，種を少し置いておいた方がふくらみがいいことも教えていただきました。またまたやってみました。しっとりとして一段とおいしくなりました。

嘱託の仕事も『たの授』に助けられていることをご報告したくて，お便りさせていただきました。

（初出 No.312，06・8）

ポリ袋で
ドライアイスシャーベット

大阪　西岡明信

・・・・・・・・・・・・・・・・・・・・・

視力検査の後の余った時間で，ちょっとだけ《ドライアイスで遊ぼう》をしました。

時間が余り無いので，ドライアイスを見せて，さわって遊んでもらって，『ものづくりハンドブック６』に載っていた「巨大ポリ袋でドライアイスシャーベット」を作って食べました。

大きい45リットルのゴミ袋（厚手）に，①ジュース500ml，②ドライアイスの粉末500グラムくらいを入れて，軽く閉じて，底を叩くようにしてシェイクシェイク！

ガスがたまってふくらむので，途中で子どもたちの方に向けて，「ブワッ」とケムリを出すのも喜んでいました。

初めてやってみましたが，すっごい簡単であっという間に大量にでき，後始末も楽，見た目も派手なので感動しました。おすすめです。

（初出　No.307，06・4／
　　No.313，06・9）

ビスケット・アイスケーキ
＆もちもちパンミックス

編集部

・・・・・・・・・・・・・・・・・・・・・

「ビスケットアイスケーキ」を

編集部でも作ってみました。1回目はビスケットを粉々にしすぎて失敗。細かく砕きすぎると，ビスケットが生クリームを大量に吸いとり，仕上がりがボソボソになってしまいます。

2回目はビスケットを少し大きめに砕きました。その結果，みごと成功。おいしくいただきました。

ビスケットは，はじめは少し大きめに砕いておいて，生クリームと混ぜるときに様子を見ながらつぶしていくのがいいと思います。また，クルミやドライフルーツなどを入れてみても，新たなおいしさが見つかるかもしれません。工夫する楽しみがありますね。

*

少しの手間で簡単にパンを作ることができる「もちもちパンミックス」（134ペ）は，SHOWA（昭和産業，Tel.0120-325-706）の商品です。スーパーなどに行けば，比較的簡単に手に入ります。「もちもちパンミックス」のほかに「焼きたてサクサクメロンパンミックス」と「揚げたてもちもちドーナツミックス」という商品もあるそうです。仮説社にはオーブンがなかったので，自宅でしか試作できなかったのは残念ですが，朝，出社する前の30分で作ることができました。

（初出 No.314，06・10）

もちもちパンミックス

徳島　藤本勇二

・・・・・・・・・・・・・・・

中西明子さんの「もちもちパン」は，生活科での体験から「焼きたてのパンのおいしさを知ってしまった子どもたち」に何とかしたいという思いから見つけた教材です。だから子どもたちにも大人気になるわけです。私も科学クラブでやってみます。

「教え学ぶことのうれしさを知って」しまった教師がその楽しさや喜びを伝えていけばいいのだ，と実感しました。

(初出 No.286, 04・10)
出来るとうれしい
カルメ焼き

新潟　会田恭子

・・・・・・・・・・・・・・・・・・・・・・

2学期の科学クラブは『たのしい授業』に載っていた「カルメ焼き」でスタートです（小川洋「カルメ焼き　成功の秘訣は〈最後のかきまぜ方〉だった！」＆権田信朗「カルメ焼きの作り方」，『ものづくりハンドブック7』に収録）。

「子どもたちにも宣伝しておいたし，夏休み中に予備実験をしておかなくちゃ」と張り切って，高2の娘と台所で悪戦苦闘3時間……，なんとか2個だけうまくできました。

「おかしいなあ。何が悪いんだろう」と小川洋さんのやり方でやったり，権田信朗さんのやり方でやったり……。「重曹卵小豆大って正確に言うとどれくらいなんだろう？　付け方が問題なのかなあ？」と悩んだり。東急ハンズで「カルメ焼き器」も買い，温度計も注文して届いたのになあ。困ったなあ。

翌日，夕食後に再チャレンジしてみました。でもだめです。ため息をつきながら，『たの授』の口絵写真を見てみたら，お玉とガスレンジの距離が結構離れているように見えました。挿絵ではくっついているように見えたので，ものぐさな私は，弱火にしてコンロの上に直接おたまを置いておきました。もしかしたらそれが原因で，125℃といっても周りの温度で，砂糖液全体は125℃に達していなかったのかもしれません。

早速，口絵のように，ずっと上の方でやってみました。125℃の様子が前よりグツグツいっているように思われます。

火から下ろしてアルミ箔の上に置き，重曹卵を割り箸に付けてぐっと中に入れ，中心から外に向かって重曹卵をしっかり混ぜるように回しました。そして待つこと5秒。「やった！　できた！　ふくらんでいる！」。夏休みの宿題をしていた娘を呼び，コンロから放

すやり方でやってもらいました。もちろん大成功です。これでみんなで楽しめるなあ。頑張って実験してあきらめないでよかったなあ，砂糖はちょっと（かなり）もったいなかったけど……。

でも，できるとやっぱりうれしいです。

（初出 No.289，04・12）

新発見⁉
カルメ焼きの裏ワザ

宮城 **阿部徳昭**

・・・・・・・・・・・・・・・・・

9月後半に修学旅行で会津若松へ。1日目は午前10時過ぎから午後5時半までグループごとの自主研修。ぼくは自転車で見回りですが，パソコンパーツ屋をのぞいたり，喫茶店でロング休憩をしたり。それも一人で気楽なものです。一応何組かの研修も見たのですが，和菓子屋での「カルメ焼き体験」はなかなかおもしろそうでした。

子どもたちは500円で3回挑戦できるのですが，オジサンの指導もよく，ほぼ全員が3回とも見事にカルメ焼きを成功させていました。それで，ぼくが見ていてちょっとびっくりしたのは，重曹を卵白で溶いた「重曹卵」が，ただ重曹の粉に卵白をドロッと混ぜたものではなかったことです。なんと重曹卵を作る係のオバサンは，まず卵白をボウルに入れ，泡立て器でしっかりかき混ぜて「メレンゲ」にして，それに重曹を入れていたのです！ 小川 洋さんの記事では「重曹を入れてからよくかき混ぜる」ということだったと思います（小川 洋「カルメ焼き成功の秘訣は〈最後のかきまぜ方〉だった！」『ものづくりハンドブック7』に収録）。

しかし，あらかじめメレンゲになっていれば，かき混ぜるときにもよりうまく混ざることでしょう。これって発見じゃないですか？それとも常識？

＊カルメ焼きの作り方については，権田信朗「カルメ焼きの作り方」（『ものづくりハンドブック7』）も参照してみてください。

アッ！と驚く
不思議工作

(初出 No.338, 08・6)

〈びっくりパイプ〉紙コップバージョン！

● かわいい形のアイディアいっぱい！

佐藤晴美　神奈川・小学校

○紙コップから顔が！

「これこれ!! 見て見て」と，職員室で同僚の大場智絵さんが，「図工の研修会で作った」という作品の数々を見せてくれました。

その中に，〈紙コップから出ているストローを吹くと，ビニールの顔が出てくる〉というものづくりがありました。紙コップから顔が出てくるのはユーモラスでとても気に入りました。

遊んでいるうちに，これは〈びっくりパイプ〉だと気付きました（市原千明「ビックリパイプとご来光」『ものづくりハンドブック３』仮説社）。

びっくりパイプとは，まずフィルムケースに穴をあけ，そこにストローを通し，次にマジックで顔などを描いたポリ袋をフィルムケースに貼り付けるというもの。ストローを口にくわえて吹くと，中からブワッて人形が飛び出してくるという，おもしろいものづくりです。

『ものづくりハンドブック３』の〈びっくりパイプ〉は，フィルムケースを使っているのですが，今はだんだんフィルムケースが手に入りにくくなってきています。

その点，大場さんから教えてもらった方は紙コップを使ってるので，材料をそろえやすいです。しかも，簡単に色を付けたり形を切って変えることができるので使い勝手も良いのです。

次の週は，大場さんがクリスマスツリー型の〈びっくりパイプ〉

を作ってきてくれました。「1月はお餅，2月はバレンタインデーでハートというように，月ごとにいろんなのを作るといいね〜！」なんて，近くの同僚とも盛り上がって大騒ぎでした。「透明ポリ袋にキラキラのテープを切って入れても綺麗だろうな」とアイディアいっぱいの同僚もいました。

○**サークルでも好評！**

私の行っている「湘北サークル」でも紙コップ版の〈びっくりパイプ〉を紹介しました。10〜15分で簡単にみんな完成させることができました。仕上がりも上々で「かわいい〜」とみんなで見せ合っていました。

「傘袋でもできるよ」と大場さんが言っていたので，それも用意してやってみました。〈ゴーゴーゲンシマン〉と書いて，分子模型のシールを貼っている人もいました（右上写真）。

○**子どもたちとも作ってみました**

材料を用意して小学5年の子どもたちとも作ってみました（作り方は後掲）。

見本として，顔・クリスマスツリー・魚型のびっくりパイプを見せると「わ〜，かわいい‼」と，みんなから歓声があがりました。

早速作り始めると，子どもたちは思い思いにたのしく工夫をしていました。飾りつけに20分くらいかけて作っている子もいました。仕上がるとうれしそうにふくらませて，友達に自慢したり，「いいね〜」と褒め合ったり，にぎやかにたのしんでいました。

ただ，ビニール袋をはさみで切るところや，セロハンテープでストローとビニール袋を貼り付けるのはちょっと難しかったようです。はじめは袋を切ったりせずに作った方がいいなと思いました。

このときはカラーのポリ袋が1

人1枚しかなく，思う色で作れなかったのですが，後日，材料を豊富に揃えて再度作りました。

　作り終わった後，子どもたちに評価と感想を聞いてみました。評価は，「とてもたのしかった」19人，「たのしかった」15人，「たのしくもつまらなくもない」1人，「あまりたのしくなかった」「つまらなかった」は0人でした。

　感想を一部紹介します。

☆私はクリスマスツリーを作りました。難しかったところは切ったところをセロハンテープでとめるところです。ちゃんととめたはずなのに，空気がもれてしまいました。てっぺんにシールで作った☆をつけました。難しかったけれど楽しかったです。
☆ぼくはドクロを作りました。ばっ！て出たときが面白かったです。
☆絵を描いてストローにビニール袋を貼って，コップに付けるだけだからとても簡単だった。
☆びっくりパイプ作りはとっても面白かったです。特に完成して遊んだときが一番面白くてうれしかったです。

○びっくりパイプの作り方

　ここで基本の作り方と，応用編をいくつか紹介します。

〔材料〕
・カラーポリ袋……「ホビーポリ」ともいいます。ラッピング用品を扱う店やインターネットなどで入手可能。私は東京都町田市の「ロータリーバックミヤモト」で，6色のホビーポリ袋（100枚入り331円）を購入しました。ヨコ10cm×タテ20cmのものが作りやすいです。何色もあるとカラフルで良いです。
・円型のシール……白，黒，ピンク，赤，黄，青などなど，いろんな色があると良いです。黒いシールは他のものより一回り小さいサイズを用意してください。文房具店などで入手可。
・紙コップ……90mlのものがちょうどよいです。180mlを使う場合はちょっと大きいので，

高さを半分くらいに切るとよいと思います。切るときに形も工夫できます。
・まがるストロー

〔基本の作り方〕
①白丸シールに一回り小さい黒丸シールを貼り，目を作ります。それをポリ袋に貼ります。

ポリ袋は口が下にくるようにします。ポリ袋の下の方は紙コップに隠れてしまうので，なるべく上の方に顔を作るとよいでしょう。

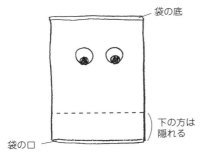

②袋の底にセロハンテープを貼り，耳を作ります。耳はセロハンテープの貼り方で大きさが変わります。

浅く貼ると…　　小さい耳

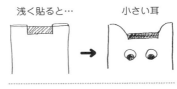

深く貼ると…　　大きい耳

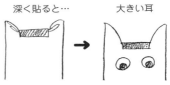

また袋の底を平らにし，端から数cmのところの上下にセロハンテープを貼ります。その上からホチキスを打つと，横に広がる耳が作れます（右図参照）。

鼻や口などもシールを貼ったりして，自由に作るとたのしいです。

③まがるストローの短い方を袋の口に入れます。息を吹き込

んだときに空気がもれないように，セロハンテープでぐるぐるとしっかりとめます。

いて完成！

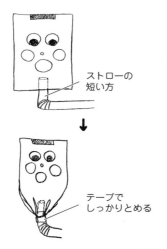
ストローの短い方

テープでしっかりとめる

④紙コップの底に，カッターで×に切り込みを入れます。

⑤③で作ったものを，紙コップと合体させます。ストローを紙コップの内側の方から×印の切り込みに差し込みます。このとき，セロハンテープで巻いたところが，×印の切り込みから少し外に出るようにするとしっかりします。

あとは自由に紙コップに絵を描

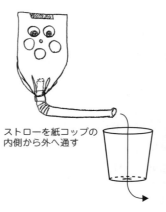
ストローを紙コップの内側から外へ通す

　紙コップから出ているポリ袋を外から見えないように紙コップの中に入れます。

　ストローから息を吹き込むと，ぶわわ～と顔が飛び出してきて面白いです。手でビニールをコップの中に戻せば何度でも遊べます。ふくらませたりしぼませたりして遊びましょう〔口絵参照〕。

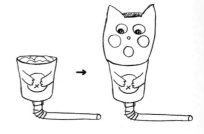

〔クリスマスツリー型〕

①緑色のカラーポリ袋にマジックでツリー型を描き，線にそってはさみで切り抜きます。袋の口が下になるようにツリー型を描いてください。

切った部分は空気がもれないよう，セロハンテープでしっかりととめます。

②シールで飾りつけをしたら，袋の口からストローの短い方を入れ，セロハンテープでとめます。

③紙コップを半分の高さで切り，マジックで模様を描いて植木鉢のようにします。

④あとは〔基本〕の④〜⑤と同じ手順で完成。

〔おさかな型〕

①カラーポリ袋の底の部分をV字に切りとります。切ったところはセロハンテープで空気がもれないようにしっかりととめます。

②白丸シールと黒丸シールで目玉を作り，ポリ袋の両面にそれぞれ1つずつ貼ります。

③〔基本〕の③〜⑤と同じ手順でポリ袋を紙コップに固定したら，紙コップに魚のしっぽを描いて完成。息を吹き込むときは横向きにして遊んでください。

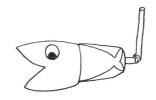

〔トトロ型〕

①〔おさかな〕の①と同様にしてください。

②目玉シールを片面に2つ貼ります。

③〔基本〕の③～⑤と同じ手順を踏んだら，紙コップにトトロのからだの絵を描いて完成。

〔UFO型〕

①カラーポリ袋の底部分を折り返してセロハンテープでとめます。隅2ヵ所もそれぞれ折り返してとめます。

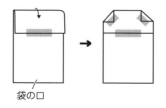

②シールを横一列に一周貼ります。

③紙コップを半分の高さで切ります。このとき切り口を波型にする等，形を工夫するとよいです。

④〔基本〕の③～⑤の手順と同様にして完成。

　ふくらませるときは紙コップを逆さにして，下にポリ袋が出てくるようにしてください。

　　　＊　＊　＊

　この他にも工夫次第でいろいろなものが作れると思います。ぜひみなさんも作ってみてください。

(初出 No.301, 05・11)
簡単にできてとってもきれい！

レインボースコープ

佐竹重泰　東京・小学校

●きれいな謎の筒

2003年の6月の初めのことでした。当時担任だった2年生の美香ちゃんが，「先生，これ見てみて〜。すごくきれいなの〜」と言って僕に見せてくれたものがあります。それが，これから紹介する「レインボースコープ」（命名：田辺守男さん）です。

それは，一見すると万華鏡の筒のようなもので，筒の片方には，1cm四方の覗き穴があり，反対側は黒い画用紙に数十個の針穴があいているというものでした。

そこで彼女の言う通り，針穴のあいた筒の先を窓ガラスの方に向け，覗き穴からのぞいてみると……，すごくきれいな光の模様が見えたのです〔口絵写真参照〕。えっ⁉　どうして⁉　筒の先に数十個の穴があいているだけなのに……。

不思議に思ってその筒をよく観察してみると，どうやら覗き穴の所に何かシートのようなものがはってあり，それに秘密があり

そうなのです。

　さっそく美香ちゃんのお父さんに電話でうかがってみました。でも，「公園でバザーをやっているときに作った」ということ，「シートが入っているけど，それが何なのかはわからない」「万華鏡とは違って，筒の中にガラスの板が入っているわけではない」ということ以外はよくわかりませんでした。

　その後，仮説実験授業研究会の権田信朗さんや中野隆弘さんから情報をもらって，やっと覗き穴に張ってあるシートが「ホログラムシート」というものであることが分かったのでした。

　このホログラムシートは，〈縦横回析格子〉ともいうそうです。透明フィルムシートに１cmあたり2000本程度の間隔で縦横に溝を引いてあって，光にかざしてみると，うっすらと虹色が見えます（ホログラムシートにはいろんな種類があるので注意）。東急ハンズでは，「素材コーナー」においてありました。大きさは60cm幅で，長さ10cm単位で量り売りしてくれます。値段は長さ10cmで250円（税別）でした（これで「レインボースコープ」が150コできます）。

　さらに，その後インターネットを使って調べてみたら，お父さんが紹介して下さった「レインボースコープ」は，「スペクトル望遠鏡」とか，「ホログラム万華鏡」「光の万華鏡」などの名前で様々な方が紹介していることもわかりました（あまりにもたくさんのページがあるので，元々の出典は僕には分かりませんでした）。

　また，覗き穴の反対側の針穴も，ただ針の穴だけでなく，縦長の切り込みや，針穴のあけ方を星型にしたものなど，様々なものがありました。

ただ，僕はこの時，当時担任していた小学2年生の子どもたちの顔を思い浮かべたのです。色々と凝るよりも針穴を適当に数十個あけた物のほうが簡単でいいと思いました。今回はそれを紹介したいと思います。

● 材料（1人分）と道具

トイレットペーパーの芯　1コ，家から持ってきてもらいます。固めのものがおすすめです。

黒画用紙　B7サイズ（『たの授』の半分の大きさ）1枚

ホログラムシート（縦横に格子が引いてあるもの）　2cm四方1枚

千代紙や和紙など　筒の周りに巻きます。予算に合わせて選んで下さい。僕は100円ショップのダイソーで「和風ちよがみ60枚入り」というのを買って使いました。折り染めを使うのもきれいです。

穴あけパンチ　覗き穴をあける時に使います。カッターを使ってもできます。

● 作り方

①トイレットペーパーの芯の片方の口を黒い画用紙の上に立てて置き，輪郭を鉛筆などでなぞる。その際，トイレットペーパーの芯がひどくつぶれて変形しているものは，手でゆがみを直してから行う。

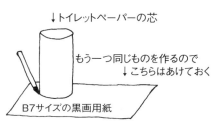

②次に、その円の周りを1cmほど残して切る。この部分がのりしろになります。2年生では、1cmというとすごく小さく切る子がいるので、実際に2cmくらいに僕が切ったものを見せてから切らせました。

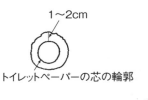
トイレットペーパーの芯の輪郭

③反対側の芯の口も①②の手順で作る。

④手順②で切り取った黒画用紙のほぼ真ん中に"穴開けパンチ"で穴をあける。これが覗き穴になります。カッターで1cm四方の覗き穴を切ってもよい。

↑穴開けパンチで真ん中に穴を一つあける

⑤覗き穴に、だいたい2cm四方の大きさのホログラムシートをセロハンテープで貼り付ける。この時、セロハンテープが覗き穴にかぶらないように気をつける。

セロテープ
ホログラムシート

のぞき穴にテープがかかってはダメ!!

⑥手順③⑤で作った丸い画用紙の周りに、1cm程の間隔で、中心に向かって切り込みをいれて折る(全部で12〜13個くらいになる)。これは、芯に貼りやすくす

↓1cm間隔ぐらいで切り込みを入れる

2年生では「タコの足みたいにするんだよ」といったらみんなわかったようです。

るための作業です（2年生で作った時は，だ
いたいの中心点に鉛筆で軽く印をつけてから，
その印に向かって切り込みを入れるように，僕
がやって見せてから切らせました）。

⑦覗き穴用の黒画用紙でトイレットペーパーの芯の口をふさぎ（ホログラムシートを貼った方が筒の内側になるようにする），のりしろの上から（のりではなく）セロテープを貼って，芯に黒画用紙を固定する。あとで千代紙などを上から巻くので，セロテープの巻き方が多少汚くなっても構わないが，隙間から筒の中に光が入らないようにしっかり貼る。

⑧覗き穴の反対側の芯の口にも，手順③で切り取った黒画用紙を手順⑦と同じ要領で貼る。やはり隙間から光が入らないようにしっかりセロテープを貼る（この時，あまり筒の材質が薄いと，芯の中が明るくなってしまうことがあるので，その場合は黒の色画用紙を芯のまわりに巻くとよい）。

⑨手順⑧で貼った方の黒画用紙に，画鋲で細かい点をあける（どんな風にあけてもよい）。また，点の数は各自の好みで良いが，最低20個はあけるようにしました。僕のクラスでは，40個あけたものが一番人気がありました。それ以上あけると，点が多すぎて，覗いたときに外の景色が見える感じがしますが，それも好みかもしれません。

⑩筒の周りに千代紙を巻いて出来上がり！

出来上がった筒を窓の方に向けて覗き穴からのぞいてみると，最初に紹介したようなキレイな光の模様が見えます。筒を回してみるとさらにきれいに見える場合があります。蛍光灯やテレビ放送の画面をみてもきれいに見えます。ただし，子どもたちには「太陽の方には直接向けないように」と強く言っておきました。

　ところで今回は筒をトイレットペーパーの芯を利用して作りましたが，トイレットペーパーの芯の中にはかなりふにゃふにゃしたものがあることに気がつきました。そういうものだと，うっすらと明かりが入ってきたり，作りづらかったりするので，硬めのものを使った方がいいです。柔らかくて薄い芯しかないときは，作り方の⑧を参考に補強して下さい。

　こんな風にして作った「レインボースコープ」，子どもたちはどんな感想をもったでしょうか。

●子どもたちの評価と感想（2年生）

⑤たいへん楽しかった……28人
④楽しかった……1人
③ふつう
②つまらなかった
①たいへんつまらなかった　　は無し

★評価⑤　きれいに見えてすごいすごい楽しかった。たのしさ5じゃなくて100にしたい。（秋田一繁）

★評価⑤　今日万華鏡みたいなのを作って40個穴をあけました。キレイでした。本当はできないだろうなぁと思いました。でも初めてやって成功してよかったです。（小早川美奈）

★評価⑤　初めてシートを見た時，とってもきれいでワクワクしました。こんどおかあさんに紹介したいです。（安藤奈々）

この時（2003年）は２年生の子どもたちと作ったので，僕が黒板の前で一つ一つの手順をゆっくり説明したり，実際にやって見せたりしながら作りました。ところどころ僕が手伝ってあげなくてはできない子どもは29人中４人ぐらいで，他の子どもたちは友だち同士で助けあったり，自分一人で作ったりしていました。製作時間はだいたい50分程でした。

　さらに，今年は６年生の子どもたちと作ってみました。６年生の子どもたちも予想通りやっぱりとても喜んでくれました。６年生の評価と感想も紹介します。

④たいへん楽しかった……28人	③ふつう ②つまらなかった ①たいへんつまらなかった は無し
④楽しかった……２人	

★⑤⑤じゃなくて⑥にしたいぐらい感動しました！　とってもきれいだ〜！　うれしい。（山村義之）

★⑤画鋲で穴をあけてみてみたら「う……っおわああ。スゲェ〜」って思った。とにかく楽しかった。（山本三佳子）

★⑤作り終わった時，うおっ！　なんじゃこらー，きれーって思った。楽しかった。（河合美悠）

★⑤すっげーきれィだワ〜！　アンコール！　すごくたのしい⑤です。もー100点でもいいです！（川佐桃江）

　こんな風にとっても楽しい「レインボースコープ」。あなたも是非子どもたちと楽しんでみて下さいね。

＊「縦横回折格子」は仮説社でも販売しています。10cm×10cmで税別200円。送料等は320ペをご覧下さい。

(初出 No.301, '05・11)

紙コップ式レインボースコープ

谷　岩雄　滋賀・小学校

　縦横回折格子を使って光をきれいな虹色に分光する，紙コップを使った「レインボースコープ」の紹介をします。

　この紙コップ式レインボースコープは10数年前，四條畷学園で仮説実験授業の公開授業研究会が開かれていた頃，奈良県の田場先生（数教協の先生らしいです）に教えていただきました。

　簡単な工作でしかもとてもきれいなので，教わった当時から現在に至るまで，担任になるたびに子どもたちと作って楽しんでいます。

　とっても簡単でとってもキレイな「紙コップ式レインボースコープ」皆さんも作ってみませんか？

○用意するもの（一人2個分）
・縦横回折格子（ホログラムシート）2～3cm角を2枚。
・紙コップ2個
・紙コップの底に穴をあける道具（千枚通し，ボールペン，鉛筆等）
・セロテープ
・白熱灯かクリスマス用のイルミネーションライト（発光ダイオードは白色のものでないと虹色に分かれません），ろうそく，懐中電灯等

○作り方

1．紙コップの底の真ん中に穴をあける。初めに千枚通しやアイスピックで穴をあけ，そのあとボールペンや鉛筆で穴を大きくする。太めのマジックなども使ってグリグリしながら大きくしていく。だいたい指が入るくらいの大きさにする（紙コップを二つ重ねていっぺんに穴をあけると簡単）。

2．縦横回折格子のシートを穴よりも少し大きく切り，二つの紙コップそれぞれの底に穴をふさぐように置いて，セロハンテープで貼

り付ける。

作業はこれでおしまいです。紙コップの側面にいろんなマジックで絵を描いたり，名前を書いたりしておくと良いでしょう。

白熱灯かクリスマスのイルミネーションのライトをつけてまず紙コップ式レインボースコープ1個だけで見てみる（底の方からのぞきます）。

次に紙コップ2個を重ねて，二つを逆の向きに回転させながら見ます。分光した光がさらに分光し，それはきれいに見えます。虹色の光がキラキラと交差しながら動いている様子は本当に夢のようです。一人2個作るのが基本ですが，3個，4個と増やしていったらどうなるか，など，自分の目で確かめてみて下さい。

○光源について

発光ダイオードのランプの色は赤・青・緑・白色などがありますが，白以外の色は色々な色に分光しません。というのは，発光ダイオードの赤・青・緑などは，単色光で同一波長だからです。ですから，この縦横回折格子のシートを使って楽しむためには，いろんな色のまじった白色光のものを使った方がきれいです。分光する光の中で一番良いのは白熱灯なのですが，この頃学校にあるのは蛍光灯ばかりで，白熱灯を探すのが大変になってきました。懐中電灯やろうそくもきれいですが，オススメするのはクリスマス用のイルミネーションライトです。一度にたくさんの光源が得られるし，色々な色が混ざり合っているのできれいに分光します。

最後に子どもたちの感想をどうぞ。数字は授業に対する評価です。

大蔵圭司くん⑤　電球の光などがとてもきれいに見えた。
野神菜月さん④　赤色や黄色などいろんな色が見えました。とても濃い色が見えました。ぜんぶで多分11色あると思います。
北野宏和くん⑤　緑・赤・青がきれいににじみあって，とてもきれいだった。
左近静香さん④　虹のように見えてきれいだった。

（初出 No.292, 05・3）

ストロー笛を作ろう

田辺守男

埼玉・中学校

ストロー1本で，笛ができます。ストローとハサミだけなので超簡単です（出典は，池田邦太郎『音のでるものつくってあそぼう』音楽の友社，および『ものづくりハンドブック１』）。できれば，3種類完成してみてください。

〔材料〕
①初級編　ストロー（あまり固すぎないもの）1本，ハサミ
②中級編　ストロー，ハサミ，マッチ，線香
③上級編　ストロー2本，ハサミ，セロテープ

〔作り方〕
初級編・単純ストロー笛
①ストローを机の上にのせ，先の所（2cm位）をエンピ

ツなどでおしつぶす。 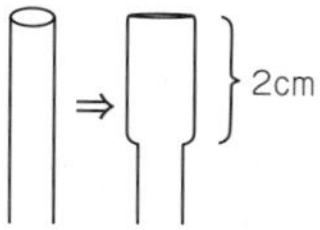
②先が三角になるようにおしつぶした所を1cm位ハサミで切る。

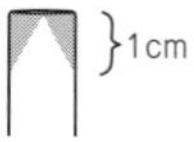

③先の三角形の所を，エンピツなどで，何度もおしつぶし，やわらかくする。歯で軽くかみながら引っぱってもよい。

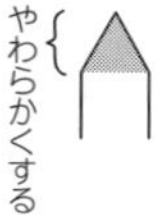

④やわらかくした所が下図のようになっているか確かめる。

〈横から見た図〉

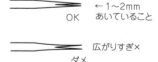

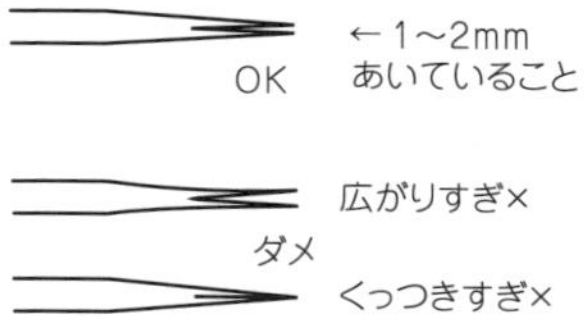

ストロー笛は，先のとがった所が振動して音が出る。〈空気が通る〉ことと〈振動する〉ため

には、先が少しだけ離れるのが大事。
⑤やわらかくした部分を、口に軽くくわえて、強く息をふくと「プ〜」と鳴る。

切っていない方を口でくわえ、息を思いっきり吸うと、音が出る所が振動しているのが見えるよ。

うまく吹けたら、ストローをハサミで切って短くしてみよう。音はどうなるかな？（強くふける人は、ふきながら、だんだん短く切っていきましょう）

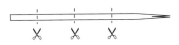

中級編・音階付きストロー笛
①初級編のストロー笛を作る。
②火のついた線香をストロー笛に軽くあてて、穴をあける。穴と穴の間隔は1〜1.5cm。

線香は、火が消えないように、火に軽く息をふきかけながらやる。

できたら、ラーメンのチャルメラなどの簡単なメロディーをふいて遊ぶ。

上級編・サッカー用チアホーン
ストロー2本で、長さの違う4本のストロー笛をつくり、それをつなげて図のように作る。

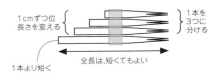

＊「ストロー笛」の作り方については、高村紀久男「ストロー笛とへっぴり笛」（『ものづくりハンドブック4』所収）もご覧ください。ストローの先にフィルムをつけて、ブタの鳴き声のような音を鳴らす作り方や、膨らませた風船に笛を吹かせる作り方が紹介されています。

(初出 No.284, 04・8)

ビロ～ンスライムとスライムヨーヨー

古殿了一
福岡・小学校

スライムの定番メニュー

ものづくりでは，子どもたちに大人気のスライム。作るだけでも楽しいけれど，遊び方をいろいろ知っているともっと楽しめるのでは……だれかまとめて紹介してくれないかナーと思っていました。

スライムの材料の「PVAのり，ふうせんねん土」(ふくらむスライム)の本数が残り少なくなり，製造元のダイアックスさんに買いに行ったときです。担当の古庄さんから，「ボクも子ども会とか，学校，保育園に呼ばれてスライム作りをやっていますが，こんな定番メニューがあってとても好評なんですよ～」って，いいことを教えてもらいました。おもしろいナーと思い，さっそく，次の日，吉井のサークルで，次の週はクラブ活動で，そのスライム作りをやってみたのです。

それが「ビロ～ンスライム」と「スライムヨーヨー」でした。それまでは，200mlのスチロールカップを子どもひとり一人にもたせて，1個ずつしかスライムを作ったことがなかった私にとって，1リットルもある巨大スライム(ビロ～ンスライム)は，作ってみて感激ものでした〔口絵参照〕。もちろん，子どもたちも歓声をあげて，さわりまくりました。

「スライムのこんな遊び方があるヨ」と全国から集めたら，きっとおもしろいものがもっとあるだろうナーと思っています。

スライムヨーヨー

ビロ～ンスライムは口絵を見ていただくことにして，ここでは「スライムヨーヨー」の作り方を紹介

します。

①ピンポン玉ぐらいの大きさにスライムを丸めて、ビニール袋の中に入れる。使った袋は、「100mm×190mm」です。

②袋の中に空気を吹き込んでふくらませ、ビニール袋の口をねじって、空気とスライムをとじこめる。そして、セロテープで固定する。

③ねじった部分に輪ゴムを1本通したあと、折り曲げて、口と輪ゴムをテープで固定する。輪ゴムは2～3本使ってもいい。この頃になると、スライムは形がべちゃーっとなるが、気にしなくてよい。

④最後にビニール袋の端の三角の部分を内側におりこみ、テープでとめる。ここがポイント。これでヨーヨーの形がぐっと良くなる。完成！

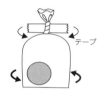

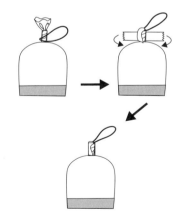

下から見るとこうなる

＊スライムの作り方は、『ものづくりハンドブック2』（仮説社）を参照してください。「ふくらむスライム」は仮説社でも販売しています。4本セットで税別1600円です。1本はPVAのり750ml＋ホウ砂20gで、14～15人分のスライムができます（一人当たり約100g）。送料等は320ペを参照。

手ざわりがなんとも楽しい！

(初出 No.311, 06・7)

スライム入り ムニュムニュ星人

作製者 **井関武弘** 岡山・中学校
紹介 **三木淳男** 岡山・中学校

○**ステキなおみやげ**

　私の中学校理科の知り合いで井関武弘さんという方がおられます。長らく仮説実験授業をしておられる先生です。

　その井関さんと先日，授業書に使う実験道具のことでお会いした時に，おみやげとしてもらったのが，「スライム入りムニュムニュ星人」でした。

　「ムニュムニュ星人」というのは，〈ゴム風船の中に小麦粉を入れて口をとじたもの〉で，手ざわりをたのしむおもちゃです（宗像利忠「ムニュムニュ星人」『ものづくりハンドブック6』仮説社）。

　井関さんからいただいたのは，小麦粉の代わりにスライムが入ったものでした。

○**作り方**

　正統派ムニュムニュ星人（？）の材料の「小麦粉」のところを「スライム」に変えるだけ。

　ペットボトルの先の方を切って，飲み口に風船の口をかぶせます。そして，ゴム風船の口からスライムを指でおしこんでいきます（風船内の空気をぬきながら）。

　私が作ったのはスライムが普通の固さで，風船は縦8cm×横4cmのもの。スライムを風船に詰め込むのがちょっと難しいかもしれま

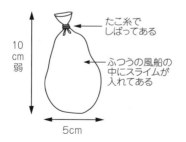

せん。風船のサイズや、スライムの柔らかさを変えていろいろチャレンジしてみてください。

＊スライムの作り方は、『ものづくりハンドブック2』仮説社、を参照。

スライムを指で押し込んでいく
←ペットボトルを切ったもの
風船

井関さんが中学生たちと作ってみたら、反応は上々だったそうです。私も自分で作ってみましたが、手ざわりが何とも言えずたのしくて、しかも、ベチャベチャせず、そのままで保存できるのがイイ！

○どうやって思いついたのか？

井関さんは、たまたま『ものづくりハンドブック6』にあった「ムニュムニュ星人」を作ろうと思ってみていて、その載っている次のページにスライムが載っていて「中身をスライムにしたらどうだろう？」とひらめいたそうです。だから、このアイデアは井関さんのオリジナル。

○老人施設でも

井関さんの知り合いで老人施設に勤めておられる方に、この「スライム入りムニュムニュ星人」を紹介したら、「これはひんやりして気持ちがいい。夏場、お年寄りが暑がるときに、頭やわきの下に入れるとイイかも？」と言ってくれたそうです。う〜む、使い方がどんどん広がっていく……‼

ということで、「スライム入りムニュムニュ星人」、ぜひ作ってみてください。〔口絵参照〕

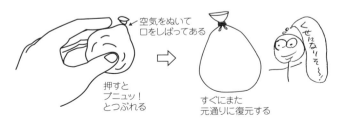
空気をぬいて口をしばってある
押すとプニュッ！とつぶれる
すぐにまた元通りに復元する
くせになりそ〜！

―〈初出 No.285, 04・9〉―

穴あき花挿しパワーアップ

●ペットボトルで簡単実験

横山裕子　神奈川・小学校

「穴あき花挿し」はフシギ！

『ものづくりハンドブック7』に出てくる「ふしぎな穴あき花挿し」のテーマは，私の大好きな「空気と水」です。ペットボトルに穴を開けても水はもれてこないというのです。すぐにやってみたくなりました。

まずは失敗しないように指定どおりの2cmと5mmを測って印をつけ，新品の切れ味良好のカッターでペットボトルに切れ目を入れました。水を入れてみると，確かに水は漏れてきません。線をつけただけだから水が漏れないのは当然といえば当然。

次に，記事どおりに切れ込みをぐぐい！と，ペットボトルの中に押し込んでみました。

お～～～！　漏れない！　こりゃ面白い！　花はないのでマドラースプーンを差し入れてみたけれど，本当だ，漏れない！

吸った分「だけ」の実感

穴にストローをさして中の水を吸うと，吸った分だけの空気が，切り込みの部分からぽこぽこって，泡になってペットボトルに入っていきます。

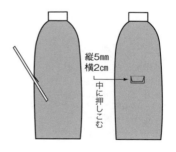

しかし，吸うのをやめると穴から少し水があふれるのです。勢い

余って反動でこぼれるのかと思ってそ～っと吸ってみたけど，やっぱりこぼれる。どうしてだろう？

しばらく観察していてわかりました。吸い上げたストローの中の水がペットボトルに戻る分，あふれ出て来るのです。

それなら，穴と水平にストローを構えて戻り水がないようにしたら，こぼれなくなるんじゃないでしょうか？

やってみました。これは予想通り，こぼれ出ません。面白いです！　満タンのペットボトルのおなかにストローを挿して，中の水を飲めるんですから！

当然ですが，ストローから空気を吹き入れると，吹き入れた空気の分だけ，水がべろべろと出て来ます。授業書《空気と水》を体験していると，これだけのことがものすご――く楽しいのです！

しかし，これは「穴あき花挿し」。魚に触れられるという「ふれあい水槽」(『ものづくりハンドブック4』に収録)とは印象が違います。幅がせめて1cmぐらいあって，子どもたちが指を突っ込んでも大丈夫なくらいの穴が開けられたらおもしろいのになぁ！

ところで，穴を大きくしたら，その穴に面した水面の形ってどうなるのでしょう？　水平？　それとも，穴に対して盛り上がる感じ？

『たの授』にのっていた花挿しでは，水面が斜めになっているような気がします。しかし，水族館の水槽の水面が斜めだとは考えられません。

気になりだすと気になるあれこれ。缶ジュースに一つ穴をあけて出てこないのと同じなの？　単なる穴なの？　「ふれあい水槽」みたいに水面は水平になってないけど，水平にはならないの？

サークルで「大きな穴」に挑戦

とりあえず，どうしても，指が入るぐらいの穴をあけてみたい。可能だろうか？

川崎仮説サークルの例会に，ペットボトルを5本持っていって，みなさんに試してもらいました。

『たの授』にのった切り込みを拡大して大きく穴を開けると，水

はべろべろと出てきてしまう。「ハトの水やり器でも，外側に出っ張った部分がないとだめだし，水槽もそうなっていた」と由良文隆さんが説明してくださいました。

つまり，大きな穴は水面が水平になるようにすればいいわけ？『たの授』の「穴あき花挿し」は，切れ込みを跳ね上げる（押し込む）タイプだから，どうしても水面はななめになります。ななめになった水面を表面張力で支えるのには限度がありますから，その限度を超える大きさの穴じゃだめなんでしょう。

すると大熊華子さんは，中に押し込む部分の先にセロテープを継ぎ足して，押し込んだ部分が切り口の下の線よりも深く水中に入るようにする工作を開始しました。

結果は，人差し指を突っ込めるぐらいの穴ができました。成功！水面は水平だ。う～，不思議！

由良さんによると，この状態は《空気と水》第3問の，コップ持ち上げ問題と同じなんだそうです。ふ～ん。でも，ふしぎ～。

一夜明けて，大熊さんの工作を参考にして，私も工作を試みてみました。

ペットボトルに横の切れ込みを9センチほど入れる（タテには切り込みを入れない）。切り込みの上側をペットボトル内にへこませる。

そこに，別のペットボトルの肩のカーブを切り取ったものを押し当てて穴を作る。

これなら，セロテープと違って水に濡れても強度が落ちません。幅3cm，長さ9cmほどの，目のような形の穴が開きました。

さて，どうでしょう？

ドキドキしながら水を入れて蓋をすると……。

じゃーん！　成功です。水は出てきません。はっきりと水面が見て取れて，指を入れてかき混ぜることもできます。「ふれあい水槽」のイメージそのものです。めだかを入れて握手したい気分です。

でも，何で水は出ないのでしょう？　「そりゃ，空気が入らないからだ」って，自分を説得してみる事もできるのですが，直感と事実のあまりのズレに，やっぱり戸

惑ってしまう私です。

『大人の科学』の「もれない横穴」

「ふしぎな花挿し」のすごいのが『大人の科学』創刊号（学研）に出ていると、メールで教えてくださったのは大熊華子さんです。

> 本屋で『大人の科学』（元祖ふろく付きマガジンvol.01）というのを見つけました。
>
> 雑誌の中に、「週末は親子で科学手品」という特集があり、「もれない横穴」という題で、「ペットボトルの横っ腹に穴が空いていたとしたら、水を入れておくことができるだろうか？」というのがイラスト入りでありました。横一直線の切れ目で、上を押し込み、下はつまみ出す。
>
> ためしてみました。切れ込みは6cmくらいでもOKでした。炭酸飲料系のボトルの方がやり易い。でも、六角柱のお茶のでもできました。とても簡単、指くらいは入ります。でも、ひっくり返したらどっと水が流れました。　　　　　　（大熊華子）

いても立ってもいられません。『大人の科学』創刊号、ひとっ走り、買ってきちゃいましたよ。すぐにやってみました。

横一文字に切り込みを入れて、上側を押し込むだけです。下をつまみ出す必要はありません。上が、へこみやすいように、カッターで折り目線は入れましたが、これも適当。私が作った物よりはるかに簡単でエレガントです。ほんっとうに感動的、画期的！　さすがは学研です。

でも、「どうして？」という題で『大人の科学』に書かれている種明かしが納得いきません。

> ふたを閉めてペットボトルを立てると、穴から少し水がふくらんで外に出ようとするので、少し中の水面が下がり、上部に残った空気の気圧は外よりも小さくなります。穴の部分が水の膜が保たれる程度の大きさのとき、膜に対して〈中の気圧＋水圧〉より〈外の気圧〉の方が大きいと、水がもれることはありません。（『大人の科学』vol.01, 70ペ）

「穴の部分が水の膜が保たれる程度の大きさのとき」がヘンです。大気圧が水が出てくるのを抑えているのだとしたら,水平面は大きければ大きいほどうまくいきそうな気がします。

これはやってみるしかありません。限界に挑戦です。さっそく道端からペットボトルを拾って来ました。

思い切って,ペットボトルの半分まで切り込みを入れました。上部を折りこむと,ペットボトルは半分まで痩せちゃった姿です。

ふたをしたまま横にして,水道で水を入れます。

満タンになったところでペットボトルを立てると!

ペットボトルの半円を超える水面が出現しました。

内側に折り込んである

一円玉悠々8個を浮かべることができます。笑えます。もはや「花挿し」ではないです。印象が違いすぎ!

先の引用文中の「少し中の水面が下がり上部に残った空気の気圧は外よりも小さくなります」の部分は要らないんじゃないか? だって,ペットボトル全体を水中に沈めて水を満たすようにすると,上部に空気部分はできません。余計な条件なんじゃないかな?

水面の膜って?

水面の膜って,どうなってるんだろう? 水面の分子はスクラム組んで膜を作っているの? 水面に固定されているの?

それは《もし原》などを通して培われた,水面で水分子が気体と液体の状態を行き来する私のイメージと矛盾してしまいます。

結局,何で水は出てこないのか,人に説明できるほどにはわかっていません。どなたか説明してください。でも,とにかく,面白い実験を手に入れて,満足満足! の私です。

水の表面が崩れる

入江洋一　広島・中学校

●ふしぎな花挿し

青森の野呂茂樹さんが紹介された「ふしぎな穴あき花挿し」（初出『たのしい授業』No.283,『ものハン7』仮説社,に収録）は,ペットボトルの側面に水平に2cmの切り込みを入れ,その両端に,垂直に5mmほどの切り込みをいれて,内側に押し込んだだけのものです。ペットボトルの中には水がいっぱい入っているのに,側面の穴からは水が出てきません。ぼくは,この記事を読んで,すぐに台所で作ってみました。2cm×5mmの穴は,ペットボトル（500ml）に比べると,意外に大きく感じられます。小さな丸い穴から水が出ないことは知っていましたが,こんなに大きな穴から出てこないとは!!

水の表面はたいてい水平になっているのに,穴のところに現われた水の表面はほぼ垂直。とても不思議な感じを覚えます。表面には何か膜のようなものがあって,「水が出て,空気が入る」のを妨げているように感じられるのです。牛乳なら温めたものが冷めてくると,表面にうすい膜ができます。しかし,牛乳と水は違います。水の表面には水以外のものはありません。一体どうなってるんだ？

この「ふしぎな花挿し」を子どもたちに教室で見せてまわると,「えー？　フシギー」とか言いながら,シャーペンやボールペンの先を穴にさしこんできます。そして,それでも水が出ないのを見て,さらに不思議な顔をします。ぼくは,教室のみんながこんなふうに不思議な思いに包まれる雰囲気が大好きです。

●なぜ水は出ないのか

ところで,水はどうして出ないのでしょうか。それは,水の表面近くでは分子がたがいに引っぱり合って,まるで〈縮もうとしてピンと張っている膜〉のような性質をもってしまうからです。

もし表面の分子の引っぱり合う力（表面張力）が弱まれば,表面の膜のような性質も弱まります。すると,水の表面が崩れて「水が出て,空気が入る」のではないでしょうか。

これについては,北海道の佐藤哲也さんが『たのしい授業』のおたよりで,次のような実験を紹介されています（217ペ参照）。

> 「穴あき花挿し」は水の表面張力が効いているに違いない！
>
> こんなふうに予想して実験してみました。ペットボトルの水面に台所用洗剤を垂らしてみたところ,見事にポコポコと空気が入り込み,水がこぼれたではないですか!! ところがすべての水が一気にこぼれるわけではなく,ある程度のところで止まってしまいます。これは洗剤が水と一緒に流れ出て,新たな水面が出来上がるからなのでしょう。そうして,また洗剤を注ぐと再びポコポコ。この繰り返し。やってみると結構面白いですよ。

「穴あき花挿しから水を出すには,台所用洗剤を使えばいい」,そして「子どもたちが穴にシャーペンの先をさし込んでみたがる」ということがつながって,こんな実験を思いついたのですが,どうでしょうか。

●「水の表面が崩れる」実験

まず500mlのペットボトル1本と箸を2本用意します。

＊1.5リットルのペットボトルでもできますが,子どもたちに見せて回るのには不向きです。ペットボトルが揺れると水も大きく揺れて,穴から出てしまうからです。ペットボトルそのものも歪みやすいので,水が出ないように歩き回るのが結構難しいのです。

箸は塗り箸は不向き。洗剤がしみ込むことができるようなものがよい。ぼくは竹箸を使いました。

1本の箸の先には台所用洗剤を原液のまま塗っておきます（ぬめりが気になる人は水で少し薄めてもいい）。もう1本はよく洗って何も塗らないでおきます。

「ここに大きな穴のあいたペッ

トボトルがあります。この穴をガムテープでふさいで，水をいっぱい入れます」といって，別に用意したペットボトルの水を注ぎます。「ふたをしっかりと締めます。次に，このガムテープをはがすと穴から水は出てくると思いますか」といって予想をしてもらってから，ガムテープをはがします。

「この通り水は出てきません。それなら，どうすれば水が出てくると思いますか？」と聞きながら教室をまわります。

すると，たいてい子どもたちがシャーペンなどをさし込んできます（さし込むたびに水が少しあふれ出ます。バットなどを用意しておくと床に水をこぼさずにすみます）。

「こんなものをさし込んでも，水が続けて出てくることはありません」といって，何も塗っていない箸をさし込んで，水が出てこないことを確認します。「〇〇君，やってみますか？」と，だれかにやってもらってもいいでしょう。そして，いよいよヤマ場です。

「ところで，これも同じ箸ですが，不思議なことにこの箸でやると……」といって，台所用洗剤を塗った箸をさし込みます。すると，水がドボドボ。

箸を抜くと水はピタッと止まります。〔口絵参照〕

「えーっ？？？」

まるで，手品のようです。佐藤さんも書いていましたが，やってみると，ホントに面白いのです。

さて，みんなの目が「？？」になったところで，タネあかしをしてあげましょう。

ところで，この実験を500mlのペットボトルで行う場合，ヨコ2cm，タテ5mmの穴では，水がちょっとずつしか出てきません。「ドボドボ」と出てくるには，もう少し穴を大きくした方がいいようです。ヨコ3cm，タテ5mm〜7mmくらいの穴がちょうどいいように思います。水がどれくらい出るか確かめながら，タテに入れた切り込みを5mmから少しずつ大きくしていくといいでしょう。

内側に折り曲げた部分を押し上げる程度によって，水の出方が変わります。ちょうどいいところを見つけてください。

小便小僧と小便ボトル

中井孝之
神奈川・小学校

謎の人形

『たのしい授業』No.262（2003年1月号）に素焼きの「小便小僧」が紹介されていました。

実は私，かなり前に買い物のおまけとして同じようなものをいただいていたのです。その時もらったものは「クレヨンしんちゃん」の形をしていました。

それをいただいた時に「お湯か水をかけるとおしっこをする」と教えていただいたので，しばらくたってからお湯や水をかけてみたのですが，まったくおしっこなどする気配がありません。「仕組みをちゃんと聞いておけばよかった」とがっかりしてしまいました。

使い方が分かりました

それから長い間，使い方もわからないまま，ずっとしまいこんでいたのですが，2002年の夏の「青少年のための科学の祭典・全国大会（東京）」の時のことです。ステージ上で福井広和さんが「小便小僧」の実演ショーをしているのを見ることができました。それを見て初めて，「クレヨンしんちゃん」の人形の使い方が分かりました。

おしっこをさせる前に，まずおしっこになる水を人形の中に入れなければならなかったのです。はじめに，熱湯をかけて人形を熱くします。すると，人形の中の空気が膨張し，おちんちんの穴から出ていきます。すかさず人形を水につけます。人形の中の温まった空気が収縮し，今度はその分水が吸い込まれます。さあ，これで，準備完了です。

ふたたび人形に熱湯をかけると中に残っていた空気が膨張して水

をおちんちんの穴から押し出します。ピューッと勢いよく飛び出る様子は，まるで本当のおしっこのようです。

原理的には，どうやら空気の膨張だけではなく，「水の蒸気圧」も大きく関わっているようです。昔の教科書に載っていた「フラスコの噴水実験」と同じ原理のようです。

企画倒れでした

使い方がわかった私は，もうそれはうれしくて，待ちきれないように2学期に「物の温度と体積」という単元で使いました。しんちゃんの人形は熱湯をかけると子どもたちの前でみごとにおしっこをしてくれました。子どもたちは，「しんちゃん人形欲しい！」と大騒ぎになりました。そこで，「これは一つしかないし，あげられないよ。そのかわりいつものように簡単な材料で作ってみようよ」と，持ちかけたのです。

その時，私の頭の中にあった材料はフィルムケースでした。ところが，いざ，フィルムケースに画びょうで穴をあけて，中に水をいれて熱湯をかけても，チョロチョロとあまりよく出ないのです。子どもたちには，「企画倒れでした。ごめんね」と謝って，その時はあきらめていたのです。

子どものアドバイスに感心！

その後，3学期になって，「物のあたたまり方（熱の伝わり方）」という単元で，「金属がとてもよく熱を伝えること，プラスチックは比較的熱を伝えにくいこと（物によって熱の伝えやすさがちがうこと）」を学んだあと，一番しんちゃんを欲しがっていた子が，「ジュースの缶でしんちゃんつくれない？」と言ってきたのです。

私ははじめはふつうのプルトップの缶ジュースの缶を思い浮かべたので，「〈カンぴたクン〉でも使ってふたをして，密封しないとできないよ」と言ったら，その子はねじ式のふたの「ボトル型アルミ缶を使えばいい」と言うのです。私は「なるほど！」と感心しました。それなら簡単に密封できます。

さっそくアルミボトル缶の下のほう（底から3cmほど）に画びょうの針を斜め上から刺し、少し上向きに小さな穴をあけて、水を少しいれて、お湯をかけると、「ピュー」とおしっこが見事に飛んだのです。しかも、本物の人形とちがい、熱湯でなくても、やけどをしない程度のお湯の温度で充分成功したのです。むしろ、熱湯をかけると勢いよく出すぎるほどでした。

　それからしばらくの間、子どもたちが家のお風呂で、「おしっこボトル缶」で遊ぶことがブームになりました。湯船のお湯と、おけにくんだつめたい水とを使って、遊んでいたようです。遊ぶ中で、空気の膨張がイメージでき、実感できるところがいいと思いました。

ペットボトルでもできます

　この遊びは、ペットボトルでもできました。PETでもうすいとよく熱が伝わります。また、フィルムケースよりもアルミボトルやペットボトルの方が大きくて、中の空気の量も多いこともうまくいく理由であることを子どもたちは見抜いていました。ペットボトルだと透明だから中の様子が見えます。冷えると逆に穴から外の空気を吸って、入っていく様子が泡のつぶになって見えるのも、ペットボトルのいいところです。ペットボトルは押し縮めてもおしっこをします。また、どちらのボトルでも、空気を口から吹き込むと、やはりおしっこがでます。ふたを開けっぱなしにすると、チョロチョロ水がたれて出てしまいます。ふたを閉めると、やがてとまります。まさに《空気と水》の実験です。
〔口絵参照〕

　「小便小僧」について私の調べたところ、数年前に横浜物理サークル（YPC）が取り上げていたことがわかりました。中国から500個直輸入して売っていたそうですが、手作りに発展させた形跡はありませんでした。

　手作りの「おしっこボトル」の先行実践があるかはわかりません。もしも先行実践の情報があったら教えてください。

(初出 No.290, 05・1)

小便ペットボトル！

横山裕子

神奈川・小学校

★ペットボトルがおしっこする？

『たのしい授業』No.262（2003年1月号）に「小便小僧」が紹介されていました。5センチほどの素焼きの人形にお湯をかけるとおしっこを飛ばす，というものです。もともとは7年ほど昔，横浜物理サークルの人が中国で見つけてきて，理科教員を中心に普及していったものだそうですが，その後，教材屋の中村理科でも売られるようになったようです。

＊「小便小僧」は仮説社でも販売しています。税別980円。

和光鶴川小学校の中井孝之さんから「同じ仕組みのもの，ペットボトルやアルミボトルで簡単に自作できますよ」と教えていただき，早速試してみました。

使用したのは1.5リットルのダイエットペプシ，炭酸用の丸いタイプのボトルです。ベッカムの写真のラベルが貼ってあります。

ボトルの下から2センチぐらいの所に，針でぷすっと穴をあけます。このとき，できるだけ斜め上から差し込むのがポイントだそうです。水の噴出方向を上向きにするためですね。

なんとこれだけで工作はおしまいです！ お風呂で実験しようと準備していたら，小3の娘が「面白そう。入れて」とはだかになってついて来ました。

おいで。何が起こるのかはナイショ。お楽しみ。

ステップ1：まずはペットボトルの蓋を開けて，下から10cmぐらいの所まで水を入れます。針で開けた穴からは水がちょろちょろ流れ出てきます。

ステップ２：蓋を閉めます。まだ穴からは水が弱いながらも出続けます。水圧のせいでしょうか？しばらくすると止まりました。

ステップ３：シャワーでお湯をかけます。あっという間に水が噴出しました！

「ペットボトルが立ちションしてる！」

大喜びの娘でございます。すまし顔のベッカムさまのラベルの下から，勢いよく水が飛び出ています。笑えます。

★テストは「小便ペットボトル」

なぜ水が飛ぶのかについては
・空気分子の運動激化説
・水の気化による体積増加説

などがあるそうですが，決着はついておらず，それが理由で普及が進みにくくなっているのだそうです。私もどちらが正しいのか気になって，原因を突き止める実験を考えてみました。でも，とにかく注いだお湯の熱によってペットボトル内の分子運動が盛んになり，水が押されて飛び出してくるのだ，ということに変わりはないのだと思います。

この，小便ペットボトルを，《空気と水》《もしも原子が見えたなら》《三態変化》と授業書を終えて３学期を迎えた４年生に紹介することにしました。

やって見せるだけではもったいないので，テストということにしました。そして，実験の各段階で子どもたちが立てた予想をメモしていってもらうことにしました。

「今日は理科のテストです」
と言って白紙を配り，実験を開始しました。まず，子どもたちに空のペットボトルを見せます。

〔問題１〕ペットボトルがあります。何が入っていますか？

「空気！」
「酸素と窒素」
「それと，真空！」
「飛んでるんだよ，マッハ1.5で」

〔問題２〕ペットボトルの下のほうに待針をさして穴をあけ，水を

入れます。そのあと、針を抜いたらどうなるでしょうか？

「蓋はしないの？　じゃ、水が漏れるよ。アセロラの缶でやったじゃん」
「穴が小さいから出ないんじゃないの？」
「出るよ。だって、上から空気が入れるじゃん」

針を抜いたら……ぽたんぽたんと、穴から水が漏れてきました。

〔問題3〕この、水漏れしているペットボトルに蓋をしたらどうなるでしょうか。

「水は止まる！」
「でも、穴が空いてるんだから出るかも」
「缶ジュースの時、穴一個じゃ出なかったじゃん」
「でも、今度は最初から出てるんだから……」

蓋をしても、水はしばらく出続けました。ぴたりとは止まりません。私の手の熱が伝わってるんでしょうか。でも、ほどなくぴったり止まってしまいました。子どもたちも納得しています。

〔問題4〕では、このペットボトルに上からお湯をかけると何か変わったことが起こるでしょうか？

「水が出るよ。空気が大暴れして水を押すんだ」
「ペットボトルが融けて水が出ちゃうんじゃないの？」
「何も入れないんだから、何も起こらないよ」

お湯をかけると勢いよく水が噴き出しました。2メートルは飛んでいます。あまりの勢いの良さに教室が騒然となりました。
「出る」と予想していた子どもたちも、まさか、こんなに勢いよく水が吹き出るとは思っていなかったのでしょう。ペットボトルに駆け寄り、「おしっこ」に手をかざす子どもたち！
　教室中の顔が輝くこの瞬間……最高です！

〔問題５〕ここに同じ仕組みで水を飛ばす人形があります（といって中国産の小便小僧を披露します）。

ですが，この人形には蓋がありません。小さな穴が一つ空いているだけです。どうやったら水を入れることができるでしょう？

「お湯につければいいんだよ。空気の分子が大暴れして出て行くよ。そのあと，水につけたら吸い込むじゃん」

さっそく，コップのお風呂に入ってもらうことにします。すると，小さな穴からぶくぶくと泡が出てきました。泡が止まったところでお湯から出し，すぐに水につけると，音がして水を吸い込んでいます。

ころあいを見はからって人形を水から出し，熱湯をかけます。……放水！　教室中から笑い声が上がりました。

★自分の言葉で

実験の各段階で子どもたちに予想をメモしてもらっていました。以下がその予想です。

三上くん「水は出る。分子の動きが活発になって水を押すから」
藍原さん「勢いよく出る。分子が暴れて勢いよく出る。やっぱりそうなったじゃん。あんな小さな穴さえも空気を出せば水が入るなんて感動的だー！」
浦野くん「液体から気体になり，活動範囲が広がるからおかげで水が漏れる」
金子さん「空気が暴れて押されて〈でていけ～っ〉って感じで出て行った」
――自分の言葉でこうやって書けたら本物ですよね。

それにしても，小便ペットボトルや小便小僧の水の飛び加減は感動的です。分子たちが大暴れする様子が視覚的に実感できます。「水が出る」と予想していた子どもたちにとっても，十分な驚きだったようです。たのしいです！

最後に岩崎君の感想。

「欲しい。中国に行ったら買ってくる」

私の分も買ってきてね！

(初出 No.338, 08・6)

不思議な
ヘロンシャワー

萠出　浩
青森・お楽しみ科学実験出前屋

楽しくて不思議な遊び

　底に小さな穴をたくさん開けたペットボトルに水をたくさん入れてシャワー状に出してみましょう。それだけでもけっこう楽しめるのですが，この遊びの不思議なところは，入れた水がたくさんの穴から出るだけではなくて，〈シャワーを出すのも止めるのも自由自在だ〉というところです。

　どうしてそんなことができるのでしょうか。作って実験してみましょう。

　まず，空のペットボトル容器を準備します（大きい容器ほど迫力があります）。

　そして，底から少し上のややうすい部分に，画びょうなどでたくさん穴を開けます。

　この穴は広げすぎないように注意してください。

　この穴あきのペットボトル容器のキャップを開けて水を入れます。水はどんどん穴から漏れますが，そのまま入れ続けます。このときも水はどんどん漏れていますが，気にしないでください。バケ

ツに水を入れてその中に入れてやれば，すぐに満タンにすることができます。

　水が口まで入ったら，大急ぎでキャップを閉めます。すると漏れていた水がぴたりと止まります。そして，キャップをゆるめれば，とたんにシャーっとシャワーがでます。また閉めるとぴたりと止まります。〔口絵参照〕

　これは，子どもと一緒にお風呂に入るときなど，とっても楽しくて不思議な遊びになります。

　頭を洗うときなどに使えば，普通のシャワーを使うよりもずっと楽しいと思います。

　お風呂だとペットボトルの中にお湯を入れるのも簡単です。キャップを開けて風呂の中に沈めて，満タンになったらキャップを閉めればいいのです。

2000年前からあった！

　実はこの遊びは，およそ2000年ほど前，アレキサンドリアに住んでいたヘロン（正確な生没年は不詳）という機械学者が実際に作って遊んでいたものなのです。

その実物がこれです。

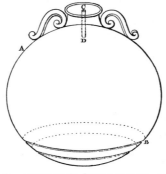

ウッドクロフト著『古代人の発明』より

　このボールは青銅でできていました。底の方に２列にわたって小さな穴が開けられています。ここからシャワー状に水が出ます。

　上の方には細い管が差し込まれた花びんの口のような穴（C）が見えますが，そこから水を入れたり，バケツのような容器に水を入れてその中に沈めれば中に水が入ります。

　そしてこのボールを持った人たちは，水の入ったボールの細い口（C）を指でふさいで，人々のまわりを歩きます。そして特別な人の前でだけ，ふさいだ指をわからないようにほんの少しだけ開きま

す。そうすると、その人の前にだけ、この噴水が噴き出すことになります。

当時の人の中には、このボールで無邪気に遊ぶだけでなく、インチキ商売の道具にして金もうけをする人もいたようです。つまり、「神様のお告げがあったときにだけ、ぶどう酒（とか聖水）が出てくる」などといってお金をまきあげるわけです。

どうしてこんな不思議なことが起こるのでしょうか。

底にあけた小さな穴から水が漏れるためには、水が出る分の空気が入ってこなくてはいけません。底に開けた穴はたくさんありますが、どの穴も空気が入るためには（水を押しのけるには）少し小さすぎるのです。そこで、閉じていたボールの上の細い管を開けると空気が入ってくるので、下の細かい穴から水がシャワーのようになって流れ出すというわけです。

ペットボトルのキャップにも、指先で閉められるほどの小さな穴を開けておけば、手の動きがわからないくらいのわずかな動きでシ

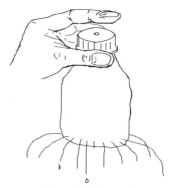

ャワーを出したり止めたりできます。こうすると、まるで手品のようです。

これは本当に単純ですが不思議で楽しい遊びです。ペットボトルの空き容器で簡単に作れます。おすすめの遊びです。授業書《空気と水》を実施した後に作って遊んでもいいと思います。

＊「授業書」とは、「教科書と指導案とノートを兼ねたような印刷物」のことです。1963年に板倉聖宣氏によって提唱された〈仮説実験授業〉は、この授業書と呼ばれる印刷物を使って授業を進めていきます。仮説実験授業について詳しく知りたい方は、『仮説実験授業のABC』『仮説実験授業をはじめよう』『たのしい授業の思想』（いずれも仮説社刊）などをお読みください。

(初出 No.323, 07・5)

●おすすめマジック

松口一巳 福井・小学校

　新しいクラスを受け持つと必ず《空気と水》をやってきました。仮説実験授業を紹介するのに最適な授業書だと思うからです。

　でも，《空気と水》に第2部（案）があるということを知ったのは，ずいぶん後でした。千葉の坂井美晃さんが大会か何かで発表された原稿を読んだのが最初だと思います。元は『科学入門教育』No.5（仮説社）に掲載された，吉村七郎「授業書《空気と水》第2部について」です。

　「フタにスキマがあっても水が落ちてこない」ことを扱った第2部を知って，その内容に驚いたので，サークルで紹介することにしました。一連の実験の後，「不落の水」（テンヨー）という手品を見せるのも面白いと教わったので，それも用意しようといろんなお店を探しました。が，これがなかなか見つかりません。

　「不落の水」というのは，容器に水を入れてフタをし，逆さにしてフタをとっても水が落ちない！あら不思議！という手品です。どうも製造中止のようです。

　ところで，同じテンヨーから「3つの手品」というのが出ています。この中の「びっくりウォーター」も，第2部の実験と同じ現象を利用した手品なのです。

　「びっくりウォーター」というのはこんな手品です。コーラなどのガラスビンに水を入れ，手でフタをしてビンを逆さにします。フタをしていた手を離しても中の水は出てきません。さらに，ビンの口からマッチ棒を入れることができるので，見ている人は更に驚くというものです。〔口絵参照〕

　「3つの手品」には「ふしぎな犬」「テレパシーダイス」という手品も入っています。値段（税別500円）の割にイイ手品が3つも入っているのでおすすめです。

＊「3つの手品」は，株式会社テンヨーのHP等から購入できます。

(初出 No.319, 07・2)

くるりんカード

めるしー渡辺

千葉・会社員（手品愛好家）

光と影，正義と悪，オモテとウラ…。この世は何かと表裏一体です。そんな真理を体感できる？不思議グッズのご紹介です。

原案・出典は不明です。たぶん，昔，知人からいただいたと思われる物が今になって出てきたので，ご紹介する気になった次第です。

どちらかというとパズルに近いものだと思います。

以下に解説しますが，読んだだけだとその面白さ，不思議さがピンと来ないかもしれません。読み終えたらぜひ作ってみてください。

オモテとウラが入れ替わる!?

下の写真①をご覧ください。

真ん中に四角い穴の開いたトランプがあります。これは二枚のトランプが，絵柄が向きあうように重なってできていますが，この二枚は真ん中の四角い穴のまわりで

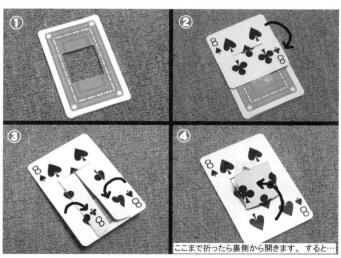

ここまで折ったら裏側から開きます。すると…

貼り合わさっていて取れません。
〔口絵参照〕

今，絵柄同士が向き合ってくっついています。これを背中合わせ，裏側同士がくっつく形にしようというのです。そんなことはとても不可能と思えるのですが……。

もちろん，貼りついているトランプを剥がしてしまえば可能ですが，ここでは変わった方法で行います。

まず，写真の②③④の通りの順番に折りたたみます。さらに折りたたんだ部分を裏側から開いていくと，なぜかウラもオモテも数字を描いた面が前面になります。いつのまにかオモテとウラが入れ替わってしまったというわけです。

〔作り方〕

トランプ（長方形の紙でもいい）を縦方向に四等分，横方向に三等分に計ります。そうするとそれぞれの線が交差する中央に正方形が現れるので，それを切り抜きます。同じ大きさ・形の紙をもう一枚用意します（写真⑤⑥）。

一枚は折り目に沿って折ります。折り筋をつけておくといいでしょう。

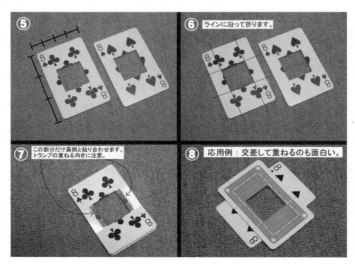

2枚の紙は、穴の左右に粘着テープを間にはさんで固定。粘着テープは必ず2つ折りにしておきます（右図・写真⑦）。

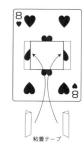

次に、②～④の指示通りに折りたたみ、裏側から開きます。開いたら、再び同じ位置を粘着テープで同じように留めて完成です。

切り抜く部分は、実際には3：4の比率から若干の調整が必要となりますので、いくつか作ってみてコツをつかんでください。

原案はトランプのようですから、100円ショップなどで紙製のトランプを買ってきて作るのがいいと思います。コピー用紙などでも作ることは可能ですが、薄い紙で作ると不思議さが損なわれるようです。多少、厚めのしっかりした紙（画用紙、ハガキなど）で作った方が良いでしょう。さらに、裏表がはっきりと分かる紙の方がいいです。自分で模様を描いたり、色を塗ったりしてもおもしろいと思います。

縦横の比率を変えれば正方形でも同様のものが作れますが、不思議な感じはあまりしないような気がします。しかし、正方形だと一枚の紙が穴をくぐりぬける様子が理解しやすいかもしれません。

〔口上〕

私はこのカードを紹介する時、こんな口上を使っています。

「ここにこんな変わった形のトランプがあります。これは、真ん中で貼りついているので取れませんね。そして、今トランプは絵柄同士が向き合って付いていますが、これをウラ側同士にするにはどうしたらいいと思いますか？ テープを剥がしてはいけません。…物事にはウラとオモテ、陰と陽、外と内があるのです。このトランプもしかり！ ご覧ください、このように折りたたんで…開いていくとホラ！ 先ほど絵柄同士だったものがウラ側同士に変わりました！」

みなさんも楽しい口上を考えてみてください。面白い口上を考えたら、ぜひ教えてくださいね。

(初出 No.306, 06・3)

ネバーエンディングカード

●これって有名なものづくりなの!?

石丸雅裕　北海道・高校

●**不思議なカード**

　時は12月初旬の日曜日。妻は買い物に出かけており，私と小学2年生の息子の2人で留守番をしていました。

　そこに訪れたのが「置き薬屋」さん。年に何度か置き薬の点検と交換にやってくるそうなのですが，私が会ったのは初めてのこと。だいたいどこに「置き薬」というものがしまわれているのかさえよくしらなかったので，息子に教えてもらって出してくる始末……。

　一通りの点検が終わり，薬の試供品などをもらった時に，「これもどうぞ」と息子にくれたのが「ケロリン」(内外薬品kk)という鎮痛剤（あの銭湯の黄色い風呂オケで有名な！）の広告カードでした。「これおもしろいよ」といいながら，パタパタとカードを動かすと絵柄が変わり，エッと思っている間にまたモトの広告の絵があらわれるではありませんか。「なんで？」とビックリしたのは，子どもよりも私の方でしたが，いい歳してあまり驚くのもよろしくないと思って，「ありがとうは？」

と子どもに言わせました。

薬屋さんが帰ったあと，息子からそのカードを"取り上げて"，実際にどんなしかけになっているのか何度も動かしながら，仕組みを調べていきました。

案外簡単にできるものなのかもしれないと思い，近くにあった厚紙などで仕掛けを考えながら試作品を作ってみました。

するとわかったのは，何とこの仕掛け「1枚の紙で簡単にできてしまう」ということでした。「こんなのを考えた人って，スバラシイ！」と感動してしまいました。

仕組みを簡単に説明すれば，1枚の紙を縦横ともに8等分する線上に沿って，一部H型の切り込みを入れます。あとは「設計図」(201ペ)どおりに折って，一部分をのり付けするだけです。カードの仕掛けができたら，その4面に絵を自由に描けば，パタパタと絵が移り変わる4コマ漫画カードができるのです。しかも5コマ目は1巡してもとの1コマ目にもどってくるので，エンドレス4コマ漫画になります。

私は試しに「喜怒哀楽」を表現した顔の絵を描いてみました。これが結構うまくいくではありませんか。そのときにできたものを展開してみると，下図のようになっていました。パタパタめくるときにうまく顔のサイズが合うように

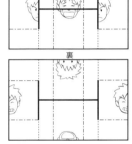

作れば，顔の下半分は笑っていて上半分は怒っている……などというおかしな絵もできます。

その後，いろんな人にみせたところ，「なつかしいなぁ，ずいぶん昔，作ったことがある」という人が何人もいました。

● ネバーエンディング……

〈エンドレス〉ということで，「そうだ！『ネバー・エンディング・ストーリー』をもじって，〈ネバー・エンディング・ストロベ

リー〉というタイトルにして，イチゴ君の喜怒哀楽にしたらおもしろいぞ！」とひらめいて，絵の上手な生徒にイメージを話して絵を描いてもらったのですが……。今どきの高校生，『ネバー・エンディング・ストーリー』自体を知りませんでした。それでは"もじり"もわからない……トホホ。でも私のイメージ通りの絵を描いてくれて，すばらしいものができました〔口絵参照〕。

背景の絵も凝って描けるような才能ある人がこの〈仕掛け〉を使えば，すごくおもしろい「エンドレス4コマ漫画」ができるのではないかと思います。

〔作り方〕

1．四角形の紙を用意する。工作しやすければ，厚さも形もあまり気にしなくてよい。次ページの「設計図」のように紙を縦横8等分する線上の，「切り抜き」と書かれている「H」型の部分をカッターで切る。

2．まず①と書かれた線で折る（たに折り，やま折りとも）。すると右図のようになる。

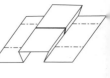

3．②と書かれている「－・－・－」でやま折りにする。すると右図のような十字形になる。

4．「のり」と書かれている4箇所をのり付けすればカードは完成！（のり付けはしなくてもよいが，したほうが開きやすくなります）

5．できあがったカードは，まん中から観音開きになる。これを連続してぱたぱたと動かしてみる。うまく4面が出てくるか確認したら，あとはその4面に好きな絵を描いてできあがり！

じつは，作ってみればわかるのですが，表面バージョンと裏面バージョンの2種類が楽しめます。まだまだいろいろな発見ができそうな「ネバーエンディングカード」。みなさんもこの機会にぜひ作って楽しんでみてください。

〔設計図〕

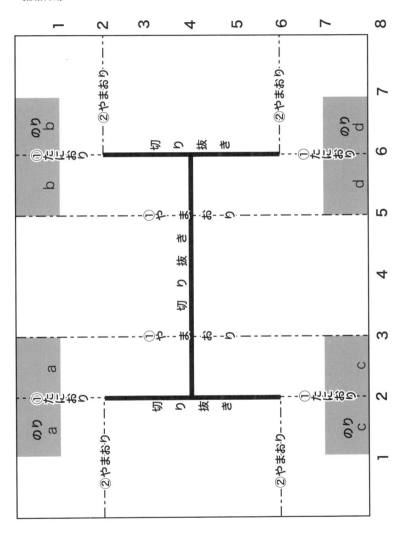

(初出 No. 299, 05・9)

生首ボックス

貝田 明
石川・小学校

「生首ボックス」とは,あたかも首だけが台の上に乗っているように見えて,しかもその首が笑ったり話したりするという不思議な〈箱〉です。その仕掛けはずっと前から奇術の世界では知られているようですが,ぼくは高木重朗『大魔術の歴史』(講談社新書)で,詳しい構造を知りました。

2001年に石川県で光をテーマにしたサイエンスシアターを開催したのですが,ぼくもその機会に作ってみました。それは大好評でしたが,その後も学校や科学イベントの会場などにおくと,ボックスの中に入ってみたり,外から見てみたりと大人気でした。

「生首ボックス」という名前は,確かサイエンスシアターに参加されていた名古屋の松野修さんにつけていただきました。

作り方は,難しいと言えば難しいし,そうでもないと言えばそうでもありません。松田純典さんがぼくの「生首ボックス」をもとに「作り方のメモ」を作ってくださったので,それを参考にしていただくとよいと思います。

作り方メモ

松田純典
福井・高校

①箱 ベニヤ板などを使って,縦横高さ90cmぐらいの箱を作ります。箱の内側は黒く塗るか黒い布を張ります。底面に

なる板は，体を出し入れする穴にするための直角二等辺三角形（底辺60cmほど）を切り抜いておきます。

②首のせ台　2枚の平面鏡を直角に組んで台を作ります。鏡の縁はテーブルの足に見立てた丸棒などで隠します。台にあわせて天板も作ります。天板には頭が通る大きさの穴をあけます（三角の切り欠きでも可）。

　鏡はとくに決まった大きさはありませんが，首から下を隠すために高さ40センチ，幅50センチくらいは必要だと思います。首のせ台は，箱の底面の穴より少し大きいサイズが必要です。ボクは，高さ50センチ，幅61センチの鏡を使っています。これは，首のせ台の中に，なんとか全身を入れられるようにと思ったからです。そうすれば，箱全体をテーブルの上に置いてしまうこともできるので，ますます不思議に見えるでしょう。

　しかし，二つのテーブルに箱の両端を引っかけて，下から頭をつっこむといった使い方なら，もう40cm×50cmで大丈夫だと思います。貝田さんのものの正確なサイズは分かりませんが，もう少し小さかったかも知れません。

　鏡はガラス屋さんに注文すると入手できます。ボクが購入したときは，50cm×61cm，厚さ5ミリを2枚で8000円（税別）でした。

　ガラスの鏡はかなり重いので，組立や分解の時に取扱に注意が必要です。

　プラスティックの鏡は軽いので，いくつか試してみましたが，ガラスの鏡に比べてゆがみが目について，「生首」という感じがあまりしませんでした。

③組み立て

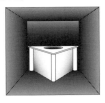

　箱底面の切り欠きの手前に首のせ台を設置します。

④幕や扉で仕上げ

　正面に暗幕や観音開きの扉などを取り付けて出来上がり！　幕や扉を閉じておけば，頭を出し入れしているところが見えないので，驚きがより大きくなります。

(初出 No.292, 05・3)

〈魔鏡〉を作ってみませんか

●平らな鏡なのに，壁に模様が明るく映る

小林眞理子 東京・中学校講師

◆「魔鏡」と呼ばれる不思議な鏡

　光を鏡で反射させて，それを壁などに当てて遊んだ覚えのある方は多いと思います。その場合は光の当たる部分が明るくなるだけですが，青銅などの金属で作られた昔の鏡の中には，光の当たった所に「光る模様」が浮かび上がるものがあります。いくら鏡の面をながめても，そんな模様は見えないのに，です。

　このような〈不思議な鏡〉のことは古くから知られていたのですが，それを magic mirror，つまり〈魔鏡〉と呼んで科学的な研究の対象にしたのは，明治初期に日本にやってきた〈お雇い〉の外国人教師（エアトンなど）だったそうです。

　次ページの図は，ある骨董品の青銅鏡で反射させた光を白い壁に当てているところです。この鏡の場合，裏側の鶴亀の文字や松の模様が，反射光を当てた部分に光って浮かびあがります。けれども鏡の表面には，いくら見ても模様などは見えません。

「江戸時代の隠れキリシタンが，一見普通の鏡に見えて実は十字架やマリア様が浮かび上がる魔鏡をひそかに信仰のよりどころにしていた」という話を聞いたことがあります。こうした

鏡に対して，昔の人がなにか神秘的なものを感じていたとしても無理はないなあと思います。

 ところで，昔の青銅鏡のような大きなものではありませんが，小さな手鏡になる〈魔鏡〉なら，あなたも簡単に作ることができます。金属板とボールペンさえあればできるので，以下にその作り方をご紹介します。（金属板の入手方法は文末に記します）

◆魔鏡を作る人との出会い

 昨年の夏，私は滋賀県長浜城跡の博物館で，江戸時代に作られた〈魔鏡〉を見ました。それは，鉄砲鍛冶でありながら多方面の科学的な業績を残した国友一貫斎が自ら設計して作ったものでした。「自分で作っちゃうなんてすごい」と思いながら，展示品に見入ったものです。「こうすれば，映るはず」と考えてはいても，実際に自分の作った鏡で像が浮かび上がったときは，一貫斎さんもきっとわくわくしてうれしかったことでしょう。

 その後，東京に帰った私は，ひょんなことから，〈魔鏡〉に魅せられた人と出会いました。〈魔鏡現象〉を研究して，「子どもでも作れる魔鏡」を発明してしまった徳富英雄さんです（元豊島区

西巣鴨中。先の鶴亀の魔鏡は徳富さんの所蔵品。スケッチは小林）。

　徳富さんは，以前『たのしい授業』に掲載された私の「暗闇であやしく光る〈モノ〉」（2004年4月号）という文章に注目し，たくさん追試をして知らせてくださいました。そして，「小林さん，魔鏡というものを知っていますか。実は，私は魔鏡を研究しています。楽しいことを教えていただいたお礼にこれをさし上げましょう」と言って，ご自分で作られた小さな〈魔鏡〉の手鏡をプレゼントしてくださったのです。まさに，「楽しさが楽しさを呼ぶ」というできごとでした。

　今回ご紹介するのは，徳富さんが渡邉雅人さん（私立関東学院中学高校）との共同研究でこれまでに開発してきた数種類の魔鏡製作法の中でもとくに作りやすく画期的な，〈ボールペン式魔鏡〉です。このような形で紹介することを快く了解してくださったお二人に感謝申し上げます。

◆簡単！「（徳富・渡邉）ボールペン式魔鏡」の作り方・遊び方

　大まかに言うと，金属板の片面にボールペンで模様を描き，もう片方の面を鏡として使います。

　〔用意するもの〕

①厚さ0.2mmの金属板（真鍮，銅，白銅板など）。この厚さが作りやすい。直径5cmの教材用丸板がおすすめ。（入手先は後述）

②ボールペン。先にボールがついている油性のもの。

③図案を下書きする紙とカーボン紙。

④磨き用の柔らかい布（ネル布，ごくやわらかい不織布など，起毛タイプのもの）。

⑤金属磨き剤（商品名「ヴェノール」「ピカール」など）。
⑥板目紙など，投影用の白い紙か板。

〔作り方〕

（1）図案をきめる。直接金属板にボールペンで模様を描いても良いのですが，紙に描いた図案をうつす方が，失敗が少ないでしょう。まず，紙に「簡単な図案」を描きます。

まず紙に描く

単純で，何が描いてあるか一目でわかるような図案がおすすめ。いずれにしても，線だけで描くこと。点やぬりつぶしは鏡面側にひびいてしまうので，避ける方が無難です。名前やイニシャル，印刷された白抜き文字を利用するのも良いでしょう。左右非対称の模様のほうが楽しめます。

（2）図案をカーボン紙で金属板にうつす。金属板の裏面（鏡にする面とは反対の面）にカーボン紙をのせます。その上に図案を置いてボールペンでなぞり描きし，金属板に図案をコピーします。

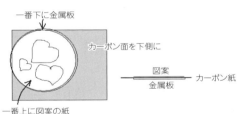

（3）金属板の図案を，もう一度なぞり書きする。ボールペンで金属面に引っかき傷をつけるわけです。軽く傷をつけるだけで，これが不思議なのですが，反対側（鏡面側）にはわずかに凹面になった模様ができるのです（見る角度によって，この鏡面側の模様がうっすらと見えることもあります）。力を入れて書くと模様が逆に出っぱりになってしまうので，筆圧が強い人は注意して軽めに

書いてください。筆圧が強いと、投影したとき模様が黒く影になり、本来の魔鏡の見え方である「光る模様」にはなりません。

（4）金属磨き剤で磨く。金属磨き剤を金属板にほんの少しつけて、「絵の面」「鏡の面」の順で磨く。織り目が見える布で磨くと鏡面に傷をつけてしまうので、ネル布やごくやわらかい不織布がおすすめです。必ず平らなところに置いて磨くこと。すべらないよう、ティッシュペーパーなどを下に敷いておくと良いでしょう。金属板がうすいので、指先を傷つけないよう気をつけてください。鏡面に顔を映し、光を良く反射する状態になればできあがり。

中学1年生の光の単元の導入で、20分程度で作れました。

〔遊び方〕

太陽の光を鏡の面に反射させて、壁や紙などに映して見てみましょう。紙ならば板目紙など厚めの白いものが持ちやすく便利です。紙と魔鏡の距離は10cmくらいで、近い方がはっきり映ります。光源としては、太陽の光が一番です。室内に射し込む窓越しの光でもだいじょうぶです。

曇りや雨の日は、電球、ハロゲン球の懐中電灯、プロジェクターなどを光源にしても映せます。ただし、平行光線が欲しいので、この場合はある程度遠くから照らす必要があります。「**光源は遠く、鏡とスクリーンは近く**」が、はっきり映すコツです。

ボールペンで描いた側でも反射させて、映る模様の向きや色をくらべてみましょう。

小学生の科学教室でも試してみましたが、低学年の子どもも作れて楽しめました。できあがった魔鏡をプラスチック板や木片などに接着剤ではりつけると、「不思議な手鏡」になります。科学

教室では，映して見るための白い厚紙といっしょにカードケースに入れてお土産にしました。

　〈こどもたちの感想〉
　◇自分で書いた絵が光でうつったのがすごかった。うらにひかりをうつしたのに，おもての絵がうつった。　　　　（小3，あきさん）
　◇自分でま鏡をつくって楽しかった。書いたうらに光をあててうつるのがびっくりだ。　　　　　　　　　　　（小6，まゆみさん）
　◇あんな少ないへこみで，線が明るくうつるのはすごい。知らない人に見せて驚かせたいと思う。　　　　　　（中1，一真君）
　◇画用紙をはなしたりしてみた。遠くより近くのほうが模様がみやすかった。この観察はとてもおもしろかったです。もう一度つくってみたいなあ。　　　　　　　　　　　　　（中1，あゆはさん）
　◇鏡の面で太陽を反射すると向きがそのままだけど，模様の面で反射すると逆になっている違いがわかりました。（中1，京太郎君）

◆模様が光って見えるわけ

　魔鏡の歴史は古く，中国の漢の時代から文献があり「透光鑑(とうこうかん)」と呼ばれていたそうです。「光が透きとおってしまう鑑(かがみ)」ということでしょう。ではなぜ魔鏡は裏側の模様を映し出すのでしょう。

　映し出された模様は周囲より白っぽく明るく見えます。ということは，〈そこに光が多く集まっている〉ということです。実は，先に少し触れたように，魔鏡の鏡面には，目で見ただけではわからないような〈模様の凹み〉ができていて，そこに光を当てると凹面反射で集められた光が模様を明るく浮かび上がらせるのだそうです。では，昔の分厚い金属鏡に，なぜ凹面ができるのか。

　昔の金属製の鏡はさびやすく，ときどき表面を砥(と)いで磨く必要

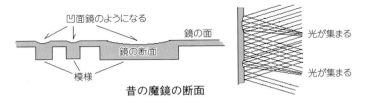

昔の魔鏡の断面

がありました。何度も何度も力を入れて磨いているうちに、裏の模様の凹凸の違いで鏡の面にかかる力が違うため、鏡の面に目に見えないくらいの凹んだ模様ができてしまいます。厚みのある部分は研ぐときに薄い部分より大きな力がかかって、よけいに削られるからです。それで、鏡の面に裏の模様を透かして写したような模様ができていたというわけです。

魔鏡には①このようにして「偶然できたもの」と、②その原理を利用して「魔鏡になるように最初から作られたもの」とがあります。鶴亀の絵の鏡は偶然できてしまった魔鏡、キリシタン魔鏡は〈魔鏡として作った鏡〉です。キリシタン魔鏡の場合は、キリシタン模様のある面の上に、無難な模様を描いた金属板をはりつけています。こうすれば、一見しただけでは秘密がばれないでしょうし、映したときの不思議感も増すでしょう。

現代では、美術工芸品としての魔鏡がいろいろな方法で作られています。「ボールペン式魔鏡」もその一つといえます。伝統的な原理を用いたもののほか、目には見えない模様を鏡面側だけに描く技術を使ったものもあります（この場合は、模様は黒い線としてうつります）。

魔鏡現象の研究は、金属表面のほんのわずかな凹凸を探る研究でもあります。それで、その名も「魔鏡システム」という検査用機器を日本のメーカーが開発したそうです。これは半導体表面の

微細な凹凸を光の反射によって調べる装置だということです。

　徳富さんによると，魔鏡現象は身のまわりにも結構あるといいます。注意して見ると，金属製のおろし金の裏で光を反射させたとき表側の突起の模様が見えたり，ステンレスの計量スプーンの柄や灰皿で刻印の模様が映ったり，プラスチックのメダルや化粧品の紙箱といった意外なものでも魔鏡現象が見られるのです。

「薄い板状のものの片面が光を反射する鏡のようになっていて，裏側の面に凹凸のある模様があること」——これが魔鏡現象を探し出すコツです。みなさんの身近なところにも魔鏡現象が見られるかもしれませんね。

　＊徳富英雄さんは，〈魔鏡〉に関しての質問・相談に応えてくださるそうです。メールアドレス：hidetoku1234@yahoo.co.jp

■参考資料

徳富英雄・渡邉雅人「魔鏡を作ろう」『青少年のための科学の祭典・全国大会実験解説集』日本科学技術振興財団，1999〜2003年の各年版に所収

徳富英雄「魔鏡」，「埼玉よせなべ物理サークル通信」233号に掲載

共同通信ホームページ「チャンネルK／脈々ニッポンの技No.5，魔鏡原理で世界標準に」http://ch-k.kyodo.co.jp/kiji/myaku_bn.html

長浜市立長浜城歴史博物館『江戸時代の科学技術—国友一貫斎から広がる世界』サンライズ出版

●直径5センチの金属丸板の入手先

◎広瀬銀器製作所　〒110-0016　東京都台東区台東3-38-3
　電話　03-3831-3789　fax.　03-3831-3792
　http://www.hiroseginki.jp/
　真鍮1枚60円，洋白（白銅）1枚80円。送料，税別。各100枚単位で受付。メール注文も可。申し込みには時間的余裕を持って。

◎ナリカ「魔鏡／銅板セット」5人分5600円 http://www.rika.com/

(初出 No.304, 06・1)

牛乳パックカメラで撮影しました
●感光紙は「コピアートペーパー」で

松口一巳
福井・小学校

シオノックスに感激

前に仮説実験授業《光と虫めがね》をやったとき，旧版の授業書通り工作用紙で四苦八苦してカメラを作りました。実際に風景をスクリーンに映してみて感動したものの，製作の大変さに困っていたら，シオノックス（塩野広次さん製作の手作りカメラキット）を教えてもらい，即購入。そのスバラシサに感激しつつ，実際に青焼き写真が撮れて大感動しました。

その後，長い間《光と虫めがね》をやらずにいたので，新版の授業書に載っている「ヤマジ式牛乳パックカメラ」（『ものづくりハンドブック４』仮説社，にも収録）もあまり興味がなく，作りもしないで「簡単なのは良いけど，やっぱシオノックスの方がカッコイイしなー」くらいに考えていました。

ヤマジさん最高！

久しぶりに《光と虫めがね》を始めて，それで，「ヤマジ式牛乳パックカメラ」を試作してみました。

これはスゴイわ。「ヤマジさん最高！ 簡単すぎ！」そう思いましたね。だって，本当に簡単，というかいい加減に作ってもちゃんとスクリーンに風景が映るし，写真も撮れちゃうんだもん。これはいいわ。

「コピアートペーパー」っていうのを使って，ちゃんと写真も撮れました。

以前，『たのしい授業』で紹介されたリコーのブルネオペーパー（現在，品切れ）は試したことがないので，画質とかは比べようが

ないんですが，富士写真フイルムのコピアートペーパーも撮影後（今日は曇りだったので，室内から外に向けて20〜30分露光しました），アイロンで熱（高温設定にして数秒）を加えたら，バッチリきれいに写っていました。

　ぼくが買った「コピアートペーパー」は，Ｂ５判の薄口でした（250枚入り税別1600円）。
〔編注〕富士フイルムの「コピアートペーパー」は2014年3月末で販売を終了しましたが，アーテックなどから「コピーアートペーパー」の名称のものが通信販売されています。

　さて，当日，みんなでカメラを作って写真を撮りました。曇りだったので露光時間は20〜30分。教室の窓から外を写しました。感光紙は薄口なので，ちょっと見えにくいですが，なんとか目で見て（覗いて）ピント合わせができます。カメラ作りが遅れてあまり撮れなかった子や，ピントがうまく合わなくてイマイチ満足できる写真が撮れなかった子もいましたが，全体の評価は良かったです。

たのしさ度の評価（6年生26人中）
⑤とてもたのしかった　　24人
④たのしかった　　　　　2人
（③②①は，なし）

子どもたちの感想
・牛乳パック，レンズなどなどで写真が撮れるなんて考えもしなかった。あんまりきれいな写真が撮れなかった。　　　（莉菜さん⑤）
・こんな風にカメラが作れるなんて，びっくりした。けっこういい写真も撮れて，めっちゃ楽しかった。　　　　　　　（由佳さん⑤）
・いい写真が撮れなかったけど，とてもたのしかった。また作りたい。　　　　　　　（悌己くん⑤）
・たのしかった。まさか，ものが撮れるなんて思ってもみなかって，とてもおどろいた！
　　　　　　　　　　（春香さん⑤）
・作り方が簡単だった。カラーになるといいと思った。
　　　　　　　　　　（颯平くん⑤）
・カメラが自分で作れるなんてとてもビックリした。外に出て，次は撮ってみたいと思った。
　　　　　　　　　　（貴子さん⑤）

作ってみました！　驚きました!!

アッ！と驚く 不思議工作
追試・補足情報

（初出　No.306，06・3）
レインボースコープ

愛知　佐竹敦子

　1月の「学校の日」（地域の人を含めて誰でも学校参観ができる日）に,「レインボースコープ」（161ペ）を親子で作りました。

　小1のクラスでやったのですが，簡単に作れて，とってもきれいで，覗いた子から「お〜っ」と感嘆の声が上がりました。45分で，十分ゆとりがありました。

　隣のクラスでは，黒い紙に針穴を開けるとき，クリスマスツリーや星などの形にした子もいて，それもすてきだったそうです。

　パンチで穴を開けるのは，紙の中央にパンチの刃が届かなくてできませんでした。千枚通しで穴を開け，鉛筆で少し穴を広げました。あとで画びょうでもやってみたら，画びょうの穴を鉛筆で広げることも十分可能でした。千枚通しは扱いに気をつかうので，画びょうを使えば良かったな，と思いました。

　子どもたちからは「見たら迷路みたいで光がすごくきれいだったよ」「太陽に向けたら*，にじのようにきれいだった。虹が30ぐらいあると思ったよ」といった感想をもらいました。

＊レインボースコープで太陽を覗くのは，危険なのでおやめください。

（初出　No.310，06・6）
自分の名前が虹色に！

沖縄　下地美枝子

　「レインボースコープ」は，丸い穴から光源をのぞくと，今まで

見たこともないような虹色の光が キラキラ光ってみえるので，大人 にも子どもにもすごく喜ばれま す。市のブックフェアで「作って あそぼう」というワークショップ をしたのですが，そこでもレイン ボースコープは大人気でした。

画用紙に押しピンで穴を開けて 作ったのですが，ワークショップ に参加していた琴乃さんは，自分 の名前をカタカナで書いて，その 線上に穴を開けていました。反対 側の丸い穴からのぞくと，なんと 自分の名前が虹色に輝いて見える のです。もう感動ですよ！

「どうして名前にしようと思っ たの？」と聞いてみると，「どう せオリジナルにするんだったら， ただ穴をあけるより，自分の名前 にしようかなって考えていたんだ よ」と話してくれました。三姉妹 で参加してく れてとても楽 しかったそう です。妹たち にも教えてい ました。

(初出 No.285, 04・9)
ビロ〜ンスライム

福岡　斉藤香代子

古殿了一さんにサークルで紹介 してもらったビロ〜ンスライム (172ペ)，祖父母学級でやりまし た！ ゆっくり広げたら，のびる のびる！ バルーンスライムは， 授業でやる私の定番メニューで すが，祖父母学級では「忍者え のぐ*」（紫外線が当たると発色す る）も使ってやりました。100円 ショップで買ってきた大きな洗面 器を班ごとにおいて，その中でま とめて作りました。これなら，1 年生でも失敗しません。みんなで ぐちゃぐちゃ混ぜるのも，とって も楽しいものです。あとのこねこ ねは，おばあちゃんたちの出番。

そして，ストローでふくらませ ましたが，おばあちゃんたちもそ れは楽しそうに一生懸命ふくらま せている姿は，見ていて心がなご むものでした。ベランダに出て， 色が変わると，「あっ，変わった‼」

と叫び声。お隣のクラスに気を遣いながら，私もいつのまにか，「わぁ，すごーい」と叫び声。楽しいことには，大人も子どももこんなに夢中になるんだって，改めて実感した1時間でした。放課後は，この様子をちゃっかり見ていた6年生が，こっそり「作らせてください」とやってきて，またまた数人に楽しんでもらいました。

＊「忍者えのぐ」は仮説社でも販売。2色セット（赤紫・黄色）税別800円／5色セット（青・黄・ピンク・紫・赤紫）税別2600円。

（初出 No.303，05・12）

ふくらむスライム

広島 胤森千鶴

・・・・・・・・・・・・・・・

11月5日に我が子の小学校で行われたバザーで「ふくらむスライム」を売りました。初めは売れ行き不調でどうなることかと思いましたが，途中からは飛ぶように売れ出しました。児童数450人弱の小学校なんですが，なんと306個も売れてしまいました（のり1本につき18個作りました。1つ50円で販売）。

スライムを作っても作っても間に合わない状態が続き，嬉しい悲鳴をあげてしまいました。のり代，紙コップ代，ストロー代，ビニール袋代の合計5000円を引いても，1万円以上の利益がありました。どの子もどの子もスライムを持っているので，何事かと校長先生や教頭先生が見に来られて買って帰られました。興味を持たれた先生の中には，熱心に作り方を見られ，最後，時間切れで余ってしまったのりを，「授業でやりたいから」と買って帰られた方もいらっしゃいました。結局，20本あったのりは，全て無くなりました。

本当に楽しかったです。ぜひ皆さんの学校でも「ふくらむスライム」をバザーで売ってみてください！ 大好評間違いなし‼です。

（初出 No.319，07・2）

ラメ入りスライム

神奈川 林 英子

・・・・・・・・・・・・・・・

子どもたちに大人気のスライム、私も科学クラブでは毎年行っています。主に光るスライム（夜光顔料をいれたもの）をやっていますが、他にも絵の具・顔料・食紅・忍者えのぐなど、さまざまなものをスライムの色づけに使っています。他に何か無いかな〜と100円ショップをブラブラしていたら、ラメの入ったお絵かきのりを見つけました。成分がPVAのりだったので色つけに使ってみたところ、キラキラ光るきれいなスライムができあがりました。できあがったスライムをふくらませてみたら、これがよくふくらむ‼自分の顔くらい大きくふくらませた人もいました。ぜひ試してみてください。

●作り方とふくらませ方

1．PVAのり、お湯を1：1で混ぜておいたものをフィルムケースに8分目まで入れる。
2．そこに「ラメ入りお絵かきのり」を入れ、ふたをしてよく混ぜる。
3．ほう砂を溶かした水をスポイトで2〜3回入れ、さらによく混ぜる。
4．手につかないぐらいになったら、手のひらに出して、しばらくこねて遊ぶ。
5．手のひらに平らにスライムを広げ、真ん中にストローをおき、ストローの先を包むようにスライムを丸める。
6．空気が漏れないようにストローとスライムをおさえながらそっとふくらませる。

どうして「ラメ入りお絵かきのり」を入れると大きくふくらむのかはわかりませんが、きれいで楽しい「ラメ入りスライム」、おすすめです。

（初出　No.286，04・10）

穴あき花挿し

北海道　**佐藤哲也**

・・・・・・・・・・・・・・・・

「穴あき花挿し」（176ペ）を見たとき、「これはスポイトの水が落ちないのと同じじゃないか」と思いました。そうすると、「な

ぜスポイトは水が落ちないのか……。先端が細くなっているのがミソじゃないか……。ズン胴のスポイトなんて見たこと無いぞ。そうすると、〈穴あき花挿し〉は水の表面張力が効いているに違いない！」──こんなふうに予想して実験してみました。

　ペットボトルの水面に台所用洗剤を垂らしてみたところ、見事にポコポコと空気が入り込み、水がこぼれたではないですか‼　ところがすべての水が一気にこぼれるわけではなく、ある程度のところで止まってしまいます。これは洗剤が水と一緒に流れ出て、新たな水面が出来上がるからなのでしょう。そうして、また洗剤を注ぐと再びポコポコ。この繰り返し。やってみると結構面白いですよ。

（初出　No.285, 04・9）

焼き物版！穴あき花挿し

大阪　**外山禎彦**

　「ふしぎな穴あき花挿し」に関連するのですが、焼き物の「ふしぎな穴あき花挿し」を、近くの陶芸店でいただきました〔口絵参照〕。15cm×12cm位のものです。

（初出　No.287, 04・11）

メダカも飼える 穴あき花挿し

神奈川　**榎本昭次**

　横山裕子さんが紹介していた「穴あき花挿し」（ペットボトルを切ったもの）、すぐまねして、花を挿したり1円玉を浮かべたりして、教室でも我が家でも大喜びで見せまくりました。みんな喜んでくれたので、いつも行くおトーフ屋さんや肉屋さん、静岡県清水市の魚屋さんにまで紹介しました。

　しかし、花はすぐ枯れてしまうので、「穴あき花挿し」の中でメダカを飼うことにしました。もう一カ月以上も家と教室で飼っています。メダカの様子もよく観察できて、一石二鳥（？）です。「これって授業で使えるかも」と、悦に入っています。

（初出　No.320，07・3）
くるりんカード
大阪　**米津敬信**

・・・・・・・・・・・・・・・・・・・・・・

　「くるりんカード」(195ぺ)，私もどこかの入門講座かフェスティバルで買ったのを思い出しました。

　で，記事を読んでさっそく作りましたが，中央の穴の大きさを2枚とも同じにすると，ひっかかってスムーズに変化を楽しめません。そこで「折り目を付けない方のトランプ」のくりぬきを少し大きめにしてセロテープで仮留めしました。さらにはみ出して見える部分を切って調整し，セロテープで留めるのがコツのようです。

　トランプが手元になかったのでケント紙にカラフルなガムテープを貼って作りました。名刺や「子ども銀行券（おもちゃの紙幣）」なんかも面白いのでは，と思います。

（初出　No.293，05・4）
ここにも 魔鏡！
埼玉　**山田桂三**

・・・・・・・・・・・・・・・・・・・・・・

　3月に京都・奈良方面に修学旅行に行ってきました。その道中「今宮神社」という所によりました（参道のあぶりもちが好き！）。そこの売店で，お守りとして「幸せを呼ぶ〈御鏡〉」を売っていたのです。キーホルダーサイズのとても小さな鏡ですが，反射させて紙などに映すと「吉」などの文字が浮かびあがります。これは『たのしい授業』で紹介されていた「魔鏡」（本誌204ぺ）と同じ原理のものだと思います。本当に幸せを呼ぶかはわかりませんが……。

（初出　No.326，07・8）
アルミ缶で鏡作り
東京　**佐藤真樹子**

・・・・・・・・・・・・・・・・・・・・・・

　とっても簡単な鏡作りを紹介します。用意するものは，

・アルミ缶（350ml）

- ピカール（研磨剤，ホームセンターなどで売っています）
- スチールウール
- ビニールテープ

●作り方

①中を洗ったアルミ缶の底から1.5cmくらいのところを円周にそって切る。

②切り取った部分の切り口にビニールテープをまく。

③真ん中の球面上の部分を表も裏もピカールを塗ってひたすらこする（凹面になっている方＝外側が磨きやすい）。

印刷してある文字などがあっという間に消えます。10分くらい磨いていると像が映るようになります。内側の凸面は元気な時に磨きます。直接液体がふれる部分なのでコーティングしてあるのか，磨くのに根気がいるからです。科学クラブでやった時は，5・6年生は内外とも磨けました。4年生は外側だけでしたが，満足していたようです。低学年なら缶を切らずに外側の底の部分だけ磨いてもいいですね。

作業そのものは単純ですが，だんだん鏡になっていく工程が楽しかったです。

（初出　No.293，05・4）

ブラックウォール

北海道　宗像利忠

・・・・・・・・・・・・・・・・

2枚の偏光板を使って作るブラックウォールは，何もないところに壁があるように見える不思議な箱です（『第3期仮説実験授業研究』第7集，仮説社）。私は箱の代わりにアクリルパイプで作ってみました〔口絵参照〕。

インターネットで調べると，同じことを考えた人がたくさんいるようです。

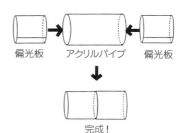

飾る・魅せる☆
心ときめくものづくり

〈初出 No.293, 05・4〉

タンポポ綿毛のドライフラワー

平間芳樹

北海道・中学校

　サークルの例会に，眞田桃子さん（北海道・小学校）が「《花と実》や《タネと発芽》の授業で使える」と，瓶の中にタンポポの綿毛が入った置物を持ってきました。千歳空港の売店に売っていたそうです（値段は忘れましたが，ずいぶん高かったような気がします）。

　私はそれを見た時に，ふと，「これはけっこう簡単に作れるかも知れない」と思いました。というのは，草刈りをした時に刈りとられたタンポポが，刈りとられてから2〜3日すると勝手に綿毛になって開くことを，ずいぶん前から知っていたからです。

　そこで早速，私もタンポポ綿毛のドライフラワー（ボトルフラワー）づくりに挑戦してみることにしました。簡単な作り方と凝った作り方の二通りの方法で作ってみました（口絵参照）。以下にその方法を紹介します。

材料

◇小さいガラス瓶　100円ショップなどで売っている。一輪挿し・ミルク入れなど何でもよいが，綿毛が開いたときにちょうどよく収まるサイズがいい。

◇コルク栓（瓶にフタがついている場合はなくても可）　ビンの口に合うもの。折り染めなどの和紙でフタをしても可。

◇綿毛が開く直前のタンポポ　先が白くなって，茎が立ち始めた頃のもの。

　タンポポは花が終わると，一度しぼんで茎が横に倒れますが，しぼんだ花の先が白くなってきたころ，再び起きあがってきます。まっすぐに立つようになったとき

が，タネが完熟したときです。この後，綿毛が開いてタネを遠くまで飛ばすようになります。ボトルフラワーを作るときには，このように立って

先が白くなった（でもまだ綿毛は開いていない）タンポポを使います。

　タンポポは，春先（北海道では5月頃が花のピーク）がいちばんたくさん採集できますが，秋までは少ないながらも絶えず咲いているので，気をつけて見ていればいつでも手に入れることができます。
◇乾燥剤（シリカゲルなど）　湿度が高いときはあったほうが無難。

作り方

①タンポポの茎を取り除き，実の部分（綿毛が開く部分）だけを瓶の中に入れる。
②瓶の蓋をせずに，そのまま放置する。すると次の日には完全に綿毛が開いている（しほんで横になっているのに，綿毛が開くとちゃんと上を向くのがなんとも不思議）。
③数日そのままにして乾燥させる。乾燥状態が悪いとタンポポにカビがはえることがあるので，乾燥剤を入れた大きめの容器の中に，タンポポの入った瓶ごと入れ，容器を密閉して乾燥させるとよい（私はクーラーボックスの中にタンポポの入った瓶とシリカゲルを入れて，完全に乾燥させました）。

　完全に乾燥してから，コルク栓でフタをして出来上がり。

ちょっと凝った作り方

　これは，手芸用の針金をタンポポの茎の中に通し，瓶の中の発泡スチロールの台座に立てるというものです。飾りに不織布等を敷きつめれば，ちょっとしたインテリアにもなります。

材料

◇ガラス瓶　一輪挿しやワインの空き瓶など。あまり細長い瓶だとタンポポを立てづらい。
◇コルク栓
◇綿毛が開く直前のタンポポ
◇手芸用針金　太さ約0.7mm，100

円ショップなどで「造花用アレンジワイヤー」などの商品名で売っている。
◇発泡スチロール　厚さ1cmくらい。針金を刺して土台として使用。それに替わるものであれば何でも可。
◇両面テープ　発泡スチロールを瓶の底に貼り付ける。
◇不織布　飾り用。なくても可。
◇乾燥剤（シリカゲルなど）　この作り方の時は必需品！
◇ニッパー　針金を切ったり，折り曲げるときにあると便利。

作り方
①瓶のサイズに合わせてタンポポの茎を適当な長さに切る。
②茎の長さより少し長めに手芸用針金を切っておいて，小さく切った発泡スチロール（1cm角くらい）の土台に刺す。針金の端（瓶の底にくる方）は，土台を突き抜けたところで90度折り曲げて，抜けないようにするとよい。

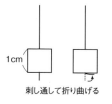
刺し通して折り曲げる

③タンポポの茎の中に②の針金を通す（茎が乾燥すると針金にしっかりくっつくので，多少ゆるくても問題なし）。
④土台の底部に両面テープを貼り，瓶の底にくっつける。瓶に入れるとき，発泡スチロールの土台の端に手芸用の長い針金を刺しておき，瓶の中で動かしてくっつける位置を調整するとよい。位置が決まったら，その針金を抜く。
⑤土台の発泡スチロールが見えているので，それを隠すため，不織布を瓶の底に敷き詰める（これがいちばん難しいかも……）。面倒であれば，やらなくても可。カラー砂やビーズ，シリカゲルなどを土のように入れても，けっこういい感じになります。
⑥瓶にフタをしないで，綿毛が開くまでそのまま放置する。2，3日もすれば綿毛が開いているはず。
⑦乾燥剤を入れた容器の中に，タンポポの入った瓶を入れ，容器を密閉して乾燥させる。
⑧乾燥したら瓶にコルク栓でフタをして出来上がり。

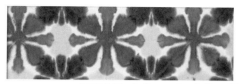

ダブルクリップで折り染めの花模様

(初出 No.315, 06・11)

谷 岩雄
滋賀・小学校

花模様がうまくできない

〈折り染め〉というのは、紙を折って染料につけ連続模様を作ることですが、染める時に指や輪ゴムなどを使って白い部分を作ると、花模様ができます。斉藤敦子「折り染めは夢の世界」(『ものづくりハンドブック2』仮説社)には、花模様の作り方が詳しく掲載されています。そこには、普通折りや三角折りにした紙を〈強くはさんで持って染料に入れる〉、というように書いてあります。

そこで、斉藤さんのまねをして自分でもやってみました。しかし、指の先でぎゅっと押さえてしみこみ方を調整するのですが、ぼくの指が太いからか、なかなかキレイな花模様にはなりません。その後、山本俊樹さんから教わった時には、「親指と人差し指の爪でぎゅっとはさむようにして持つといい」ということを教えてもらいました。そうすると、花模様らしきものができましたが、やはりぼくの手の指は太すぎるんだと思い知らされたのです。

穴が気になる

2005年10月、滋賀で山本さんの折り染めの会がありました。これでもかこれでもかと、怒濤のように折り染めの技法や手法、折り染めを使った工作などを教えていただきました。

その中に、ホチキスを使う簡単

な花模様の作り方もありました。指先（爪先）でしっかりはさんで持つ代わりに，ホチキスで裏表からとめるという方法でした。厚みがあるのでホチキスの針は先が曲がらずにとめられるのです。それで，染めた後もホチキスの針を簡単に取り外せるのです。

山本さんは，
「ホチキスの穴が気になって仕方ない人がいるかもしれませんが，遠目には全然目立たないし，何かに貼ったらほとんどわからない。でも，どうしても気になる人には，向かないかな？」
と言っておられました。

この方法でぼくは初めてキレイな花模様を作ることができました。染めたすぐ後には，ホチキスの穴はそれほど気にならないし，とてもいい方法だなと思っていたのです。でも，乾いた染め紙を見たら，とてもホチキスの穴が気になってしまいました。乾くと色が薄くなって，ホチキスの小さな穴でも結構目立ってくるのです。

ぼくは，どうも山本さんの言う「気になる人」の方だったようです。そこで，紙に穴をあけないで簡単に花模様を作れるようにならないかが気になり，折り染めの会の後，山本さんとお話をしているとき，「クリップでやったら花模様うまくいきませんか？」と聞いてみました。

山本さんは，「だめだったです」というようなことを言われました。

その時は，「そうか，だめなんだ」ということで，終わりました。

しかし，ぼくはダブルクリップのことを思っていったのですが，ひょっとすると山本さんはゼムクリップを思われて「だめだった」と言われたのかもしれません。

折り染めの会のあと，「今年の図工のメインは折り染めで行こう」と勝手に決めて，やりはじめました。その時，花模様の作り方について，なんとか別の方法はないかと考えてみることにしました。

ホチキスや爪の先でうまくできるということは，強く線で押さえればいいわけです。そこで，ダブ

ルクリップと目玉クリップを試してみました。いろいろやってみたら，うまく花模様ができるようになりました。そこで，ぼくのやり方を紹介することにします。

＊花模様の作り方＊

①まず障子紙を折ります。山本さんから，紙の大きさは25cm×25cmくらいが適当だと聞いていましたので，その大きさを6つ折の屏風折りにしたうえで三角形折りにしました。

もちろん，正三角形折りや，ふくざつ折りでもできます（折り方は『ものづくりハンドブック2』を参照してください）。

↓半分に

↓三分の一に屏風折り

↓三角形に

②折り畳んだ紙の二つの角をダブルクリップではさみます。ダブルクリップは，右上の図のようにそれぞれの角度を二等分する線上くらいにとめます。

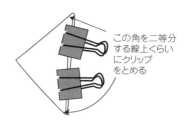

この角を二等分する線上くらいにクリップをとめる

③ダブルクリップでとめた角に，まず〈花の中心になる色〉をちょこんと，5mmくらい先を液につけます。ダブルクリップの下のあたりまで染料が上がったら，いいです。

← このあたりまで染まればいい

④つぎに〈花びらになる色〉の染め液にどぼんとつけます。ダブルクリップの上の方まで染め液があがってきたらOK。

このへんまで染まるのを待ちます

反対側の角も同じように染めて，ぞうきんやいらない布で余分な染め液を取ってからダブルクリ

ップを外します。

⑤最後に大きなダブルクリップに付け替えて,90度の角を同じように染めます(この角は,クリップでとめずに普通に染めるだけでもいいです)。

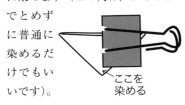
ここを染める

これで染め上がり。

広げてみると,ダブルクリップで押さえていた所には,染め液がしみこんでいません。きれいな花模様ができています。〔口絵参照〕

ダブルクリップは,100円均一店で15個100円(税別)で手に入れました(クリップの幅は約2cm)。目玉クリップは,「豆」「小」サイズが使えます。目玉クリップの「大」は挟む力が弱いので,あまり良くありません。

目玉クリップの中や小を使うときは,ダブルクリップにくらべると〈はさむ力〉が弱いので,ちょっとコツがいります。目玉クリップではさんだ上から,指でギュッと押さえておくと良いようです。

クリップの大きさやとめる位置を変えると,いろいろな花模様ができます。挑戦してみてください。

(初出 No.312, 06・8)

紋切りうちわ

編集部

『たのしい授業』2005年11月号(No.301)で中西康さんが紹介してくださった『紋切り型』(エクスプランテ),私はその魅力にすっかりとりつかれてしまいました。

さて,夢中になって切っている間はとても楽しいのですが,問題はその後。「この力作をどうやってとっておこう」といつも悩んでいました。そのままにしておいたら,そのうちゴミと間違われて捨てられる恐れがあります。壁に飾るのもいいけど,もっと有効活用できないかなぁと,日々考えていました。

そんなある日,エクスプランテのホームページで,〈紋切りうちわ〉〔口絵参照〕というのを発見。これはすごくよさそうです。早速やってみると,ステキなうちわがあっという間に作れてしまいました。紋を切るだけでなく,うちわにデザインする楽しみもあります。

どの紋もいいのですが,夏に使ううちわにオススメなのは「雪」か「風」の紋です。江戸時代には夏に雪の模様の着物を着て,視覚的にも涼しさを演出していたそうです。この夏はクーラーを捨て,うちわや扇子で過ごすのも良いかもしれません。地球温暖化防止にもつながりますね。

以前から,無地でさみしいと思っていた「マジカルセンス」(『たのしい授業』05年7月号,参照)に貼ってもいいかもしれません。

もう一つエクスプランテで面白いものを見つけました。「ステップモビール」〔口絵参照〕です。ちょっとの風でもゆらゆら揺れて,和みます。また,《トルクと重心》の授業でも使えそうです。ステップモビールを1基組み立てられるセットとリーフレット,付録の型紙がついたキットです。

＊仮説社でも『紋切り型』(花・風・月・雪・らくらく・めでたづくし,各税別1200円)を取り扱っています。送料等は320ぺをご覧ください。また,ステップモビール」(税別1000円)のご注文は,エクスプランテまで。
http://www007.upp.so-net.ne.jp/xpl/

(初出 No.326, 07・8)
大盛況！
折り染めうちわ

滝口晃嗣
群馬・小学校（当時・大学院）

小学校現場を離れ，上越教育大学大学院に学んで2年目。子ども相手に久しぶりに「ものづくり」を楽しみましたので，報告します。

大学の研究室で，上越市主催の「環境フェア」（2007年6月24日実施）に参加することになり，「古くなったうちわのリサイクルをしよう」というコンセプトのもと，折り染め染料を抱えて出店しました（加川勝人「折り染めと染料発見の記」『ものづくりハンドブック1』仮説社，を参考にしました。なお，環境フェアには，昨年に続いて2回めの参加です）。

フェア当日には，大学2年生の女子学生4名にお手伝いをお願いしました。

この日，午前中は晴れたものの，午後からは雨もぱらつくコンディションの中，屋外のテントで行ったものづくり「折り染めうちわ」。約4時間で，大好評のうちにすべてなくなりました（お金の出所があったので，無料配布）。

● 準備したもの
- うちわ240本　古いうちわが用意できなかったので，今回に限りホームセンターで無地のものを1本86円で購入。バケツの水につけて紙を剥がしておく！
- うちわのサイズにカットした障子紙300枚
- スティックのり30本
- 水分を取るための古新聞多数
- ハサミ6本
- ガムテープ1巻き
- 「折り染め染料8色セット」
  - ＊2014年3月現在，仮説社で販売している折り染め染料は「5色セット」（赤・ピンク・青・紺・黄）に仕様変更しています。

● 作り方
① 大学生のやさしいお姉さんと一緒に，障子紙のびょうぶ折り，

直角三角形折り，染め付けを行なう。染料の減り具合で，一番人気はダントツで黄色，二番人気は青であることが判明。
② 色を染めた障子紙を古新聞に挟んで，余分な水分を取る。なぜか新聞の上を太鼓のように手の平でたたく子が続出。一時的にコンサート会場のようになる。
③ たっぷりのスティックのりを使って，中骨の両面に染めた紙を２枚接着。次に，乾かすためにうちわをテントにぶら下げる。その際，固定用ガムテープに名前を書いておく。

　カラフルな干物（？）が，テントのまわりに並んで注目を集め，効果的な宣伝になる。
④ 子どもたちは，環境フェア見学のため，建物の中へ。
⑤ 戻ってくる頃には，障子紙は乾いてシワも取れているので，ハサミで形を整えてできあがり。ニコニコしながらうちわを握りしめて帰って行く子どもたちを見送る。

　やっぱり折り染めは，染めた障子紙を開いたときが一番。「きれーい」「おー」「すげー」といった声があちこちで上がります。

　「私，去年もやったから，やり方知ってる！」と言っていた女の子。先生役をお願いしたら，とても喜んで三人のお友達に一生懸命教えてくれました。折り方も完璧に覚えていてビックリ。

● うれしい感想

　保護者の方からは，以下のような嬉しい言葉をいただきました。

　「環境フェアに来て，一番の収穫はこれ（＝うちわ）でした。ありがとうございました」

　「去年も子どもがやらせてもらって，大喜びだったんです。今年もあるかなあって，楽しみにして来たんですよ」

　また，お手伝いをしてくれた大学生さんも感想文を書いてくれた

ので,紹介します。みなさん,いい先生になれそう!

☆紙の折り方,色の付け具合,絞り方のちょっとした違いで,個性ある作品になりました。大人が「うまく作ろう」と思ってやるよりも,子どもが障子紙をうまく折れなかったり,染料に落としたりしたものが,きれいな模様になるのが意外でした。

実際,子どもと同じくらい,自分も楽しくできて,とてもよかったです。　　（桑原千尋さん）

☆折り染めは,同じ色で同じように作ろうとしてもできません。世界に一つだけのものができることを実感しました。折って,色をつけて,開くまで,どんな模様になっているか分からない。折り染めは,子どもも大人もわくわくする,そんな遊びだと思います。今度は,違う折り方で,どんな模様ができるのかを試したいと思いました。

（傅彩花さん）

☆高校生の頃から,子どもとものづくりの活動をしていたので,子どもに教えることに,緊張はありませんでした。でも,「折り染めうちわ」はやったことがありませんでした。

折っている時はどんな模様になるか分からないのに,開くとすごくきれいな模様ができているというところが一番楽しく,私も子どもと一緒になって喜んでいました。　　（佐藤秋恵さん）

☆幼稚園生から中学生まで,幅のある年齢の子にうける教材?の折り染めうちわは,貴重だと思った。教え方も,「〜のように」などの比喩を使うと,小さな子どもに簡単に伝わることが分かった。とても楽しく,また,自分自身も非常に勉強になった一日でした。　　（星野陽香さん）

大学院で,普段教えられる側にいる私には,久しぶりに教える側になったことを新鮮に感じた一日でした。

＊「折り染めうちわ」については,長嶋照代「折り染めで国際交流」（『ものづくりハンドブック6』仮説社）もごらんください。

(初出 No.327, 07・9)

切り紙でお洒落な旅物語

◆矢口加奈子『やさしい切り紙』

中西　康　三重・小学校

●切り紙アーティスト

『たのしい授業』2006年11月号でボクが紹介した,『紋切り型』(エクスプランテ)の下中菜穂さんのほかに,もう一人「切り紙作家」を見つけました。矢口加奈子さんといいます。

先日,妻が,矢口さんの書かれた『やさしい切り紙』(池田書店,税別1200円)という本を買ってきてくれたのです。

きれいな表紙の本です。奥付を見ると,2007年3月発行。まだ出たばかりです。ボクは〈矢口さんがどんな人なのか〉がまず気になりました。

そこでプロフィールを見てみると,このようなことが書かれていました。

矢口加奈子(やぐち・かなこ)1976年生まれ。女子美術大学デザイン科卒業。在学中に「歓　よろこびのかたち」と題して作品発表し,「切り紙」を様々なかたちに展開する活動を開始。手を通して生み出される作品は,新しい発見とどこか懐かしい表現にあふれ,国内外で注目を集めている。現在は,個展を中心に発表しながら,アパレルとのコラボレーションや,店舗や雑誌のアートワーク,ロゴデザイン,ワークショップなどに活動の場を広げ,メディアにも多数紹介されている。2006年より,ロサンゼルスより発信す

るアパレルブランド「彩歓」をスタート。切り紙をモチーフにして，これからもマスマスたくさんの表現をする予定。

へえー。若いんですね。でももっと若い頃から「切り紙」をモチーフに活動されていたんだそうです。ホームページもあるようなので，のぞいてみました。

〈アパレルブランドをスタート〉ともあるぐらいです。拝見したところ，とってもお洒落な感じがしました。

＊ホームページは，「KANAKO YAGUCHI KIRIGAMI WORKS」（http://www.yorokobinokatachi.com/）。

●切り紙でつづる心の旅物語

この本自体も洒落ています。装丁や，各ページのレイアウト，色使いのセンスがよいです。パラパラするだけでも紙面が綺麗に目に映ります。

お洒落なのはそれだけではありません。

「まえがき」にあたる部分には，「切り紙でつづる心の旅物語」とあって，この本は，紙とはさみで切り紙をつくりながら，いろんな国へ「心の旅」ができるというしかけになっているのです。

でも，「切り紙でつづる旅」っていったいどんなものなのでしょうか？

以下，『やさしい切り紙』から引用させていただきます。

旅によって出会う偶然には「切り紙」を作るうえでのイメージやヒントがたくさん隠れています。空港を出て，初めて感じる空気や温度，独特の空の色や街の色。偶然見つけたレストランの忘れられない味，美術館や博物館の不思議な匂い。（中略）それぞれの国や場所にいろいろな色やかたちがあるように，「切り紙」にもたくさんの色やかたちがあります。この本では，旅を通して生まれた「切り紙」のことを皆さんにお届けします。

行き先は「日本」「中国」「タイ」「フランス」「ポルトガル」「アメリカ」の6ヵ国です。

それでは，「切り紙でつづる中国への旅」ってどんなのでしょ

う？「フランス」や「ポルトガル」の色やかたちって、それぞれどんなのでしょう？「アメリカ」のかたちを切り紙で作るとしたら、どんなになるでしょう？

これが不思議なことに、1枚の折り紙からこの6ヵ国がちゃんと生まれてくるのです。

主な道具はハサミだけ。これだけで、タイへの心の旅だってできちゃうのです。

6ヵ国にそれぞれ4〜6パターンの型紙が用意されています。紙を折り、型紙に合わせて切って開くと、6ヵ国のイメージが鮮やかに目の前に広がります。

●優しい・易しい「切り紙」

それぞれの国をイメージする「色やかたち」を、こうしてデザイン化してくれる矢口さんはさすがです。その切り紙作家がデザインしたものを、自分にも再現できるというのが、「切り紙」という表現形態の素晴らしいところです。

綺麗なものを自分でもつくりたいというのは、ボクたちフツーの人びとの自然な気持ちですよね。

だから、ボクにとって〈切り紙作家さん〉というのは、美術を特権的なものにせず、大衆にも分かち与えてくれる優しい素敵な人なんです。

矢口さんの『やさしい切り紙』がいいというもうひとつの理由は、「易しい」ということです。

2種類の折り方（「三角折り」と「四角折り」）だけで作れます。それにカッターを使わず、ハサミだけで作れます。でも、かたちは洗練されているので、自分が作った作品にきっと満足できるでしょう。

板倉聖宣さんの新総合読本「切り紙」『なぞとき物語』（仮説社）にある型紙、下中菜穂さんの『紋切り型』シリーズ（エクスプランテ）、それに加えて、今回紹介の矢口加奈子さんの型紙。「たのしい授業学派」の一人として、「切り紙」の選択肢が増えてうれしいことです（いや、多すぎて困っちゃうほど？）。

すでに「切り紙」ファンの人も、初めて作る人も一度手にしてみてはいかがでしょうか。

(初出 No.295, 05・5)

| アルミホイルでとっても豪華に
| **ステンド袋＆**
| **ステンドプラ板**
| ◇◇◇
| 高見沢ゆき子
| 長野・児童クラブ

◇「お弁当のフタ」から「ビニール袋」へ

2003年11月の上田仮説サークルで，池田みち子先生が，「コンビニ弁当のフタ（透明なプラスチック）で作るステンドグラス」を紹介してくださいました（夏に広島の宮島水族館で実演していたそうです）。作り方は，

①お弁当のフタに下絵を黒マジックで写しとる。

②裏返して，色マジックで色づけをする。

③色づけしたフタに，軽くしわを寄せたアルミホイルをセロハンテープで貼る。

④穴あけパンチで上端に穴をあけ，リボンを結ぶ。

——というものでした。

簡単にできて，見栄えもするので，さっそく児童クラブのクリスマス会の打ち合わせで紹介しました。しかし，「お弁当のフタを集めるのが大変だよね」という声が上がりました。

そんな時，スタッフの一人の結子さんから「厚手のビニール袋でやったらどうでしょう」という提案があり，厚さ0.08ミリの〈特厚〉という，A5サイズほどのビニール袋を使ってやってみました。

●ステンド袋の作り方●

①好きな下絵を縮小コピーして袋の中に入れ，袋の上から黒マジックで型をとります。絵に自信のある人は自由に描いてもよいです。

＊黒の主線の上から色を塗るので，ここで乾かしておかないと色付けのときに主線が消えてしまいます。

②黒マジックを書いた上から，色マジックで色づけをします。先に袋の中に厚紙を入れておいた方が，色を塗りやすいようです。

③塗り終わったら，袋の中に入れていた厚紙に，軽くしわを寄せたアルミホイルを巻きます。それを再度袋の中に入れます。

④袋の上端にパンチで穴をあけ，

リボンを結んでできあがり。

　クリスマス会用の飾りとして，20人くらいの子どもたちと作りました。みんな上手にでき，作品は壁にテープで止めて飾りました。子どもたちも大満足でしたが，保護者の皆さんにも好評で「あのステンドグラスみたいなの，よかったです」と感激してくれました。

◇お弁当のフタをオーブンへ

　壁に飾っておいた，お弁当のフタで作ったステンドグラスを見た夫が「これってプラバンと同じでオーブンで縮むんだよね」と一言。それを聞いて，さっそくオーブンにいれてみました。すると見事に1／3くらいに縮みました。その裏側に，しわくちゃにしたアルミホイルをセロテープで貼りつけてみると，これがなかなかいいではありませんか！　小さく縮んだものは色が濃くなっていっそう絵が引き立ちます。

◇プラ板でステンドグラス

　それならプラ板でステンドグラスを作ったらいいんじゃないかな，とすぐに思いつきました。プラ板は以前からずっとやっていましたが，手を加えたことはありませんでした。縮めたプラ板の裏側にアルミホイルを貼りつけるだけで，ひと味違ったきれいな壁飾りになりました。〔口絵参照〕

　それ以来，ステンドプラ板を，いろんな機会に皆さんに紹介しています。

●ステンドプラ板の作り方●

①透明なプラ板に好きなように絵を描き，裏から色を塗ります。

　＊Ｂ４のプラ板１枚を４つに切ったものは，全面に色を塗ってしまうと，オーブンの中でくっついてしまうことが多いので，色を塗る部分を少なくしたほうがいいようです。

②取り出して形を整えたプラ板に，軽くしわを寄せたアルミホイルをプラ板の大きさに揃えて切り，まわりをセロハンテープで貼り合わせます。貼った部分はほとんど目立ちません。

　ぜひ皆さんもお試しください。

＊プラ板の詳しい作り方は『ものづくりハンドブック１』（仮説社）に載っています。

(初出 No.295, 05・5)

記憶に残る体育祭に……
巨大応援ポスター

有馬孝男
埼玉・中学校

はじめに

　教師になってから10年くらいの間ずっと，僕にとって「体育祭」は苦手な行事でした。しかし，田辺守男さん（狭山たのしい授業サークル主催）に「体育祭必勝法」（有馬孝男「運動会必勝法」『学校行事おまかせハンドブック』仮説社，参照）を教えてもらってから，僕自身の中に精神的なゆとりが生まれました。体育祭に対する苦手意識はなくなり，この10年間はむしろ「何とかなるだろう」という，気楽な気持ちで体育祭に臨めるようになりました。

　そこで今年（2003年）は，「負けても何か思い出に残るものを作ろう」ということで「巨大応援ポスター」を作ることにしました。

材料

・ラシャ紙（110cm×80cm）×12枚（1枚120円）
・両面テープ×3巻（100円ショップで購入）
・折り紙　単色100枚入り（50色単色教育カラー折り紙，150mm×150mm，250円×数種類）
・ガムテープ，ハトメ，スズランテープ

作り方

①3枚のラシャ紙を横向きにして両面テープで貼り合わせる。

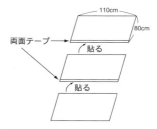

②これを4セット作る。

③4セットのうち3セットの右側に両面テープを貼り，重ねて貼り合わせる。

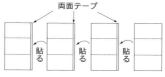

④全部貼り合わせたら，周囲をガ

ムテープで補強する。
⑤できあがった紙（縦2m×横4m）に，鉛筆で下絵を描く。
⑥マジックで下書きをなぞる。
⑦折り紙をできるだけ小さくちぎって下絵に貼り「はり絵」にする。
⑧ラシャ紙と同色のマジックペンでみんなにメッセージ（名前と体育祭への意気込み）を書いてもらう。ラシャ紙と同色のペンでこっそり書くのがミソです。
⑨巨大ポスターの上側4ヵ所にハトメで穴をあけて，設置用スズランテープをつけて完成（必ずテープで補強したところに穴をあける）。

　僕のクラス（3年3組）のクラスカラーは黄色です。そこで，黄色のラシャ紙に生徒が金メダルを持った「くまのプーさん」を描いてくれました。時間がなくて全部「はり絵」にはできなかったのですが，一部分だけでもけっこうきれいになりました。

　放課後の限られた時間の中での作業でしたが，両面テープを使うことで，簡単かつきれいにラシャ紙を貼ることができ，貼り始めてから3日で完成することができました。ポスター制作中は，みんな勝負を忘れてポスター作りに熱中していました。ほかのクラスの生徒も手伝いに来てくれて，中には「3組いいなあ……」と言っている生徒もいました。

　当日の朝，僕はユニクロで買った黄色のポロシャツと黒のジャージ（阪神タイガースカラー）に身を包み，応援席の後ろにある防球ネットによじ登って巨大応援ポスターを取り付けました。秋晴れの空に，黄色いラシャ紙に描かれたプーさんが映えています。特に，プーさんの持っている金の折り紙で作った貼り絵の金メダルは，まさに光り輝いていて，とてもきれいでした。

　体育祭の方はというと，こちらも見事優勝しました。これも田辺さんのお陰です。（2003年10月）

（初出 No.327, 07・9）
体育祭で巨大パタパタパネル

三木淳男　岡山・中学校（特別支援学級）

●体育祭の季節到来……

　私の勤務する中学校では，2学期の半ばに「体育祭」があります。9月が始まると同時に，全校が一気に「体育祭モード」になるので，行事があまり得意でない私にはちょっとつらい季節の到来です……。

　体育祭のやり方は学校によってさまざまでしょうが，うちの中学校は昔ながらのスタイルで，「PTA種目」や「応援合戦」もあり，とにかく盛りだくさん。

　そんな学校で，私は特別支援学級を担当しています。その生徒さんもそれぞれの交流学級の生徒さんといっしょに，「学級対抗リレー」「学年団体演技」「応援合戦」などに例年参加しています。

　が，しかし，うちの学級の生徒さんにはやはり特別な配慮やサポートが必要です。うちの学級の生徒さんにとって一番難しいのが，「応援合戦」です。

　「応援合戦」というのは，1・2・3年生の同じクラスで一緒の

チームになって（Aチームなら各学年のA組が一つのチーム），チームごとに応援のエール，歌，おどり（振り付け）などを，短い制限時間内に披露するものです。練習は9月からほぼ2週間，毎日2時間あり，3年生が下級生を指導するのです。

応援パターンはいくつかあるのですが，特別支援学級の生徒さんはうまくそれを覚えられない場合もあり，昨年は十分にサポートできないまま本番が終わってしまいました（そんなときこそ新しい手立てを考えることが必要なのでしょうが……）。

そこで今年度は特に，「応援合戦への参加をどうするか」ということについてあれこれと考えてみたのですが，前提として，「交流学級の一員として，なんらかの形で参加できるといいな」という思いがありました。

では，いったいどんな参加のしかたがあるでしょうか？　昨年度の様子を見ると，「他のみんなと同じことをやる」というのは難しそうです。エール・歌・おどり以外にできることはないだろうか……。そうだ，「団旗を振る」というのはどうだろう？

しかし団旗を持つのは例年，3年生で，それはかなり重要な役なのです。しかも応援のパターンに合わせて振る必要があるのですが，これはけっこう難しそう。

もう少し本人にとって簡単で，得意なことを生かせる参加の方法はないでしょうか？　例えば応援のパネルを持つとか……。そうだ，文字や形のマッチング（一対一で，モノや名前を同じところに置くこと）は得意だから，「A」「組」「優」「勝」「！」などという文字を大きくしたものを作っておいて，それを大きなパネルに並べていく，なんていうのがいいかもしれません。

でも、発表の時間も長くないから、そんな悠長なことはできないなぁ。パネルを作るのは良いアイデアだけど、数分間もパネルを持ち続けるのは難しいかもしれない。何か合間に作業を入れられないだろうか――と、ここでひらめいたのが「パタパタ」です。

●パタパタを試作する

みなさんは「パタパタ」をご存知でしょうか？

これは「板返し」というのが正式名称らしいのですが、〈観光地や民芸玩具店などで見かけることがあるおもちゃ。5cm× 6cmぐらいの木の板が5枚ほど、幅1cmぐらいの帯によってつながっている。1枚目の板についている柄をちょっとひねるようにすると、板が上から下へパタパタと落ちていくように見える。柄をひねる向きを左右交互に替えていけば、何度でも上から下へ板が落ちるように見える〉（平野良明・市原千明「木と紙の板返しと消えルンですカード」『ものづくりハンドブック2』仮説社、114ペ）というものです。

私は以前、このパタパタのおもちゃを、コスモ物産の平野良明さんから買ったことがあります。また、自分でも紙で作ってみたことがありました（かなり昔に、徳村彰・徳村杜紀子著『染めてあそぶ』草土文化、を見て作った記憶あり）。

そこで、「このパタパタをうんと大きく作って、それを応援パネルのような形にできないだろうか？」と考えたのです。〈文化祭などの展示や発表のネタに困ったときは「うんと大きく作る」ということを考えてみるとよい〉というのは、かなり前に山路敏英さん（東京・中学校）から聞いて知ったことでした。また、最近で

は，池上隆治さん（愛知・小学校）が学芸会で「巨大パタパタ風車」「巨大折り染め」などの「巨大化ネタ」を実践して成功されていたのも，僕の記憶の引き出しにありました（池上隆治「で一きた，できた！　遊び発表会としての学芸会」『ものづくりハンドブック7』仮説社）。

　さて，思い立ったら即行動です。まずは小さいのを作ってみようと思いました。

　『染めてあそぶ』の本を見てみようと，ゴソゴソ探していたのですが，あいにく処分してしまって持っていないことが判明。

　次に取り出したのは『ものづくりハンドブック6』（仮説社）。この巻末総索引を使って平野・市原さんによる前出の資料を探そうと思ったのですが，「パタパタ」の項にはその資料の掲載はなし。

　後で分かったのですが，パタパタの板が2枚バージョンのものなら，村上道子さんの「パタパタカレンダー」（『ものづくりハンドブック6』所収）にもちゃんと書いてあったのでした……。

　そこでインターネットの「あのな検索」（岡山の高校教師，難波二郎さんによる『たのしい授業』関係資料の検索コーナー）で調べて，やっと求めていた資料にたどりつきました。

　まず資料通りの小さなサイズで，パタパタの2枚バージョンを作り，ついでに5枚バージョンも作ってみました。

　作ってみて思ったのは，「巨大化するなら2枚バージョンが良い」ということでした。5枚バージョンでは巨大化すると縦方向に長くなりすぎて支えるのも難しく，また，板が全部裏返しになるのに時間もかかるので，まだるっこしいのです。

　それに比べると2枚バージョンはとても単純です。板が2枚し

かないので変わる動きを速くすることも簡単ですし(人力でひっくり返せばよいのですから)、なにより良い点は「1枚分をうんと大きくするのが可能」なことです。運動場の応援は観客席までかなり距離があるので、大きくしないと迫力がないということは、今までの体育祭の経験から感じていました。そこで、「1枚分を畳1枚くらいに巨大化しよう」と思いました。

　とにかく、この試作段階で、「応援パネルを巨大パタパタの2枚バージョンで作れば、応援合戦もなんとかなりそうだ」という予想を立てることができました。

●巨大パタパタの応援パネルを実際に作る

　2学期になってからいよいよ「巨大パタパタ」の実物作成に取りかかりました。畳1枚くらいの大きさのパネルを2枚使うものとして、最初は厚さ1cm程度の大きな板材を考えていたのですが、実験してみると畳2枚分では非常に重くなることがわかったので、これはあきらめました。

　次にダンボール箱の大きなものを分解してつなぎ合わせてパネル状にしてみたのですが、これもイマイチ。見栄えも良くありませんし、雨でも降れば破れる可能性もあります。何かないだろうかと教室を探しているうちに目にとまったのが「プラスチックのダンボールパネル」(商品名「プラダンパネル」)でした。

　これは、以前、武田真理子さん(岡山・小学校教師)に「衝立（ついたて）がわりに学級で使うといいよ」と勧められてホームセンターで購入したものです。色はグレー。値段は180cm× 90cmほどのもので数百円だったと思います。これなら軽いし水に濡れても大丈夫。

おあつらえ向きの素材があったものです。

ガムテープで2枚を仮留めして、実験してみるとうまい具合に裏返ったので、「これならいける！」と本格的な作業に取りかかりました。

巨大パタパタ応援パネルの作り方（三木の場合）

予備段階

まずは小さなサイズでの試作をおすすめします。この「パタパタ」は2枚の厚紙を、色画用紙で作った2本の細い帯と1本の太い帯によってつないでいます。このつなぎ方が仕掛けになるのです。作るときには、「帯を厚紙に貼り付けるところとそうでないところ」が重要になってきますので、帯による2枚の厚紙の固定の仕方、パターンの現れ方などを理解しておくと良いでしょう。

●パタパタ（小型2枚バージョン）の作り方●
（平野・市原「木と紙の板返しと消えるんですカード」より再紹介）
◆材料：5cm×8cmの厚紙2枚（工作用紙でも可）、8cm×8.6cmの色画用紙、両面テープ（またはのり）、ハサミなど。
◆作り方：

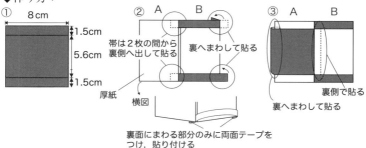

① 色画用紙を上図のように切り、帯を3本つくる。
② 2枚の厚紙ABを左右に並べて置き、つなげるように1.5cm×8cmの細い帯2本を上図のように貼る。このとき、Bの表面には、帯は貼らない（後でひっくり返せなくなる）。

③残った 5.6cm×8cm の帯も貼る。貼り方は②と同じだが、今度は A を巻くように貼る。このときも裏面にまわる部分にのみ両面テープをつけ、A の表面に触れる部分は貼付けないよう注意する。

◆簡単な遊び方：

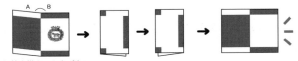

B に絵を描き、A をパタンと閉じます　　閉じた方と反対側を開くと……　　あっ！ 絵が消えた?!

試作でパタパタの構造を理解したら、いよいよ本番です。「巨大パタパタパネル」を作っていきましょう。

巨大パタパタパネルの材料と道具

小型試作版（上図）では3本の帯を色画用紙で作りましたが、大型化するために細い帯2本は布ガムテープにかえます。また、応援のメッセージを書くために、小型版では使わなかった色画用紙を余分に使います。

- プラダンパネル……タテ 90cm× ヨコ 180cm のもの2枚。
- 色画用紙……4つ切り。私はピンク 16 枚、黄緑 16 枚を使用（チームカラーが「緑」だったため、明るくて濃すぎず、しかも違いが目立つこの2色にした）。
- 布ガムテープ（幅がせまくない方がよい。普通サイズで 6 cm くらい。色がついているものでも良い）。
- 透明幅広テープ
- 両面テープ
- ハサミまたはカッターナイフ
- 黒インク……油性。私は学校の印刷機のものを使用。
- 刷毛、筆（またはヘラ、ローラーなど）

巨大パタパタパネルの作り方

❶色画用紙（四つ切り）8枚の裏側を、透明幅広テープで貼り合わせ、それをピンク、黄緑それぞれ2枚ずつ作る。ヨコサイズは 140cm く

らい。タテのサイズはパネルと同じ90cm。左右はパネルより40cmくらい短い。

ただし、1枚だけ、のりしろ部分が必要になるため、縦の長さを少し長めにして作っておく。

❷布ガムテープの粘着面同士を貼り合わせて幅6cmほど、長さ90cm + 30cmくらいの帯を2本作る。

プラダンパネルを2枚並べ、布ガムテープの帯でつなぎ合わせる。つなぎ方は前述の「パタパタ2枚バージョン」の作り方②を参照。

❸細い2本の帯だけの状態で、きちんと裏返るか、実際にやってみて確認する。

❹パネルを開き、ガムテープの帯がある方を上にして置く。これをA面とする。ピンク色の大画用紙ⓒ、タテ90cm×ヨコ140cmのものを、A面の上側のプラダンパネルに透明幅広テープや両面テープでピッタリと貼り付ける。このときガムテープの帯には重ならないよう注意する。

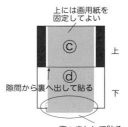

下側、タテサイズをすこし長めにとったピンク色の大画用紙ⓓを、右図のように貼る。このとき、パネルの表に触れる部分はのりづけせず、裏側へまわる部分のみ貼り付ける（貼り付けはどのテープでも良い）。

❺パネルをいったん閉じて、閉じた方と反対側を開き、B面を出す。

❻黄緑色の大画用紙ⓐは上面にじかに貼り付け。ⓑは、下面（さっき

247

のピンク色の大画用紙の裏にあたる部分)に両面テープで貼り付ける。ガムテープの帯には重ならないよう注意する。これで仕掛けは完成。
❼ A面とB面の画用紙上にそれぞれ字を大書する。まず,下書きだが,パソコンで書いた文字をプロジェクターでぎりぎりまで拡大投影して,文字の枠を黒マジック等で写し取る。文字は太目のゴシック体なら遠くから見てもインパクトがある。私はA面(ピンク)には「いけ!」「E組」,B面(黄緑)には「Eが」「勝つ!」と書いた。なるべく文字数は少ない方がよい。(口絵参照)。
❽ A面の字を,べた塗りにならないよう印刷用の黒インクを広げて塗る(ヘラを使うと色を薄く塗り広げやすい)。墨汁は雨に濡れると流れる可能性があるので,やめておいた方が良い。
❾ A面がほぼ乾いたら,B面にも同様に黒インクで文字を塗る。乾いたらすべて完成。

子どもたちに手伝ってもらった箇所など

段取りはこちらでやって,画用紙を貼り合わせたり色を塗ったりする作業を生徒さんに手伝ってもらいました。作業時間はトータルで「数時間」というところでしょうか。私は少しずつ作業していったので,完成まで1週間くらいかかってしまいました。

● パネル提示の仕方の練習

さて,できあがったパネルを2人がかりで持ちあげて「パタン・パタン」とやってみました。なかなかうまい具合です。

そこで今度は,「①これを応援場所のどこで提示するか(立ち位置)」「②高さはどのくらいがよいか」「③応援エールにどのように合わせて提示し,ひっくり返せばよいか(タイミング)」などを考えました。

①②については,「観客側から見て応援団の左側やや前方」で,

「開いた面の最上部が，私が手を伸ばした高さ（地上から約2m）になるくらい」にしました。本当は生徒机を複数並べ，その上に立ってパネルを持ったほうがより見えやすくなるし，子どもたちも自分の立ち位置がはっきり分かるのでしょうが，「転倒の危険性」や「設置・撤収に人手がたくさん必要」なことを考えると，地面に立って高く掲げるだけでもよいだろうと判断したのです。

③の「タイミング」については，応援練習の様子をビデオにとり，それを学級で見ながら「開いて見せる場面」「ひっくり返す場面」などを決めました。

●いよいよ本番

そして迎えた本番の日。いよいよ応援合戦が始まりました。パタパタパネルで応援に参加する生徒さんは2人。その2人に，私を含めて4人の教員が付き添いました。両側を生徒さんが持つようにし，私は真ん中で指示しながら一番高いところを支えます。応援エールやおどりに合わせて，全部で4回パタパタを繰り返しました（A面→B面→A面→B面と）。

生徒さんはきちんとパネルを支え持ち，切り替えの場面でも，しっかり動作できました。私からは観客席や審査員席の様子は全然見えなかったのですが，面を替えた時に「おおー?!」というどよめきが聞こえました。

応援エールが終わっての退場もみんなと一緒にすばやく行動でき，退場後の集合場所にたどりついた時には私自身が一番ホッとしたのでした。

「パタパタパネル」の評判は上々で，一緒のチームだった生徒さ

んは練習の時から「これ，どうやって作ったん？」「大きいなぁ」「なんで字が変わるん？」などと好意的な反応を示してくれましたし，応援団長（3年男子）も「めちゃ大きいパネルで目立って良かった。〈パネルについては任せて大丈夫〉という思いがあったから，俺たちはエールやおどりに集中できたよ。先生，ありがとう！」と喜んでくれました。また職員や見学者からも「色や字が変わるのにびっくりした」「どんなしかけになっているのか」などと声をかけてもらいました。去年のことを思えば格段の進歩です！

　特別支援学級の生徒さんにとって，「みんなと同じ行動がとりにくい」と指摘されたり，逆に「がんばればできるはず！」と叱咤激励されたりするのはさぞ苦痛なことでしょう。「できにくいこともある」ということを認めたうえで，「では何ができるのか」「どうすれば楽しく参加できるのか」ということを考えなければならないのは，実は子どもたちではなく教師であり，それこそが教師の仕事なのではないかということをつくづく感じさせられた今回の体育祭でした（……ちょっと格好つけすぎかな？）。

　体育祭の応援に困ったら「巨大パタパタのパネル」，機会があれば追試してみてくださるとうれしいです。

　私は今回，地味な色（グレー）のプラダンパネルを使ったため，色画用紙を2種類使いましたが，プラダンパネルには明るいカラーのものがあるので，それを地としてそのまま使えば色画用紙を1種類だけで済ますことができるかもしれません。

　その場合，黒インクで文字を書くと，こすれてしまう可能性があります。そのかわり，「黒画用紙を切り文字にして貼る」などの方法もありそうです。ぜひいろいろ試してみてください。

(初出 No.301, 05・11)
分子模型モルカパネル
●子どもたちと作った分子模型

阿部徳昭 宮城・小学校

●半持ち上がり

 ぼくの学校は毎年クラス替え。現在（2001年），担任している6年生は昨年度ぼくのクラスだった人が半分，となりのクラスだった人が半分います。

 となると，悩むのが授業書選び。《空気と水》で仮説実験授業の雰囲気を味わって，そして《もしも原子が見えたなら》で原子論の基礎を学んで，そのあと本格的な授業書を……，なんていうパターンが使えません。クラスの半分には昨年度に授業をしてしまっているのです。

 そこで，秋野勝彦（宮城・小学校）さんに相談して，今年は《ゴミと環境》の第1部をしょっぱなにすることにしました。

 というのも，《ゴミと環境》第1部には「予想－討論－実験－お話」という仮説実験授業の典型的なパターンが登場する上に，《もしも原子が見えたなら》のダイジェスト版が含まれています。これだったら，〈持ち上がり組〉も〈非持ち上がり組〉にも喜んでもらえるに違いありません。

 実際，《ゴミと環境》は大変な盛り上がりになりました。2年目で慣れている〈持ち上がり組〉が授業の楽しみ方を示すふるまいを参考に，〈非持ち上がり組〉ものびのび理由を言い，激しく討論します。お互いにうまく刺激しあっていい感じで授業は進みました。

●授業後は「モルカ」

　授業終了後に「モルカ」(分子かるた，仮説社で販売)を班ごとにすることにしました。例年は《もしも原子が見えたなら》のあとには〈モルQ〉(分子カードゲーム)で定着をはかるところです。でも，〈持ち上がり組〉はもうすでにとことんしちゃっているだけに，〈非持ち上がり組〉に肩身のせまい思いをさせたくなかったのです。その他のいろんなクラスのシステムにしろ，授業の中での作業のすすめ方にしろ，〈非持ち上がり組〉にとっては初めてで戸惑うことが少なくなかったのです。

　「モルカ」はカルタですから，「モルQ」以上にルールが簡単。ちょっとした授業の余った時間には「班ごとにモルカ」なんて言うと，みんな大喜びするようになりました。授業書にも出てこない，かなり複雑な分子を覚える子どもたちに，ぼくもたのもしさを感じます。いいゲームだ！

●「モルカ」じゃすまない

　ところが，「モルカ」をするようになってしばらくしたころ，〈非持ち上がり組〉のヤスフミ君が休み時間にぼくに言いました。

　「分子模型の材料ってどこで買えるんですか？」

　実は，《ゴミと環境》の中には《もしも原子が見えたなら》のダイジェストがあるのですが，ぼくは迷った末に分子模型作りはしないままに進めていました。しかし，授業の途中でぼくが見せる分子模型を作りたくなるのは人の心のなりゆき。

　「スチロール球はDIYとかに行けば売ってるよ，色はポスカ。あと，『分子模型をつくろう』(仮説社)が学級文庫に置いてあるから見てみて」

と気軽に答えておきました。ところが，翌日またまたヤスフミ君。

　「先生，いくつかDIYに行ったんですが，売っていません」

　それとほぼ同時期，これまた〈非持ち上がり組〉のヤスヒロ君が，着脱式のプラスチック製分子模型(由良製作所)を見て尋ねます。

　「こういうのはどこで買えるん

ですか?」

　ぼくは気軽に答えました。

　「東京の仮説社。インターネットでも買えるかなあ……?」

　すると,ヤスヒロ君はその日のうちに家で「仮説社」でインターネット検索をかけ,仮説社のホームページで商品チェックをしてしまったのでした。

　そして,休み時間に親しい友だちに「仮説社では水分子は○○円,アンモニアは○○円,スチロール球は○○円だったよ……」なんて,すっかり値段を暗記していて教えまくっているのでした。そして,その数日後には家の人に頼んで,いくつかの〈分子模型〉やら〈分子模型下敷き〉やらを注文してしまったようでした。

　そんなヤスフミ君とヤスヒロ君,彼らは自然と意気投合して,ぼくの机の近くにある分子グッズを見ては,情報交換と情報収集を繰り返しています。そして,「分子模型を作りたいなー」「材料は2500円のセットしか売っていない」とか言い合っているのです。

　そんな2人を見ていて,「そんなに好きなら分子模型を作らせたい」とぼくは思いました。そこでクラス全員に呼びかけつつ,〈分子2個作ったら1個くれシステム〉を展開することにしたのです。

●とんでもないシステム

　スチロール球,電熱線カッター(山田正男さん作成),模型定規,ポスカなどをぼくが貸して,「モルカ」に出てくる48種の分子の中から選んで好きなのを作る。材料はぼくが出して同じ模型を2個作ってもらい,1個は作った人にあげ,1個はぼくがもらう——そういうことにしました。

　スチロール球の材料代がバカにはならないものの,「モルカ」に出てくる分子がいくつもあれば,この先モルカをするときや,いろんな場面で分子の話題を出すときに使えると思ったのです。

　それに,分子模型を一人で作るのは孤独な作業です。その上,時間も膨大にかかります。でも,このシステムでやれば子どもたちが欲求を満たせる上に,ぼくも副産物を得ることができるというのは

一石二鳥だと思ったのです。スチロール球くらい安い安い。

話を聞いて,寄ってきた何人かに(もちろん例の2人も含まれます),電熱線カッターの使い方や,もっとも多用するであろう「炭素原子4面切り」のテクニックを簡単に説明しました。あとは,「さあやれ!」とスチロール球の入った箱をどかんと差し出しました。

すると,休み時間や放課後ほとんど休むことなく「切って→塗って→くっつけて→かわかす」作業が繰り広げられるのでした(教室のその周辺はスチロールかすやつまようじなどが散乱してました)。

結局〈持ち上がり組〉3人,〈非持ち上がり組〉3人がそれぞれ好きな分子を選んで分担して,「モルカ」の分子をほとんど作り上げました。

● 「オオーッ」と歓声が

できた分子を,教室の買い物かごに入れておいたら,ただのゴミみたいだったので,大きいパネルを買ってきて「モルカ」に出てくる順番に分子模型を木工用ボンドで貼ってみました。

すると,壮観です。すごーく壮観です。完成間近の段階でもクラス全体から「オオーッ」と歓声が出たくらいです。

「カフェイン分子」が難しくて最後までできなかったのですが,ぼくが「窒素原子の切る角度と大きさ」を少しアドバイスしたら,すぐに作ってしまいました。

最後に,タイトル「分子模型(1億倍)」と作成者の6人の名前をパネルにはりつけて完成。

黒板の横にかざると本当にいいながめ。〔口絵参照〕

ヤスフミ君やヤスヒロ君も,それはそれは満足そうな顔で見上げていました。

＊原子・分子に強くなるカードゲーム「モルカ」(税別1500円)は,仮説社で販売しています。送料等は320ペ参照。
＊「モルQ」(税別1300円,仮説社で販売)の遊び方については,『教室の定番ゲーム1』(仮説社)を参照してください。

(初出 No.317, 06・12)
誕生日のプレゼントにも！

ミニクリスマスリース

居川篤司 滋賀・小学校

　10年ぐらい前から，担任をした子どもたちに誕生日のプレゼントをしています。プレゼントを始めた頃は，プラ板でキーホルダーを作って，それをプレゼントしていましたが，ここ何年かはずっとミニリース（佐竹重泰・古賀美紀子「ミニミニクリスマスリース」『ものづくりハンドブック5』仮説社）を贈っています。

　上記のミニリースの記事が最初に紹介されたのは，『たのしい授業』1996年12月号でした。それを読んだときには「きれいだなー」と思っただけでした。でも同じサークルに来ていた西川芳子さんが紹介しておられたので，一緒に作ってみたらとても気に入りました。それ以来，いろいろな機会に作るようになりました。

　以前は子どもたちと一緒に作っていましたが，小学校の低学年・中学年では，うまくできない子どもさんもいます。とくに，リボンを結ぶところなどは難しいみたいで，結局ほとんど全員分を僕がすることになります。

　そこで，みんなで作るのはやめて，僕が全員の分を作り，誕生日のプレゼントにすることにしたのです。夏休みなど，休みの日に誕生日が来る子には，少し前か後にプレゼントします。

　一緒に作っても喜びますが，もらっただけでもすごくうれしい

ようです。見た目も豪華で、材料費はそんなにかからないし、子どもたちにも喜んでもらえるし、いいことずくめです。かばんにつけていると「キラキラ」と輝いてすごくかわいいのです。

〔＊1個80円くらいで作れます〕

ときには、「クリスマスみたい」と子どもたちに言われますが、誕生日とクリスマスというのは、どちらもケーキを食べたり、ろうそくを立てたりと、共通する部分が多いように思います。

……ん？　そうか、クリスマスはキリストの誕生日だ。

5〜6年前からは、「より豪華なものを」ということで、『たのしい授業』に載っていたものより、少し大きいものを作っています。「かわいい」という感じは薄れるかもしれませんが、期待どおり「豪華」という感じになりました。〔口絵参照〕

これはプレゼントにおすすめです。もちろん、クリスマスにも最適です。リースの由来を見ると、お守りにもなりそうです。

作り方は以前、『たのしい授業』に載ったものと同じですが、ご存じない方もいると思うので、もう一度紹介させていただきます。

―――――――――――

＊リースの由来＊

欧米で、古くから幸福と幸運を呼び込むと言い伝えられている「冠」のこと。国王のクラウンも、リースがもとになっている。リースの歴史は古く、発祥は古代ギリシアのオリンピックで、勝者に贈った月桂樹やオリーブで作った輪だと言われている。

また、リースには、メッセージが込められている。クリスマスの場合は、冬でも葉を落とさず実をつける常緑樹は永遠の命を、実やリボンの赤は人間の罪を救うために流したキリストの血の色を、金色は希望を、白は心の清純さを、それぞれ表してしている――とか。

冬のドアリースは香りのよい枝・つると先の尖った葉で作り、魔よけ用に、入リ口に取り付けられる。更に、リースの輪は「また戻ってくる」という意味もあり、永遠・不滅そして幸福と幸運のお守りとされている。(「はてなダイアリー」より：http://d.hatena.ne.jp/)

●材料（1個分）●

①フラワービーズ……30個

　直径が13〜15mmくらいのものを使います。プロペラビーズともいいます。メーカーによって名前が違うようです。いろんな色があります。200個入りで200〜400円くらいです。

②ワイヤー……20cmのもの1本

　＃24（直径0.5mm）または＃22（直径0.6mm）を使います。100本で200円くらい。糸巻きに巻いてあるタイプもあります。（ワイヤーはハサミで切れます）

③金属ベル……14mmのもの1個（20個入りで200円くらい）

④リボン……幅9〜12mmのもの約20cm（長目の方が結びやすい）

　40円／mくらいです。通常1m単位で買うことができますが，店によっては切り売りしていないところも。

⑤メタリックヤーン……約20cm

　きらびやかな糸。100mで500円程度。

〔材料の入手先〕

　大阪近辺に住んでいる方は，「大阪サンセイ」（Tel. 06-6341-0951）をおすすめします。インターネットからも注文ができます（http://www.osakasansei.com/index.htm）。

　その他，大型手芸店の「キンカ堂」や「ユザワヤ」あたりだと，材料をそろえやすいと思います。

●作り方●

①フラワービーズをワイヤーに通す。

ビーズが抜けないように曲げておく

＊ビーズの組み合わせについては工夫の余地がありますが，僕が，「これはよい」と思ったものを，二通り記しておきます。パターン2については，大阪の四条畷学園小学校での研究会のときに，どなたかが作っておられたのを参考にさせてもらいました。

●ビーズの並べ方

パターン1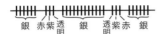

パターン2

②通したビーズを輪にする。片手でワイヤーを押さえてねじる。

③ベルの穴にワイヤーを通し，ワイヤーを前に倒してぶらさげる。

④ワイヤーにリボンをつける。

 リボンの両端はハサミで切る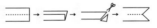

⑤余分なワイヤーはリボンを結んだ下に巻き付ける。ワイヤーが目立たないようにぐるぐると巻く。ペンチがあると巻きやすい。余ったところは切る。

⑥メタリックヤーンをリボンの根本に固定し，輪にして出来上がり。

(初出 No. 317, 06・12)

ひいらぎかざり

品野美智子
滋賀・小学校

12月の図工の授業で、クリスマスツリーを作ったときのこと。飾りとしてクラスの女の子が持ってきた柊(ひいらぎ)の飾りがとても素敵でした。ツリーに飾るには大きすぎたので、教室にそのまま飾ったのですが、飾るのがきれいというだけでなく、飾る瞬間が手品みたいで素敵なのです。

この飾りはカラーのアルミ素材で柊の葉が作ってあって、それがいくつもつないであるというもの。ぱっと見ただけでは、ただ折り紙を切ったものを重ねて置いてあるだけに見えます。ところが、てっぺんをつまんで持ちあげると、するすると立体的な飾りに大変身！〔口絵参照〕その瞬間が素敵なのです。

自分でも欲しくてたまらなくなったので、しばらく借りて〈どうしたら作れるか〉を考え、子どもたちと休み時間に作ってみることにしました。

「こんなのできるの？」と半信半疑の子どもたちや、職員室の先生の「無理無理」という視線を尻目に、ついに完成！

子どもたちに見せると「すごーい！　わたしもやる‼」「型紙ちょうだい！」と大人気。

普通の折り紙でも良いのですが、両面折り紙やホログラム折り紙を使うときれいです。型紙（文末）と一緒に折り紙を数枚切り、ホッチキスで留めればできます。数がいるので何枚か重ねて切る方が良いです。でも、重ねるとぐちゃぐちゃになりやすいので、要注意です。わたしは２年生の子とやってみたので、１枚ずつ切りました。しばらくは休み時間にこつこつと折り紙を折る子どもたちの姿が見られました。

作り方

①折り紙を三角に3回折る。

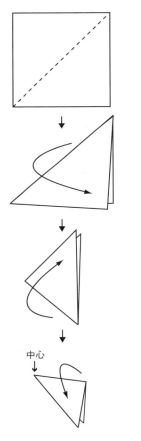

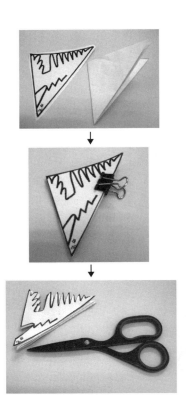

②型紙と折り紙の中心をそろえて重ねてクリップで留め，型紙ごとハサミで切る。

③広げる。

④つなげたい数だけ作る（偶数）。
⑤キラキラしている面を外側にして2枚を重ね、中央近くを4ヵ所ホッチキスで留める。

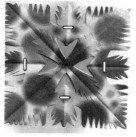

⑥2枚セットしたもの⑤の片面と、もう1枚をキラキラ面が向き合うように重ねて、十字の中心のみ1ヵ所留める。
⑦以上の⑤⑥を繰り返す。
⑧一番上の面の中心に適当な紙で作った持ち手をホッチキスで留めてできあがり。持ち手を持って広げてみましょう。するすると飾りが伸びて、クリスマスツリーのようできれいです。

この冬に是非一度ためしてみてはいかがですか。

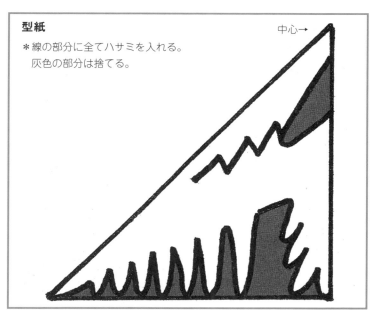

型紙
＊線の部分に全てハサミを入れる。
　灰色の部分は捨てる。

中心→

(初出 No.303, 05・12)

尿素で雪化粧

野呂茂樹

青森・高校（当時）

　尿素で雪（？）の結晶を作る実験をご存じですか？

　「尿素」というのは、ホームセンターなどで肥料として売っている白い粉です。一度尿素を水に溶かしてからその水を蒸発させると、尿素特有の規則的な並び方をした結晶の姿が現れ、それが雪のように見えるのです。

◇結晶液の作り方

①尿素（ホームセンターや園芸店などで肥料として売っています。1kgで300円～400円くらい）20グラムを、お風呂の温度ぐらいのお湯25グラムに溶かします（溶けるとき、容器が冷たくなります！）。

②これにPVAのり5g、台所用洗剤1～2滴、クレンザー1滴（木工ボンドでも良い）を入れ、割り箸などでよくかき混ぜます。これで、結晶液のできあがりです。

　計量はおおまかでも大丈夫です。

◇遊び方

①綿棒の先に結晶液をつけて、風景や人の顔などの絵の上をなぞってみましょう。乾燥させると綿棒でなぞった部分に結晶ができて、まるで雪が降ったように（あるいはひげが生えたように）見えます。虫眼鏡で見てみると、きれいな結晶ができていることが分かります。絵の上に透明なプラバンを置いて、その上からなぞるようにすれば、後で水洗いすることもできます。

②お総菜用のトレーなどに結晶液を数mmの深さで入れ、その中に厚紙やボール紙を木（クリスマスツリー）の形に切って立てておきます。すると、紙に結晶液がしみこんで、乾燥するとツリーに雪が積もったようになります。ただし、紙のツリーは結晶液を吸うと柔らかくなるので、大きく作る時はプラバンや針金で補強しておきます。

尿素ツリーの簡単な作り方

①厚紙をツリーの形に切り点線で90度に折ります

②結晶液の入ったトレーに立てます

③紙が結晶液を吸い上げます

④そのまま一晩おくと……

　木の縁にだけ液がしみこんでいくようにツリーの内側の部分にロウを塗ったり，縁の部分にはさみで細かく切れ目を入れたりしても楽しいです。ツリーに水性ペンや食用色素で色をつけておくと，結晶液に色素が溶けて色つきの雪ができます。

　紙の他に毛糸やモールでツリーを作っても良いでしょう。ただ紙をちぎったものをたくさん入れておくだけでも，紙が結晶液を吸い込んで，まるで太った羊のような雪の山ができます。液にどっぷり浸かっているとなかなか乾燥しないので，液をあまり入れすぎないようにしましょう。

③一番のお薦めは霧吹きを使うことです。霧吹きに結晶液を詰め，造花などに吹き付けて乾燥させると，はじめは霜が降りたようになります。何度も繰り返すと結晶がどんどん大きくなっていき，本当に雪が積もったようになります〔口絵参照，造花と100円ショップで売っていたクリスマスツリー〕。

　一度にたくさん吹きつけると乾燥が遅くなるので，少ない量を吹きかけて乾燥させる過程を何回も繰り返します。早く乾かしたい時はドライヤーを使います。

　とても簡単にできてきれいな尿素の雪の結晶，みなさんもぜひ試してみませんか？

*尿素の雪の結晶作りは，インターネット上でもたくさん見ることができます。

(初出 No.305, 06・2)
思い出深い卒業の朝

手作りコサージュを贈ろう

●お世話になった3年生に気持ちを込めて

粒田尚子（くいだ ひさこ） 岡山・中学校

　毎年，2月に2年生（中学）からボランティアを募集し，卒業していく3年生に贈るコサージュを作ってもらっています。これが簡単なわりに出来上がりがとてもきれいで，評判がいいのです。それで以下に作り方を紹介することにしました。もともとの作り方は，5年前に倉敷市立郷内（ごうない）中学校の新谷富子（にいや）先生から教えてもらったものです。時間の目安としては，卒業生180人分を作るのに，「作り方」の①・②の行程はボランティア5〜6人で約3時間，③〜⑦の行程は10人ぐらいで約5時間かかりました。③〜⑦の行程は人数が多くいればいるほど早く終わります。単価は1個70〜80円くらいでできます。

用意するもの

　布はスパークオーガンジー（白・うすピンク・こいピンクの3種類。ピンクを青にしてもきれいです）。他にハサミ，針と糸，安全ピン，定規，厚紙で作った型。

作り方

①オーガンジーを12cm幅に切ります。12cm幅にしるしをつけておき，そこに少し切り込みを入れておくと，手で簡単に裂けます。

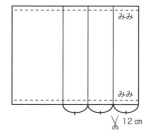

もちろん，ハサミだと，サーッと切れます。

12cm幅に切ったオーガンジーを，さらに1辺12cmの正方形に切ります。この正方形が，1人につき6枚（白3，うすいピンク2，こいピンク1）必要になります。

②正方形に切ったオーガンジーを，三角形に3回折ります。

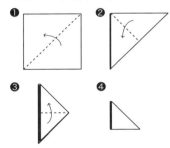

③右上の「型の原型」図を使って，厚紙で同じ大きさの型紙を作ります。

折った布の上にその型紙をのせ，しっかり押さえて，ていねいに切ります。

このとき，折った布も型も，長い辺どうしを合わせます。慣れてきたら，いっぺんに2枚重ねて作る方がふわふわしにくくなり，作りやすいです。

広げると右のような花の形になります。

花びらカットは慎重にやりましょう！ このコサージュは花びらが命です。

④右下の図のように，濃いピンクの花と白の花を1枚ずつ，ピンクの方を上にして，45度ずらして重ねます。

ピンクの面を内側にして半分

に折り，さらにもう一度半分に折り上げます。

次に，同じようにして，「うすいピンク＋白」の組み合わせて折ったものを2組作ります。

⑤「うすいピンク＋白」2つの間に，「こいピンク＋白」を，3つとも同じ向きに重ね，さらに★の部分を中心にして，「こいピンク」のほうを下図のようにずらせておきます。

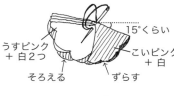

うすピンク＋白2つ　そろえる
こいピンク＋白　ずらす
15°くらい
上
下

形を決めたら，重なりあった角から4mmく

刺す所
4mmくらい

らいのところ（★のあたり）に針を通し，2回縫います。角に寄りすぎても離れすぎてもバランスよく花が開きません。2回縫ったら，しっかりと玉止めをして，形を整えます。前から見ると，右図のような感じになっています。

この④と⑤の行程を，人数を分けて分業体制にすると，作業がとても早くなります。

⑥花ができたら，服に止められるように，安全ピンをつけます。

糸を通した上側を，ほんの少しすくうようにして安全ピンを刺します。このときに，こいピンクの中心部分はすくわないようにしてください。固くなり，バランスが悪くなります。

うすピンク　うすピンク
こいピンク

安全ピンをつけたら，やったぁ，出来た‼

生徒たちの感想

★わたしは，コサージュづくりの中でも，布を切って生地をつくる仕事をしました。ピンク色の大きな布に寸法をはかって印をつけていく作業は思ったよりも時間はかからず，友達と手分けしてやると，より手際よくできました。私達がつくった布を，今度は別のグループの人がコサージュの形に仕上げ，とてもきれいなコサージュがつくれました。それをつけてもらった人を見ると，何だかうれしくなり，「作ってよかったナア……」と実感しました。機会があれば，また，つくってみたいです。

（伊藤ゆかり）

★いっぱい作らないといけないから大変だった。コサージュの布がすぐにひろがるからずっともってないといけなくて，糸で縫う人と布を折って重ねる人で分かれてやったらやりやすかった。

（小池佐由美）

★コサージュを作ったのは，楽しかったけれど，形が上手に作れなかった。 （小林和美）

★布の長さをはかったり，布を切ったりするのはたいへんだったけれど，まあまあきれいに出来たのでうれしかった。（戸田愛子）

★コサージュ作りは1つ1つの作業が細かくて大変だったけど，卒業生の先輩方が喜んでいる姿を見ると，とてもうれしかったです。コサージュは卒業式にかかせない物だとあらためて思いました。

（中嶋香奈子）

★コサージュを作ってみたけれど，そこまでむずかしくなかったです。お世話になった先輩達にコサージュを作るのはとてもうれしい気持ちになりました。（西村典子）

★コサージュを作ったことがなかったので，よい体験ができました。針で布を縫い合わせるのはすごく難しくて1個を縫うのに何分

もかかったりまちがえたりして大変でした。けど，コサージュをつくれたら達成感を感じられたのでよかったです。　　　（細川佐恵子）
★「コサージュを作る！」と聞いて，すごくむずかしいんだろうなあと思っていたらけっこう簡単でした。作ったコサージュの数が増えるたびにどんどん花っぽく（うまく）できるようになりました。手作りなので，気持ちがこもって良いと思います。（山本由紀恵）
★最初，先生に教えてもらった時はむずかしそうで「この布でどうやって作るんだろう？」と思っていたけど，作ってみると意外と楽しかった。作業は布を切るところからぬいつけたり，安全ピンをつけたりといろいろあって，縫いつけるところでは何度もやり直した。けれど，卒業式で先輩方がつけてくださっている姿を見ると，作ったかいがあったなあと思った。
（湯本はるか）
★初めてコサージュを作りました。最初はたくさん失敗ばっかりしてたけど，だんだん慣れてきて失敗が少なくなりました。けっこう三角に折るのがむずかしいです。ちゃんとたてをあわせないで切るとたてと横がガクガクになって使いもんになりません。だからけっこう作るのがむずかしいです。あまり器用じゃないので大変でした。けど作るのが楽しかったです。
（宮下良樹）
★初めてのコサージュ作りをしたけど，最初は慣れなくてきれいにできなかったけれど慣れてきたらきれいな形でできるようになって，さらに２枚３枚を重ねて切ったりする少し難しいことができた。初めてだったけど，真剣にうちこめてとても楽しかった。

（村上健太郎）
＊生徒名は仮名です。

＊スパークオーガンジーは手芸屋さんなどに売っています。幅1.1m〜1.2mのものが，1mで約700円ですが，お店によっては，布の幅がちがうので，買うときに注意してください。
「キンカ堂」というところではスパークオーガンジーの通販もしています。アドレスはhttp://www.rakuten.co.jp/kinkado/index.html

（初出 No.319, 07・2）

卒業式には
コサージュを！

難波二郎 岡山・高校

『たのしい授業』に梶田尚子さんが紹介された「手作りコサージュ」（264ペ参照）をやってみました。

岡山仮説サークルで数年前，梶田さんが紹介してくださったときから，「もし自分が生徒会担当になったら，ぜひやってみよう！」と思ったのです。

今年（05年），初めての生徒会顧問，そして，卒業式後の「送別セレモニー」を担当しました。コサージュを生徒会の子に提案すると，やる気になってくれました。

生徒会が1・2年に呼びかけ，40人ほどが集まりました。作業工程を「布を切る日」と「形作る日」の2日に分け，1日1時間半～2時間ほどで，約200人いる卒業生全員分が完成しました。僕は『たの授』の説明書を渡しただけで，あとは生徒が全部やりました。

『たの授』に載っていた作り方は，1個あたり6枚の布を使うということでしたが，今回はボリュームを出すため，1個当たり8枚の布を使ったそうです。

卒業式予行の日に，2年生の生徒が「在校生で心をこめて作ったので，明日の卒業式では胸につけてください」と3年生にコサージュを紹介すると，「わぁ，きれい！」という声が上がりました。

当日，紺の制服に，男子は青と白，女子は赤と白のコサージュが映えて，よかったです。

毎年来賓にはリボンをつけてもらっているのですが，今年は卒業生の胸のコサージュが，卒業式をいっそう彩ったように感じました。

(初出 No.319, 07・2)

染め紙で
コサージュづくり

福田美智子 大阪・小学校

　以前，新聞紙のカラーページを使って作るコサージュの作り方を，奈良の山本知代さんに教えてもらいました。作り方が簡単なので，さっそく家に帰ってから自分でも作り，サークルのみんなにも紹介したところ，作るのに失敗がなく，大人なら15分〜20分くらいで完成できることがわかりました。

　しかし，新聞紙のカラーページはすぐには準備できません。そこで折り染めした紙で作ってみました。すると，色とりどりのおしゃれなコサージュができあがりました。

　また，教えてもらった方法を改良し，5つ折りだった花びらを4つ折りでできるようにし，木工ボンドで接着していたところを両面テープで簡単に形よくまとめられるようにしました。花びらの大きさを自由にかえて，重ねる枚数を増やせば，もっと大きなコサージュも作れます。しかし，ここでは基本になる形を紹介します。ここからどんどん工夫していけば，コサージュだけではなく，いろいろなものが作れると思います。

　紙を染めるのに1時間，コサージュ作りに2時間をとれば，小

学校の中学年から十分できると思います。そして最後にできあがったコサージュを食品保存用のプラカップに入れれば，保存や持ち運びも便利になります。そのまま贈り物にもできるので，母の日のプレゼントや，卒業生へのプレゼントにも喜ばれます。

●材料（1個分）と道具●
・折り染めした紙（むら染めのもの。275ペのシャカシャカ染めがよい）……25cm×25cmを1枚
・両面テープ（1.2～1.5cm幅）……10cmくらい
・ブローチピンまたは安全ピン……1こ
・つやだしニスとハケ，またはクリアラッカー……少々
・ラメのり絵の具（キラキラの入ったのり，100円ショップで入手可）
・竹串……1本
・はさみ
・のりまたは木工ボンド

●作り方●〔口絵も参照〕

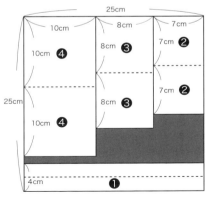

1．染め紙を右図の実線部分で切る（点線は切らない）。黒い部分はピンを固定するために使うので，捨てないでおく。
2．右図❶の紙を点線で二つ折りにして，はさみで0.3～0.4cmくらいの

間隔で切り込みを入れていく。下は切れてしまわないよう、0.5cmくらい残す。

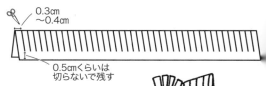

切ったものを端から丸めていき、最後は、のりかボンドでとめて、とれないようにする。

3. ❷の紙を点線で二つに折り、内側にのりかボンドを塗って貼る。その状態で4つ折りにし、274ペの型紙（小）を重ねて、はさみで切る。広げると4弁のつながった花びらができる。

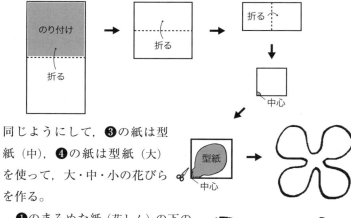

同じようにして、❸の紙は型紙（中）、❹の紙は型紙（大）を使って、大・中・小の花びらを作る。

4. ❶のまるめた紙（花しん）の下の部分に両面テープ4cm位を巻く。組み立てるときまで保護紙ははがさないでおく。

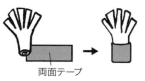

5. 大・中・小の花びらに、竹串でふくらみをつける。1枚の花

びらにつき2ヵ所,右図の点線のところに竹串を置いて紙を巻きつけ,両端から中央に紙を寄せ,しわをつける。こうすると,バラの花びらのようなふくらみが付く。丸まった方が花びらの外側になる。

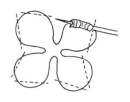

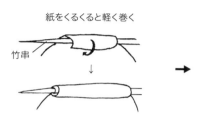

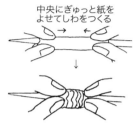

6. 花しんの両面テープの保護紙をはがし,小の花弁の中央につけ,形よくまとめる。このとき,花弁は丸まった方が外側になるよう気をつける。

7. 中の花弁の真ん中に両面テープをつけ,そこに小の花弁をつけて花の形を作る。大の花弁も同じようにする。このとき,大中小の花弁が重ならないようにする。

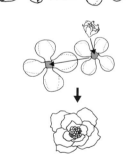

8. 残っている染め紙を3cmの正方形に切る。正方形の真ん中に両面テープを貼り,余った両側を折って貼り付け,1.5cm幅の帯を作る。さらに帯にも両面テープを貼り,ブローチピン(または安全ピン)をつけ,花の裏にしっかりと取り付ける。

花の表面にニスを塗り、乾いたら、ラメのり絵の具を花びらの先や花しんにつけ、できあがり。

●型紙● (このままの大きさで上質紙に印刷してください)

斜線部分を4つ折りの中心にあわせ、その部分は切らない。

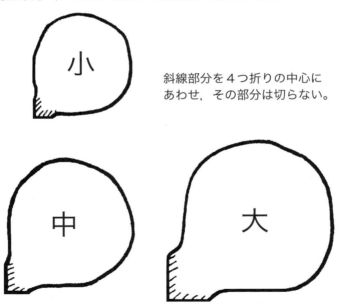

（初出 No.319, 07・2）

シャカシャカ おりぞめ

●くしゃくしゃ丸めるだけの簡単折り染め

浦木久仁子　大阪・特別支援

2006年2月，兵庫県の百合学院で行われた「〈たのしい授業〉公開授業と入門講座」の売場で，色とりどりの染め紙で作ったコサージュを見ました。それらは「ひぐらしサークル」を主催している福田美智子さんによるものでした。

そのときに，美智子さんに「紙をいっぱい染めなあかんかったから，紙をくしゃくしゃっと丸めてコーヒーの空きビンに入れて，染料をたらたらっと入れて振って振って作った」と聞きました。

「くしゃくしゃに紙を丸めて」というのですが，これも「折り染め」の一種に違いありません。以前，山本俊樹さんから同じような「くしゃ折り染め」を教えてもらったことがありましたが，なんとなくやる機会がないままでした。

でも，今回はビンに入れて振るだけなら簡単だろうと思い，早速，担任している「あすなろ学級」の史子さん（仮名）とやってみました。

＊＊＊

紙を丸めるところですでに史子さんは大喜びでした。初めてのことには引っ込み思案の彼女も，乗り気で「やってみよー！」と，くしゃくしゃやりはじめました。

次に紙染めです。史子さんは，およそ1年前，入学したての頃は《空気と水》の授業で，うまくやれる自信がなくて「スポイト競争」ができなかったのですが，今回は私がスポイトを使って染料を吸い上げるのを見て，やる気になったようです。

「こうして，ああして」と言いつつ，慎重にスポイトを使いながら，自分がやってもうまく染料が吸い上がってくるのを見て，「なんや簡単や。天才かも！（うまくいったときの彼女の口癖）」と大喜び。そ

の後は瓶を振りながら「おもしろーい」とゴキゲンでした。

染め上がった紙を広げながら，またまた「わーきれい！天才かも」。私もそばで「天才天才！」とかけ声をかけました。2人で次々とくしゃくしゃ・シャカシャカ，たくさんの紙を染めました。

染め上がった紙は，折って染めたものとはまた違う味わいがあります。コサージュだけでなく，用途は広いと思います。

また，この染め方は「紙を折るのがめんどう」と思っている人や，折るのが難しい生徒さんにもできると思います。何より紙をくしゃくしゃ丸めたり，ビンをシャカシャカ振るところに，この染め方の楽しさがあると思います。

◇用意するもの
おりぞめ用障子紙（25cm×25cm），インスタントコーヒーなどの空きビン（透明の方が中身が見えて良い），おりぞめ染料，スポイト，箸かトング，雑巾，新聞紙，アイロン

◇やり方
①おりぞめ用の紙を，1枚ずつくしゃくしゃに丸めて空きビンに2〜3個入れる。このときあまり固く丸めすぎると，後で白い部分がたくさん残ってしまうので注意。

②スポイトでおりぞめ染料を吸い上げ，ビンの中にたらす。2〜3色がよい。ビンの底に少したまるくらいの量にする。

③ビンにふたをし，シャカシャカ振って染料をいき渡らせる。

④中の様子を見て，好みのところで箸かトングで紙を取り出し，雑巾で余分な染料をとる。

⑤染め上がった紙を新聞紙の上に広げて乾かし，生乾きくらいになったらアイロンをかける。

☆色を変えるときは，瓶を水洗いしてください。
☆屏風折りした紙や，ゴムで絞った紙を入れてもおもしろいです。
☆染料を入れるときは，特にスポイトは使わなくてもいいのですが，染料の入れ過ぎ防止にいいと思いますし，楽しいです。
☆豊橋の高橋敦子さんは，ビンだと生徒さんが投げたり手からすっぽ抜けてしまったりするので，ジッパー袋を使っているそうです。

＊折り染め染料は仮説社でも販売。赤・ピンク・青・紺・黄の5色6本セット税別3000円。

〈初出 No.290, 05・1〉

考えた人
小川郁美
北海道・養護学校

紹介する人
小笠原　智
北海道・養護学校

　小川郁美さんの考案したものづくりに、100円ショップのラッピング用の金銀針金を使って指輪やティアラを作るというものがあります(「超豪華!?　アクセサリー」『ものづくりハンドブック６』仮説社)。2004年の仮説実験授業、夏の滋賀大会で岩手の小田島英一さんから、この〈針金指輪をビーズを使って作った〉という作品を見せていただきました。小田島さんの指輪は、ラッピング用の針金を使うところは小川さんと同じです。しかし、針金をねじるときにハンドドリルを使っているので、手でねじるよりもはるかに針金を細くすることができたのです。そこで、ビーズを通して飾り付けることができたというわけです。とても芸術的でスゴーイのですが、マネをするのはちょっと難しそうです。

　この作品を元祖の小川さんに見せたところ、小川さんは「実は私もビーズ指輪を作っていたのよ」というのです。〔口絵参照〕

　小川さん考案の指輪は、小田島さんのものと同じようにビーズを使っているのですが、ラッピング用の針金ではなくアルミ針金を使います。アルミ針金は柔らかいので加工がしやすく、細いものを使えばビーズを通すこともできます。これなら子どもでも簡単に作れそうでした。実際、小川さんの小学校４年生の娘さんの作品も見せてもらいました。

　簡単なのに超ゴーカに見えるこの指輪、お祭りやバザー、ゲームの商品として、かなりいいかも？

◆**用意するもの**

・アルミの針金（0.9mm径の金色か銀色）
・ビーズ（穴の大きいもの）
・ラジオペンチ

　いずれも100円ショップ、手芸店等で購入できます。

◆**作り方**

①アルミ針金20cmを細いマジックに二回りまく。

②針金の両端にビーズを3個ずつ通します(大きいビーズを使うときは片方に3個でもよい)

③残った針金の先はグルグル渦巻きにしてから，ほどけないように針金同士をからませて出来上がり。ラジオペンチでクルクル巻くときれいに見えます。

(初出 No.290, 05・1)

```
あなたも1分で作れる!?
超カンタン指輪

考えた人
藤下育美
大阪・小学校

紹介する人
段上和夫
大阪・小学校
```

鍵をつけるのに使う二重リングを使って，藤下育美さんが指輪を作ってサークルに持ってきてくれました。

「リングとビーズでこんな素敵な指輪がつくれるの?!」「材料費はほとんど無いようなものね」「あっという間に作れてお手軽」と，サークルの方々に好評でした。皆さんも作ってみませんか？

☆作り方

定規などで二重リングの隙間をあけて，少し大きめのビーズを差し込みます（あまり大きいと，はまってくれません）。リングの両端からビーズを一つずつ差し込んで，ちょうど半周したところで止めれば出来上がりです（リングが締まるので自然に止まります）。

二重リングの隙間をあけるとき，ボールペンなど先のとがったものでこじ開けるのは，ケガのもとになることがあるので，やめたほうがいいでしょう。

大きめのビーズ二個と，小さめのビーズ一個を組み合わせてもいいのですが，あまりたくさんビーズを差し込むと，ビーズが抜けやすくなります。

☆材料の入手方法

・二重リング

文房具屋で「二重リング」といえば手にはいると思います。私は径が17mmのものを使いました。大きさは色々あるので，指にあわせてお選び下さい。

・ビーズ

手芸店や100円ショップで手に入ります。二重リングに差し込めるだけの内径があって，小さすぎず大きすぎないものならあとは好みに合わせればよいでしょう。何種類か用意して，色の組み合わせを楽しむのもいいのではないでしょうか。

(初出 No.313, 06・9)

ビーズのアクセサリー作り

佐藤晴美 神奈川・小学校

○ビーズで指輪作り

「これってビーズでも出来るのよね」。湘北サークル(湘北楽しい授業の会)で,〈カラーテープ(中心に針金が入っているビニールひも)の指輪〉を教えてもらっているときの参加者の一言でした。〈カラーテープの指輪〉というのはカラーテープを丸めたものを宝石に見立てて,指輪を作るのです。

＊小川郁美・小笠原智「超豪華?! アクセサリー」『ものづくりハンドブック6』72ペ,仮説社,参照。

え！ビーズ……そういえば,3年前は趣味で毎日ビーズの指輪を作り,ネックレスも作ってたのに,今では全然作ってないのを思い出しました。ビーズのアクセサリーは,作るのは楽しいけど,なんといっても時間がかかるのが難点です。指輪で早くて30分,手が込んでいるものだと1時間もかかります。小さいビーズに糸を通すのが大変だったこともビーズから遠ざかっていた理由でした。でも,〈カラーテープの指輪〉を見て,「宝石部分は,カラーテープのままでも輝いているけど,ビーズだったらもっとキラキ

ラして綺麗だろうな。作ってみたい！」と思ったのです。

　ビーズを宝石部分に使うのはいいのですが，手芸屋さんにあるようなガラスのビーズは値段が高いのが難点です。そこで，何でもある100円ショップ（私はダイソー）に行きました。そうすると，あるある，そこにはいっぱいのビーズが！　私が見つけたのは，100円で35個入り（ザ・ビーズ，ビーズコレクションD-4）のものと，80個入り（ザ・ビーズ，ビーズコレクションD-8・9・10）のものでした。プラスチック製で安いけれど，丸いものや形の変わったもの，どれもキラキラしててとっても綺麗です。すぐに使えそうなものをたくさん買って帰りました。

　家まで待てずに電車の中で試作品を作り，改良しながら二個目も作りました。さらに家に着いてすぐにもう一つと，あっという間に３つも作ってしまいました。ひとつ作るのにかかる時間は３〜５分なので，次々作れます。出来た指輪はとっても綺麗で，自己満足した夜でした。〔口絵参照〕

＊ビーズの指輪＊

[材料] ラッピング用カラーテープ（12cmくらい）２本，ビーズ（8mmくらい）１個。100円均一のものを使えば，材料費は１つ４円くらいです。

[作り方]

①ビーズにテープを通す。先を細く（ワイヤーの両端を折りたたむように）すると，通しやすい。通ったら，ビーズの２倍くらいの長さまで出す。

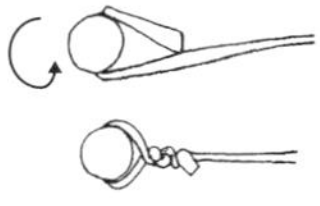

②出したところを折り返し，ビーズをねじってとめる（右図）。

③新しいテープ1本とまんなかあたりで重ね、あわせてねじる。1本だけのほうが簡単なので、低学年ではそのままでもOK。
④指に巻きつけて、太さを決め、ぐるぐるとビーズの根もとに巻いてとめる。このときちょっとゆるめにしておいたほうが、後で指を抜きやすい。
⑤上部に飛び出しているテープをビーズの下に巻きつけ（右図）、台座のようにしたら完成！

　次の日、早速学校に持って行き、職員室で「綺麗でしょ」と見せると「綺麗！」「え、本物じゃないの？」との声があちこちから聞こえてきました。思わずにっこり。「材料はこれよ」と、100円ショップで買ったものを見せると、みんな「え〜」「へ〜、こんなものでできるの？」と良い反応でした。

　すぐに子ども達と作りたかったのですが、今年は少人数担当で、担任しているクラスがないのです。そこで職員室で先生たちに作ってもらいました。作り方も簡単なのですぐ仕上がり、やはり「綺麗」「本物みたい」なんて感想がでました。

　そのうち「指輪にあわせてペンダントトップもほしいな」の声があがって、それからペンダントトップも作りました。さらに「指輪・ネックレスとくればブレスレットだ！」と、毎日作品は増えていくばかり。でも、ワイヤー入りビニールひもにビーズを通してねじるだけなので、凝ったものでも15分もあれば作品が出来るのです。

＊ビーズのペンダントトップ＊

[材料] ラッピング用カラーテープ（20cm）1本，ビーズ（6mmくらい）7個（3個でも5個でもいい）。

[作り方] ①カラーテープにビーズを7個，間隔をあけて通す。

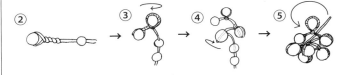
↖ビーズの2個分くらい出す

②一番端のビーズの先から，テープをビーズの2倍くらいの長さに出して折り返し，ねじってとめる。
③1個目と2個目のビーズの間に小さな輪を作り，ねじって固定する。これはチェーンを通す穴になる。
④ビーズとビーズの間を少しあけながら，1個ずつねじってとめる。
⑤ビーズをすべて固定したら，好きな形に整え，残りのテープを③で作った輪の根本にまきつけてとめる。テープがあまったら切る。
☆できたペンダントヘッドはひもやチェーンに通す。

＊ビーズのブレスレット＊

[材料] ラッピング用カラーテープ（20cm）3本，ビーズ（6～8mm）6～9個。

[作り方] ❶ペンダントトップの作り方②まで同じ。
❷1個目と2個目のビーズの間から，新しくカラーテープを1本ねじりながらとめていく。そのとき，2個目のビーズの横にかぶせてねじるようにし，ビーズを固定する。それを6個目まで繰り返す。
❸腕の太さに合わせてカラーテープの長さを調節する。端はすこし長目に残るようにしておく。足りなかったらカラーテープをたす。
❹テープのあまりで，ビーズより少し大きめの輪を作る。この輪に

一番端のビーズをはめて，留め具にする。

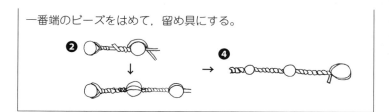

○サークルで紹介しました！

　神奈川県の大和市で開かれている「大和仮説を楽しむ会」でも紹介しました。いつもは授業書を実際に体験したり，実験のコツを教えてもらったりしているサークルです。私には格調高い感じがしていたので，「指輪作りなんてやってもいいかな？　男の人ばっかりだしな」なんて不安な気持ちでした。でも指輪作りが始まると「綺麗」「簡単だから俺でも作ろうという気になるよ」の反応に，ほっとひと安心しました。ペンダントヘッドもみんなで作りました。そのうち，ひとりで３個４個作る人，難しいものを作り出す人も現れました。みんな静かに集中して，指輪作りの時間がすぎていきました。

　次は湘北サークルで紹介しました。「綺麗！」「簡単！」と，みんな黙々とたくさんの指輪・ブレスレット・ペンダントヘッドを仕上げていきました。「宝石の部分がビーズで出来ているので簡単！」「いつもはビニールひもを巻くところがうまくいかないんだよ」などという意見も出ました。嬉しそうに５本の指すべてに作った指輪をはめる人もいて，とても喜んでいただけました。。

　サークルですばらしい感想をいただいたので，その一部をご紹介します。

☆ついついいっぱい作りました。作るのは楽しいです。小学生だけではなく中高生も楽しんで作ると思います。
☆失敗を気にしないで心のおもむくままに作れるので，とても楽しいです。本物のビーズは敷居が高いけど，これなら子どもでも何回もやり直しができるので，とても良いと思います。一度やり始めると黙々と製作してしまいます。とても楽しかったです。
☆ゴージャスな指輪で，たいへんセレブな気分でした。遠くから見ると本物ぽく見えるのが，ポイントですね。楽しく作れて良かったです。4円とはびっくりですね。

○子どもたちと作ってみたい！

1学期も終わりに近づき，どうしても子どもたちと作ってみたくなりました。3年生1クラス・4年生2クラスで「指輪作り，やらせてもらえない？」と頼んだところ，良い返事をもらえたので，「やった！」と心の中で思いました。

〔3年生と作ってみました〕

簡単に出来るようにカラーテープ1本でつくりました。3年生の教室で「こんな指輪を作ります」と，ビーズの指輪を見せたとたん，「わ～，きれい」「どの色にしよう？」の声。好きなビーズとカラーテープを選んでもらい，説明しながら作ることにしました。子ども達は真剣なまなざしで聞いてくれました。話を集中して聞いてくれたので，1個15分ほどで仕上がりました。

2個目はビニールひも2本で作るのに挑戦する子もいました。全員が30分ぐらいで2個作ることができました。

評価

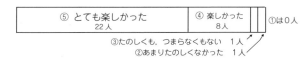

感想

☆とても楽しかったので，またみんなで，たくさ～んたくさ～んどっさり作りたいです。

☆ぼくは最初に青色のビーズと銀色のテープを使ったのがきれいでした。2個目は黄色のビーズと銀色のテープと金色のテープを使って楽しかったです。

☆まえにつくったゆびわよりかわいくて作りやすかったです。自分で工夫して作ったりしました。でもちょっときつかったです。作り終わってからいっぱいの人に「かわいい」と言われてうれしかったです。きょうはとてもたのしかったです。

〔4年生と作ってみました〕

　4年生ははじめからカラーテープを2本使って作りました。まず教室で指輪を見せると，「わ～い」「きれいー」の声の中に，「おれ，指輪しないしな～」という子が！（内心，「え～どうかな大丈夫かな？」とドキドキ）

　でも，ビーズを選び，作り始めると，真剣なまなざしでみんなが話を聞いてくれ，カラーテープ2本をねじる頃にはみんなが集中して作っていました。テープ2本でも20分かからずに1個仕上がりました。作れた子から2個目を作り，30分でみんな2個仕上がりました。

評価

1組	⑤ とても楽しかった 26人	④ 楽しかった 8人	③②①は0人
2組	⑤ とても楽しかった 23人	④ 楽しかった 13人	①は0人

③たのしくも、つまらなくもない 1人
②あまりたのしくなかった 1人

感想

☆ビニールひもとビーズ1個でこんなにきれいにできるなんて思っていなかった。

☆本物みたいでかんたんで楽しかった。最初は少しだけ大変だなーと思ったけど，2回目を作るとうまくできるようになりました。こんな簡単にできるとは思いませんでした。こんどはもっともっとうまく作りたいです。

☆指輪作りは予想以上に楽しかったです。テープとビーズだけであんなに本格的な指輪が出来るなんてすごいと思いました。たったの4円で指輪が出来るっていうのもびっくりしました。

☆ビーズ1個とカラーリボンで指輪が作れるとわかりました。作ってみてとっても簡単できれいに出来るし家でも出来そうで，とっても楽しかったです。私は銀2本とパールの色で作りました。他のビーズでも出来そうで「とってもかんたん・かわいい・楽しい・やすいねだんで作れるゆびわ！」といえるほどでした。ねだんはなんと，5円より安い4円です！

（おわり）

(初出 No.326, 07・8)

ビー玉アクセサリー キラキラ★ジュエル
●心ときめく〈ものづくり〉

阿部直美 徳島・会社員（イラストも）
編集 小野健司 徳島・四国大学

☆「ビー玉アクセサリー」
　　と出会って大感激

　みなさんはビー玉で遊んだことはありますか？

　ビー玉って高級なものではないけれど,とてもキレイですよねえ。小さい頃,私にとってビー玉はまるで宝石みたいで,持っているだけで嬉しくなりました。大人になった今でも,「ビー玉ってキレイだなあ」と,なんだかとても惹かれるものがあります。

　そんな魅力たっぷりなビー玉に魔法をかけて（？）,もっとも〜っとキラキラに変身させたのが,今から紹介する〈キラキラ・ジュエル〉です〔口絵参照,作り方は後述〕。〈キラキラ・ジュエル〉で使うビー玉は,本物の宝石のようにキレイで,いつ見ても,何度見ても思わず手にとって「キレイだなあ〜」と言ってしまうくらいです。

　〈キラキラ・ジュエル〉の主役は,何と言っても「キラキラで素敵なビー玉」です。このビー玉との出会いは,2003年5月に四国大学のゼミのみんなで開いたイベント「わくわく!!ドキドキ!!科学教室」でした。小笠原智さんが『ものづくりハンドブック2』（仮説社）で紹介している「ビー玉アクセサリー」の写真が,とぉ〜ってもキレイだったので,「きっと子どもたちにも喜ばれるだろう！」と思い,ものづくりコーナーでこれを作ることに決定しました。私は,

「こんなにキラキラのビー玉が作れる」ということを,この時に初めて知りました。

しかし,この「ビー玉アクセサリー」が,ものすご〜く素敵だなんて,この時にはまだ気づいていませんでした。やっぱり心のどこかで,「たかがビー玉」という思いがあったのでしょう。

でも,イベント当日,子どもたちと一緒に実際に自分で作ってみて,その美しさに大感激してしまったんです。熱したビー玉を水に入れた時に一瞬で「ピキピキッ‼」とひびが入るところを見ると,思わず「おぉ〜っ‼」と歓声を上げてしまいました。このひびの入り具合が,何十倍もビー玉のキラキラ感をアップさせてくれたのです。もちろん,子どもたちにも大人気でした。

☆生まれたわけ

この日をきっかけに,私はすっかりこの「ビー玉アクセサリー」が大好きになりました。そこで,科学教室の後に行った教育実習で仲良しになった小学生の子どもたちにも,「この〈ビー玉アクセサリー〉をプレゼントしよう!」と思ったのです。でも,「小笠原さんが『ものづくりハンドブック2』で紹介していた指輪やイヤリングでは,男の子には喜ばれないかな? でも,そのままビー玉であげるのではさみしいな。このキレイなビー玉で何か作れないかなぁ……」と悩んでしまいました。こうして考えた結果,生まれたのが〈キラキラ・ジュエル〉です。

実習先の子どもたちには,「ビー玉に魔法をかけてキラキラにした魔法のおまもりだよ」と言って,プレゼントしました。すると,男の子にも女の子にも,とても喜ばれました。

☆「今風の授業」って?

ところで私が,〈キラキラ・ジュエル〉を開発するうえで,とても影響を受けた論文があります。それは,板倉聖宣さんの「ものづくりの授業の考え方」(『たのしい授業の思想』仮説社,所収)です。そこには,「ものづくりの授業では,真似ることが大切だ」として,

次のように書いてあります。

「科学だって技術だって，最初はみな進んだ人びとの仕事をそのまま受け入れて真似るのが上達の第一歩であることを忘れてはならないのと思うのです。一度真似てやってみて，その後で自分の工夫を加えたり，真似しようとして失敗して，そこで新しいことを発見するというのが一番オーソドックスな学び方といっていいでしょう」（316 〜 317 ペ）

ところが，今（2003 年）の学校の教育方針では，子どもの個性や自由な発想を大切にしているので，「教師が多くのことを教えるのはあまりよくないこと」とされているようです。私は，教育実習に行って初めてそのことを知って，大きな衝撃を受けました。

ものづくりの好きな私は，教育実習の研究授業にも図工を選び，『ものづくりハンドブック』に載っている〈ものづくり〉をしたかったのです。けれども，指導教員からは，「そのやり方は，昔のやり方だからあまり研究授業には向かない」と言われてショックを受けてしまいました。先生が「これを作りましょう」と支持して決められたものを作らせるのではなく，「子どもに任せて自由に作らせて，アイディアを発揮させるような授業が今風だ」というのです。

しかし，こうした「今風のやり方」では，工作の得意な子どもは楽しくできるかもしれませんが，そうでない子どもは思いどおりのものが作れずに，満足できないまま終わってしまうのではないでしょうか。私も，真似することは悪いことではなく，むしろ，子どもたちの発想の飛躍に必要なことだと思っています。一度真似してやってみて，そこから生まれてくるひらめきから新しいものを作り出せればよいと思うし，そうでなくても，真似したものに何か付け加えるだけで十分個性的なものになると思うのです。なんでも最初から自由にさせるよりも，「束縛から生まれる自由」というものを大切にした方が，ずっと素晴らしいものができるのではないでしょうか。私の〈キラキラ・ジュエル〉も，小笠原さんの「ビー玉アクセ

サリー」を真似することから生まれたのです。

☆売れる喜びと伝える喜び

教育実習での子どもたちの反応に大満足した私は，周りの大好きな人たちにも，子どもたちと同じプレゼントをしました。すると，小野健司先生から，「仮説実験授業の大会で開くお店で売ってみない？」とオファーがきました。そうなると，商品名を決めなければなりません。この時，〈キラキラ・ジュエル〉という名前をつけました。1個100円で売ったところ，見事20数個を売り上げました。私の大好きな〈キラキラ・ジュエル〉を誰かがお金を出して買ってくれるなんて‼ 感動もひとしおでした。この時，〈キラキラ・ジュエル〉をおしゃれ風にアレンジした〈キラキラ・ジュエル〉セレブ（後述）が生まれました。

ますます勢いに乗った私は，アルバイト先の塾の夏期講習で，「ものづくり」の時間に20人の小学生たちと一緒に〈キラキラ・ジュエル〉を作りました。子どもたちは，熱したビー玉にひびが入る瞬間にとても感動した様子でした。結局2回したけど，2回とももものすごく注目を浴びました。ただ小さい子には，モールを輪っかにしてビー玉につける作業が難しいみたいでした。それでも，1年生の子どもでも，私が少し手伝ってあげれば，上手に作ることができました。この時，「子どもたちに〈キラキラ・ジュエル〉の魅力を伝える」という喜びを改めて感じることができました。

☆たくさんの人に知ってほしい

こうして，大人にも子どもにも喜ばれる〈キラキラ・ジュエル〉は，ますます私のお気に入りとなっていきました。さらに，私は，このステキな〈キラキラ・ジュエル〉を，もっとたくさんの子どもたちや，保育者や先生たちに知ってほしいと思い，なんと卒業研究のテーマにも選ぶことにしたのです。

さらに私は，「〈キラキラ・ジュエル〉の制作ガイドブック」を作りたいと思い立って，「今まで自分が書いた作り方の紹介よりも，

もっともっと詳しく、分かりやすく、読んでいてHAPPYになれちゃうような一冊」を作ることにしました。そうしてできたのが、『〈キラキラJewel〉は夢いっぱいの宝物』という冊子です。〈キラキラ・ジュエル〉の魅力が、この一冊にギュッとつまっています。次に紹介する〈キラキラ・ジュエル〉の作り方は、その研究成果の一部です。これを読むことで、たくさんの人に小笠原さんの「キラキラビー玉」や、私の〈キラキラ・ジュエル〉の魅力を知ってもらえたらこの上ない幸せです。

☆〈キラキラ・ジュエル〉の作り方

材料：ビー玉、モール（15cmくらい）、麻ひも、ボンド（ガラスに付くタイプ）。すべて100円ショップで購入しました。

道具：金属製の取っ手付きザル（100円ショップで購入）、ガスコンロ、バケツ

作り方：

①ビー玉をザルに入れて熱する。ザルは乾いたものを使い、ビー玉は重ならないよう平らに入れる。軽くふりながら5分くらいでOK。（カセットコンロでOK）

②熱したビー玉をバケツにいっぺんに入れ、水で冷ます。「ジューッ」という音とともに一瞬でビー玉にピキピキッとひびが入る。少し冷ませばキラキラビー玉の出来上がり。

③キラキラビー玉にピッタリ合うようにモールを巻き付けて、ねじる。

くるっと巻き付けて　　余った部分も後で使うので、残しておく

④ モールの輪の内側にまんべんなくボンドをつける。輪の中にビー玉を入れ固定する。

⑤ ボンドが乾く間に麻ひもを切る。ひもの長さは何を作るかによって変わるので、完成品を予想して切る。

⑥ ボンドが乾いたら、モールの余った部分で輪っかを作る。

⑦ モールの輪っか部分に麻ひもを通したら完成！

キーホルダーにつけたり、カバンにつけたり、電灯のひもに結びつけたりしてもいいと思います。もちろんネックレスにしてもステキです。

☆〈キラキラビー玉〉の弱点

「キラキラビー玉」は、普通のビー玉の内部にひびを入れてキラキラ輝かせています。そのため、衝撃にとても弱いのです。

私も〈キラキラ・ジュエル〉をカギと一緒につけていたのですが、ある日、地面に落とした瞬間にパリーンと割れてしまいました。

飾っておくだけならそのままでも大丈夫なのですが、キーホルダーやストラップなど〈落として割る可能性のあるもの〉は、ラッカーを塗るといいそうです（『ものづくりハンドブック2』参照）。私は以下のような方法をおすすめします。

☆セレブ＆おだんごパズル

キラキラビー玉をアルミワイヤーでぐるぐる巻いて、そこに麻ひもをつけたものが「〈キラキラ・ジュエル〉セレブ」です。

太さ1.5〜1.6ミリのアルミワイヤーを20cmほど用意し、ビー玉に十文字に巻きつけます。ワイ

ヤーの残った部分で麻ひもをつける輪っかをつけ，あとはひもを通せば出来上がり！〔口絵参照〕

ワイヤーがビー玉を守ってくれるので，これで落としても大丈夫です。麻ひもをボールチェーンに変えれば，もっとステキになります。

さらに，キラキラビー玉が余っていたら，〈おだんごパズル〉をつくりましょう。

〈おだんごパズル〉は，名倉弘さん・益田治さんが紹介されたものです（『ものづくりハンドブック』2・3巻）。下の図のようにくっつけた4組のビー玉を組み合わせてピラミッド形にするというパズルです。

☆〈おしゃべりなガリレオ〉になりたい

さて，いかがだったでしょうか。卒業研究ができた時には，「楽しんでできたなぁ～」と，とても充実した気分でいっぱいでした。それは，もちろん，〈キラキラ・ジュエル〉を開発できたからなのですが，「この研究を進める中で学んだこと，新たに発展したことがたくさんあったから」ということも大きな理由です。

卒業研究では，板倉聖宣さんの

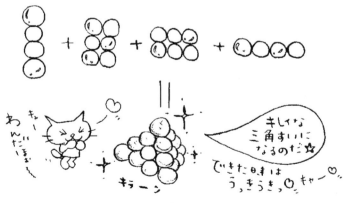

おだんごパズル

「技術と社会」「ものづくりの授業の考え方」(どちらも『たのしい授業の思想』に所収)という論文を引用させていただきました。この論文を読んで、私の〈ものづくり〉に対する考え方が今までよりもグッと広がりました。今までは、「〈ものづくり〉＝楽しい」という印象ばかりが強かったのですが、ただ楽しいだけではなくて、もっと深い〈ものづくり〉の意義や難しさ、〈ものづくり〉をする上で大切なことについても考えさせられました。そして、なによりも、〈ものづくり〉が子どもたちに与えるドキドキ‼ わくわく‼ うきうき‼ しちゃうようなステキな感動を再認識し、ますます大きな魅力を感じました。

また、ガイドブック『〈キラキラJewel〉は夢いっぱいの宝物』の作成の途中では、何度も新たな「〈キラキラ・ジュエル〉の素晴らしさ」に気付くことができました。さらに、「キラキラビー玉」の魅力を生かしたものを開発する可能性を感じ、私自身が、もっとも〜っと〈キラキラ・ジュエル〉のファンになってしまいました。

こうして自分が感動したり、「ステキだなぁ‼」と思った発明や発見について研究した成果をたくさんの人に伝えられることは、なんて素晴らしくて嬉しいことなんだろうと思います。私が最後まで楽しく研究することができたのは、この「人に伝える喜び」があったからです。

私は、松野修さんが書いていた、「感動を誰かに伝えずにはいられなかった〈おしゃべりなガリレオ〉」(『たのしい授業』1998年5月号所収)のような人になりたいと思っています。これからも、わくわくをキャッチするアンテナをピン！と立てて、たくさんの楽しいことを吸収したり、伝えていきたいです。

最後に、小笠原智さんをはじめとして、「キラキラビー玉」を紹介してくださったみなさん、そして小野先生に心から感謝の気持ちを贈りたいと思います。本当にありがとうございました。

心ときめく ものづくり
追試・補足情報

（初出 No.296, 05・6）
タンポポ綿毛の
ドライフラワー

神奈川　吉川辰司

「タンポポ綿毛のドライフラワー」（222ペ），さっそく作ってみました。ビンを探しましたが，手頃なビンがなかったので，ペットボトルで作りました。

●作り方
1. ペットボトルのフタを外して，細い針金をガスコンロで焼いて熱して，底から突き刺す。
2. ペットボトルの中に厚さ1cmほどシリカゲルを入れる。
3. 完熟したつぼみ（先が白いもの）を針金にさす。
4. 針金を下からひっぱりながら，ペットボトルの中にタンポポを入れて，フタをする。余った針金は切って短くし，ボトルの底からはみだしている分は折り曲げてテープでボトルの底にとめておく。
5. そのままほうっておくと，翌日には綿毛が開いてくる。日がたつにつれて乾燥して，ドライフラワーが出来上がり。

学校やサークルでとても人気でした。ペットボトルは炭酸系のものが丈夫なのでおすすめです。

（初出 No.296, 05・6）
タンポポ綿毛の
ドライフラワー

愛知　高木仁志

「タンポポ綿毛のドライフラワー」を1年生の子どもたち全員に作ってあげました。

『たの授』では，使用する乾燥剤は「シリカゲルなど」とあっただけで，どんなものを使ったらいいのかよく分かりませんでした。

しかし，ホームセンターで「簡単ドライフラワー乾燥剤」（1kg1000円）を見つけたので，それでやってみることにしました。31人の子どもたちの用意した容器に，シリカゲルと綿毛になりかかったタンポポを入れて，ビニール袋でフタをして閉じこめてやると，1週間ほどで立派なタンポポ綿毛のドライフラワーが出来ました。乾燥剤が容器の底を飾ってきれいです。1人のお母さんから「感動しました」というお手紙をいただきました。子どもたちも喜んでくれて良かったです。

（初出　No.313, 06・9）

紋切りうちわ

福岡　**斉藤香代子**

・・・・・・・・・・・・・・・・・・・・

8月4日に「母と女性教職員の会の活動」で，紋切り型のうちわつくりをやりました。「うちわ作り」をしたいなぁと計画をしていたので，香川の夏の大会で，仮説社の売り場で「うちわ」と，『紋切り型　月之巻』（エクスプランテ）を買っておきました。当日は，大人と子どもと，25名近く集まり，みんなで熱中しました。

お母さん方は，もう自分の作品作りに夢中で，子どもはほったらかしです。でもそれもうなずけます。それほど，「紋切り型」には人を夢中にさせるものがあるんですよね。

『たの授』に紹介されたような素敵な作品ができあがりました。「月之巻」のうさぎや，ススキ，お月様はうちわにぴったりです。また，下地に色紙を工夫して貼り，その上に紋を貼るのも，いろんなデザインができて，とてもステキでした。お母さん方や子どもたちのセンスの良さにただただ感動‼

デジカメを持っていくのを忘れたのが残念でした。

(初出 No.329, 07・11)

紋切りうちわ

東京 **福島純子**

・・・・・・・・・・・・・・・・

「紋切り型」の新作「紋切りうちわ」(販売：エクスプランテ)が登場して嬉しいです。

今年，夏休みに前に，小学2年生(12人)と3年生(14人)と「紋切りうちわ」作りをしました。できあがったうちわを「今度，団地の夏祭りのときに，ゆかたの帯にさして行くんだ～」なんて，2年生の女の子が言うんですよ。かわいいでしょ。

でも一番すてきだったのは3年生のことばです。

「失敗。失敗。失敗。大成功。失敗。だから楽しいんだよねー」

そうなんです。大成功はひとつだけで，いいんですね。だってひとつの大成功は百の失敗の上にあるんですから。

紋切り型に「はまる」わけが，わかったような気がします。

(初出 No.309, 06・5)

紋切り型の工夫

茨城 **長沼麗子**

・・・・・・・・・・・・・・・・

世の中には色々な折り紙があります〔下の写真参照〕。これらの折り紙を切り紙に使うとまた違った雰囲気が楽しめます。ショウワグリムの「エックスペア」という折り紙で「紋切り型花之巻」(エクスプランテ)を切ってみたところ，1色とは違った雰囲気になりました。雪の結晶等もこの折り紙で切ってみたら楽しそうです。

(初出 No.331, 07・12)
サンタのツリー

愛知 山田正男

12月21日が2学期最後の授業でした（06年,高校の数学）。この日はだいたい折り紙をすることにしています。今年は『親子でつくろう！遊べるおりがみ』（成美堂出版）を見ながら,サンタを作りました。

さらに,台紙を用意して,ツリー状にしてサンタを貼ると,「サンタのツリー」（下の写真）ができあがりました（ツリーにするアイデアは,小林一夫『くらしの実用おりがみ』成美堂出版,より）。

台紙と折り紙（赤のみ）だけでできるし,サンタが折れた人には顔や名前を描いてもらって,台紙に貼っていきました。1時間で完成しました。

(初出 No.318, 07・1)
クリスマスリース

北海道 高橋香織

「ミニクリスマスリース」（255ペ）,今年久々に学級でやってみました。

たまたま身近にモール（毛がふさふさのものではなくてキラキラのもの）があったので,ワイヤーの部分をモールで作ってみたところ,これがとってもGood！でした。長さが24cmなので切らなくていいし,キラキラがついているからビーズを通しても抜けてこないし（中学校の知的障がい学級の生徒さん4人とやりましたが,「ビーズが通しずらそう」ということはありませんでした）,片方を長めに残したら,その部分を使って架ける部分も作れるし,さらにそこがキラキラなのでかっこいいし。1本4.6円くらい（パッケージプラザで50本入230円）なので,いいことづくめ！……だ

と私は思いました。

　細かいところは手伝いましたが，本人達も大満足の，かわいいリースができました。

（初出　No.314, 06・10）
キラキラビーズの指輪

東京　清水浩子

・・・・・・・・・・・・・・・・・・・

　「ビーズのキラキラ指輪」（280ペ）を学童保育の子どもたちと作ってみました。土曜日にダイソーで材料を入手し，3人だけいた学童保育の子どもたちと楽しみました。

　でも……これだけではちょっとさみしいと，数日後，保護者会で会社を休んだついでにまたまた学童へ寄り，キラキラビーズの指輪を見せびらかし，低学年の女の子の視線を捉えました。しっかり1人で何個も作る1年生。1年生でも結構手軽にできてよかったです。

　意外だったのが，〈男の子もはまる〉ということ。高学年の子は魔王の指輪のように仕上げたり，「最初にね，カラーテープとビーズの色あわせをしたほうがいいんだよ。そうしないとおばさんっぽい感じの指輪になっちゃったりするでしょ」と，低学年の子へ声かけをしてくれたり……。目をキラキラさせながら作っていました。

（初出　No.309, 06・5）
UVチェックビーズ

神奈川　加藤愛子

・・・・・・・・・・・・・・・・・・・

　9月にUVチェックビーズでリストストラップを作りました〔口絵参照〕。

　太陽の光に当たると色の変わるアクセサリーです。子どもたちがとても喜んでくれました。3月になっても時々学校にしてくる子がポツポツいます。もうすぐ紫外線が強まる季節がやってきます。UVチェックビーズのストラップがまた活躍しそうです。

＊UVチェックビーズは仮説社でも販売しています。ボトル入り（約210個）は税別2500円，ハート（10個），星（10個）は各税別380円。

INDEX

ものづくりハンドブック1～8巻

総索引

INDEX

●この索引は,『ものづくりハンドブック』1〜8巻までの総索引で,五十音順に並んでいます。索引は,「記事のタイトル」ではなく,「ものづくりの名前」と「素材」から探せるように工夫してあります。

例えば,「牛乳パックで和紙はがきをつくる」というタイトルの記事は,「和紙はがき」(＝ものづくりの名前)と「牛乳パック」(＝素材)の2つの項目から探すことができます。

丸囲みの数字が巻数,ハイフンのあとの数字がページ数です。

●授業プランは〈 〉で表示されています。索引ページの最後には,授業プランだけをまとめて見られるように,「すぐに使える授業プラン」という項目を設けてあります。

あ

アイスキャンデー
　………………⑥-119,★⑧-123
アイスクリーム
　…①-10,⑥-116,126,129,130
アイスケーキ★……………⑧-114
アイスシャーベット★……⑧-126
アイススティック
　………⑥-122,124,125,129
アウトコインパズル………④-290
赤メガネで変身する絵……②-98
空き缶つぶしの実験
　………………②-223,④-237
アクションペン……④-242,243
遊び発表会としての学芸会…⑦-196
圧電ポン…①-260,262,②-243
　新・簡単圧電ポン………④-146
圧電ロケット………………⑤-140
アップル餃子パイ★………⑧-90
アートとしての万華鏡作り⑦-268
アメリカン・カントリークッキー★
　……………………………⑧-95
穴あき花挿し
　………⑦-166,★⑧-176,181
　ふれあい水槽……………④-260
アニマルスナッパズー……②-125
アルミホイル
　アルミキャップモーター ★
　……………………………⑧-26
　ステンド袋＆ステンドプラ板★
　……………………………⑧-236
　ピコピコカプセル★……⑧-16
安全缶切り…………………⑤-367
アンチスーパーボール
　………………①-17,18,②-81
安全なハサミ？ウープス……⑤-361
イイ店情報…………………③-290
板返し………………………②-114
いちごあめ…………③-268,272
いちご大福…………⑥-140,141
いちごのタネまき…………②-140
1時間でたのしめたドライアイス
　おもしろ実験……………④-98

302

INDEX

１．２．３のクッキー………⑥-297
一版多色刷り版画（シクラメン）
　……………………………⑥-76
いどうくん…………………⑦-154
犬のマスコット……④-198，201
今川焼き……………………⑥-150
いもバッジ…………………②-368
イリュージョン……………⑥-209
色変わりホットケーキ★…⑧-98
インビジブルゾーン………⑤-347
印鑑ホルダー・はん蔵……④-307
後ろ泳ぎで大爆笑…………②-386
うどん………④-131，132，133
海のかけら…………………④-56
エアーフレッシュ…………⑥-198
えびせんコロちゃん………⑤-12
炎色反応……………………②-383
大ウケ水晶玉………………④-246
お菓子の家…………………⑤-212
お金が消える貯金箱………③-204
お金が縮む貯金箱…………④-291
おきあがりこぼし⑥-58，⑦-204
おサルの木のぼり…………⑦-17
オジギソウを育てる………④-310
お品書き………………⑤-74，77
押し花キャンドル…………⑤-190
押し花しおり………………⑥-200
押し花づくり………③-110，111
お尻カード…………⑥-202，204
おだんごパズル
　……②-131，③-116，★⑧-293
お茶パックでカイロ………⑤-179

おっかけねこ………………⑤-22
音と楽器を作る……………①-182
おばけアイス★……………⑧-120
おひなさま作り……………⑤-166
オーブントースターでバナナケーキ
　……………………………④-138
オーメンの印………………②-87
おもちゃ・教材カタログ
　………………②-282，③-276
折り紙
　折り紙建築………………①-97
　折り紙ステンドグラス…③-115
　三角形で折りヅル⑦-102，104
　たなばたかざり…………⑦-87
　どっこいしょ……………④-58
　トンコロリン……………④-58
　山からひょっこり………②-382
折り染め…………①-66，81，82
　②-258，271，④-353，⑤-86，
　102，⑥-100，296，★⑧-275
　折り染めうちわ…⑥-106，305，
　　★⑧-229，230
　折り染め怪獣……………⑤-95
　折り染め気球……………⑦-78
　折り染めはがき…………⑥-196
　折り染め壁画……………⑦-80
　気球の貼り絵……………⑥-107
　巨大折り染め……………⑦-199
　コサージュ作り★………⑧-270
　ダブルクリップ★………⑧-225
　パタパタカレンダー……⑥-108
折りたたみサイコロ………②-36

303

INDEX

おんがくカルタ………………②-135

か

ガイコツ君……………④-10, 12
海賊箱……………………④-296
海賊船の帽子………②-374, 377
かざぐるまん…………⑥-88, 91
かさぶくロケット★…⑧-63, 74
カズー……………①-222, ④-55
ガチャック………………①-64
ガチャポンは3度おいしい
　………………………⑦-204
家庭科の授業あ・ら・かると
　………………………⑤-228
カマ・デ・ショコラ
　……………………⑤-208, 209
カマ・デ・チーズ★…⑧-109, 113
紙コップ
　紙コップカムバック★……⑧-8
　紙コップクラッカー……⑥-226
　紙コップ相撲……………⑥-23
　紙コップで簡単ケーキ…⑤-196
　びっくりパイプ★………⑧-154
　レインボースコープ★…⑧-168
紙皿の変身………………②-384
紙皿回し ⑥-19, 24, ★⑧-17, 21
紙トンボ……②-174, 178, ⑦-43
紙ねんどでお寿司…………⑤-66
紙の円盤…………………②-389
紙のグライダー……………④-8
紙の猫（着地猫）…………①-241

紙ひもでつくるへび………③-32
紙風船ポップコーン★……⑧-86
紙ブーメラン
　……②-193, 201, 203, ④-41
カメラ・オブスキュラ……③-320
仮面………………………③-106
ガラスびんで風鈴…………②-362
ガラスを切る……………②-362
カラメルコーン★…………⑧-89
カラフル水栽培容器………④-317
カルピス
　おばけアイス★…………⑧-120
カルメ焼き
　………⑦-138, 140, ★⑧-151
カレーまん………………⑤-200
変わりかざぐるま
　……………③-58, ★⑧-41, 44
簡易プレパラート……②-60, 63
感光紙……………………⑥-336
漢字のかんづめ……………②-133
漢字の宝島………………①-136
漢字博士…………………②-134
寒天ゼリー………………⑥-305
乾電池の研究……………①-336
缶バッチ…………………⑦-195
カンペコ…………………②-223
消える小人………………③-210
消えルンですカード………②-114
着せかえ人形………………①-55
キャンディボックス………④-194
キャストスターパズル……④-296
キャラメル・スウィートポテト★

INDEX

……………………………⑧-101
キャンドル…①-51，53，④-266
　⑤-190，191，192，⑥-222
牛乳パック
　押し花しおり……………⑥-200
　カメラ…④-66，75，77，79，
　　★⑧-212
　キラキラ花火★…………⑧-56
　コーティングをはぐ……⑥-198
　クリスマスツリー………⑤-180
　サソリの標本……………⑥-265
　ぴょん太くんピエロ……⑤-17
　万華鏡……………………⑥-85
　ミニトンボ★……………⑧-55
　和紙ハガキ………………①-86
　折り染めハガキ…………⑥-196
牛乳もち………⑤-220，221，222
教訓コップ…………………①-13
教訓ジョッキ………………⑦-161
教訓ちゃわん①-13，16，④-296
餃子の皮でピザ……⑥-146，147
教室を歩き回ろう…………①-183
巨大応援ポスター★………⑧-238
巨大パタパタパネル★……⑧-240
巨大メガホン………………⑦-197
ギョロミーバ………………③-197
キラキラジュエル★………⑧-288
キラキラ花火⑦-74，★⑧-56，59
キラキラビーズのアクセサリー★
　……………………………⑧-280
きらくカリコリ……………⑥-156
切り絵

ガイコツ君…………④-10，12
連続模様……………………④-268
切り紙…⑤-106，114，116，117，
　★⑧-233
　四次元の謎………………⑦-170
金属箔の使い道……………②-429
金属メダル……⑥-180，188，303
金太郎パン…………………④-134
キンチャク…………①-31，③-90
くず湯………………………⑤-222
クッキー
　ケーキ……………………⑥-162
　電子レンジで簡単クッキー★
　……………………………⑧-93
ぐにゃぐにゃ凧……………②-210
首切りの奇術の種あかし…③-207
クリスタルシミュレーター
　………………………⑥-328，329
クリスタルパワー…………⑤-366
クリスマスカード
　…………③-91，⑥-189，193
クリスマスツリー……③-86，87，
　89，⑤-180，184，⑥-304
クリスマスリース ⑤-186，★⑧-255
クリッピー…………………⑤-361
クリップごま………………⑥-31
クリップバッタ……………⑦-28
クルクル羽根車……………③-128
くるくる変身カード………⑤-14
くるりんカード★…………⑧-195
形状記憶紙…………………⑦-157
毛糸のポシェット…………①-47

305

INDEX

ケーキ……④-138, ⑤-196, 208, 209, ★⑧-114
消しゴムの噴水……………④-254
消しトル…………………①-258
結晶
　愛と感動の結晶物語……③-172
　結晶作り………①-330, ④-343
　結晶の最密構造…………①-230
　結晶模型…………………①-307
　単結晶づくり……………③-299
　松ぼっくりツリー………⑥-224
結晶模型板…………⑥-328, 329
ケムシくん…………………⑤-38
ケロちゃん人形……………②-346
原始技術に挑戦（石ナイフ・投石器，ブーメラン・原始発火）
　……………………………①-342
原子の立体周期表…………①-320
原子間力の不思議な手応え
　……………………………①-288
顕微鏡
　茶髪・白髪を見る………④-87
　ホームビデオにつないで見る
　……………………………④-95
けん輪ゴム…………………①-125
コイントリック……………②-103
コインマジック……………②-100
ゴーストバンク……………③-216
コーヒーゼリー
　……③-254, 257, 259, ⑥-297
交流・直流判定器…………①-284
コオリ鬼……………………⑥-305

ココアボール………………④-137
コサージュ★
　………⑧-264, 269, 270, 275
国旗花火……………………③-197
小鳥タンク…………………④-262
ことわざカルタ争奪戦
　………………………①-128, 133
子の心，親知らず…………①-249
ごはんせんべい……………⑥-137
こま
　クリップごま……………⑥-31
　スペクタクルごま………①-176
　空とぶマジックコマ……⑦-42
　ビー玉のコマ★…………⑧-24
　吹きごま…………………①-178
　プロペラごま……………①-174
　へびゴマ………①-178, ③-76
　びゅんびゅんごま………①-172
　ミニまきごま……………②-369
　レインボーUFO ①-171, ②-107
　アクロバットゴマ………⑤-365
　磁石のコマ・U-CAS（ユーカス）…………⑤-344, 345
小麦粉と水で簡単パン……⑤-206
ゴム動力ヘリコプター★…⑧-79
コリオリの力とプールのゴミ
　……………………………②-242
コロコロコロちゃん……⑤-8, 12
コロコロ人形………………②-21
昆虫をつくろう……………②-68

INDEX

さ

サイコロ紙風船……………①-54
サイン帳……………………④-202
さかさ万華鏡………………⑥-85
サソリの標本…①-8,②-92, 94, 95,⑤-56, 59,⑥-168, 265, 267
さつまいも
　お菓子づくり★…………⑧-104
　キャラメルポテト★……⑧-101
　チップス…………………③-262
砂鉄のダンス………………③-355
皿回し
　100円ショップの
　　プラスチック皿★……⑧-17
　幼児も回せる…………★⑧-21
サンシェフ…………⑤-335, 338
サンダーボール……………⑥-277
3Vあれば3V豆球はつくか
………………………………③-356
SHIONOX（シオノックス）…③-313
シークレットポストカード
………………………………⑤-363
試験管でアイススティック
　…⑥-122, 124, 125, 129,
　★⑧-123
磁石につく真黒スライム…⑤-157
磁性をしらべる
　酸素の磁性………………③-351
　磁石から逃げるキュウリ③-342
　磁石にすいつく液体酸素③-355
室内水ロケット……………④-114

CDゴマ（走る）…………⑦-11
CDホバークラフト………⑥-42
自転車のハンドルを固定したら
………………………………①-243
渋紙版画……………………②-405
絞り染めで札入れ＆カード入れ
………………………………⑤-102
シャカシャカおりぞめ★…⑧-275
尺取り虫……………………④-28
しゃべる文房具シャベッタラーズ
………………………………⑤-360
シャボン玉
　1万発製造マシン………③-120
　シャボン玉に入ってみませんか
………………………………②-355
　シャボン玉の中は夢の世界
………………………………①-224
ジャンボピコピコカプセル
………………⑥-48, 49, 52
十円玉をきれいにする法…②-379
習字で絵日記………⑥-112, 114
習字の時間にお品書き ⑤-74, 77
授業参観は
「ものづくりパーティ」で…③-80
受験生に千羽鶴……③-112, 155
シュート棒…………………②-33
シュリンクシート…………⑤-363
障害児学級でものづくり…⑥-296
蒸気エンジン………………③-371
掌中のハンカチーフ
………………⑤-348,⑥-314
聖徳太子の泣き笑い（お札で遊ぶ）

307

INDEX

……………………………… ①-16
小便小僧★…………⑧-184，187
小便ペットボトル★………⑧-187
書写で相撲の番付表…⑤-79，82
真空保存容器………………③-294
人工カミナリ………⑤-136，137
新聞紙でやきいも
　…④-318，320，323，324，326
心霊術………………………②-83
水晶玉作り…………………④-246
吹奏楽器分類入門…………①-192
水池の予備実験物語………④-249
　　自作水池……………④-253
炊飯器
　カマ・デ・ショコラ ⑤-208，209
　カマ・デ・チーズ★ ⑧-109，113
水墨画の授業………………⑤-72
すぐ乾くスタンプ台………⑤-359
スケルトン………③-128，⑥-205
スケルトン名刺……………⑥-208
スコーン……………………⑤-228
ステップモビール★………⑧-229
ステンド袋&ステンドプラ板★
　…………………………⑧-236
ストロー
　笛……………④-52，★⑧-170
　オーボエ…………………①-189
　ロケット★………………⑧-75
ストーンチョコ……⑥-320，321
スノーマン④-264，⑥-189，304
スーパースピンバンク……⑤-365
スピンくるっ………⑤-350，358

スプーン切断………………②-76
スプーン曲げ………………②-85
スペクタクルごま…………①-176
スライム ②-22，26，④-30，34，
　⑤-157，158，⑥-14，16，17，
　18，301，★⑧-172，174
スライムもち…⑤-220，221，222
正20面体のキャンディボックス
　…………………………④-194
西洋紙の縦と横の比は？…②-378
線香花火……………④-281，286，
　288，284，⑤-169，170，172，
　173，179，⑥-230，232，335
先生になってみよう………①-339
ゾウリムシはどんな体か？④-91
外の景色が映るビー玉万華鏡
　…………………………④-82
そば打ち★…………………⑧-136
ソーラースタンプ
　……………①-62，63，⑥-322
ソーラーバルーン…②-194，199

た

大根サラダ…………………⑤-238
大豆パワーの実験…④-224，232
タオル人形…………………⑥-210
〈高い音・低い音〉…………①-198
タカミ式アキ缶つぶし……④-237
凧……①-148，153，156，②-210
　ふわふわタコタコ………⑦-22
たたきざる………………③-41，48

INDEX

たなばたかざり‥‥‥‥⑦-81, 87
〈種と発芽〉‥‥‥‥‥‥‥②-142
タネまき
　種子をまこう‥‥‥‥‥①-327
　アボカド‥‥‥‥‥‥‥③-309
　グレープフルーツ‥‥‥③-311
たのしい理科室づくり‥‥④-256
ダブルフィルムケース‥‥⑥-32
たまごキャンドル‥‥‥‥⑥-222
たまねぎの研究‥‥‥‥‥③-300
単位ものさし下敷き‥‥‥⑤-362
段飾りひな人形‥‥‥‥‥②-371
だんだんおにぎり‥‥‥‥⑥-298
タンポポ綿毛の
　ドライフラワー★‥‥‥‥⑧-222
タンポポを食べる‥‥‥‥①-120
段ボールとビー玉でジャンボゴマ
　‥‥‥‥‥‥‥‥‥‥‥⑤-20
地球儀磁石‥‥‥‥‥‥‥②-224
地球こま‥‥‥‥‥‥‥‥④-296
蓄音機‥‥‥‥‥‥‥‥‥②-388
着地ネコ‥‥‥‥‥‥‥‥②-237
チヂミ★‥‥‥‥‥‥‥‥⑧-131
チャックでキンチャク‥‥①-31
茶髪・白髪を顕微鏡で見る
　‥‥‥‥‥‥‥‥‥‥‥④-87
中華まん‥‥‥‥‥‥⑤-198, 200
ミニミニ中華まん‥‥‥‥⑦-122
「超能力」であそぶ‥‥‥‥③-332
チョークで一工夫‥‥‥‥②-388
チョコいちご‥‥‥‥‥‥⑤-222
チョコバナナ
　‥‥‥‥‥⑤-215, 218, ⑥-305
チョコレート‥‥‥‥‥‥①-110
チョロ獣‥‥‥‥‥‥‥‥①-144
ツイン・スティック‥‥‥⑤-350
つまようじと牛乳パックで作る
　ミニ・トンボ★‥‥‥‥‥⑧-55
ティッシュペーパーでまつたけ
　‥‥‥‥‥‥‥‥‥‥‥⑤-61
手打ちうどん‥④-131, 132, 133
手紙のパズル‥‥‥‥‥‥⑤-354
手づくりカメラ
　‥‥‥③-313, ④-66, ★⑧-212
鉄棒人形‥‥‥‥‥‥⑦-52, 198
鉄も細かくすれば燃える？④-276
ティアラづくり‥‥‥‥‥⑥-73
テトラ‥‥‥‥‥‥‥‥‥⑤-351
電気パン焼き器‥‥‥①-113, 117
⑤-232, 234, ⑥-277, 288
電気盆‥‥‥‥‥‥‥‥‥①-271
〈電気をためる〉‥‥‥‥‥①-271
電磁波を体感‥‥‥‥‥‥③-337
電磁波をつかまえる‥‥‥③-368
電子メロディーで何でも電池
　‥‥‥‥‥‥‥‥‥‥‥④-56
電子レンジ
　簡単クッキー★‥‥‥‥‥⑧-93
　フルーツ飴★‥‥‥‥‥‥⑧-129
電子レンジで卵花火！？‥‥④-240
電動歯ブラシカー★‥‥‥‥⑧-15
ドアンキーブック‥‥‥‥①-256
トーキングバルーン‥‥‥②-96
透視‥‥‥‥‥‥‥‥‥‥②-79

INDEX

豆腐だんご……………………⑥-152
豆腐づくり……………………⑤-205
ドキドキハート……⑥-214，216
ドットウォーカー……………④-308
都道府県漢字パズル…………②-132
トトロ押しピン………………⑥-66
トトロバルーン………………⑥-71
トムボーイ………………②-8，32
ドライアイス……②-64，③-252
ドライアイス遊び・3種…④-116
ドライアイスおもしろ実験
　（1時間プラン）……………④-98
ドライアイスクリーム
　……⑤-223，227，⑥-126，129
ドライアイスシャーベット
　……④-116，⑥-127，★⑧-126
〈ドライアイスであそぼう〉
　…③-220，⑥-299，⑦-220，252
〈ドライアイスであそぼう〉第2部
　………………………⑦-224，252
ドライアイス実験での注意点
　……………⑥-330，334，⑦-252
ドライアイスで大はしゃぎ③-236
ドライアイスのガス鉄砲…④-113
ドライアイスロケット
　………………………④-104，106
トランプ
　………くるりんカード★⑧-195
トルネード実験器……………⑦-164
どんぐりキョロちゃん………⑥-67
どんぐりトトロ…⑥-64，66，68
どんぐりの食べ方……………⑥-67

ドングリむし…………………①-63

な

ながーい吹き矢………………④-56
菜タネをまいてみませんか②-168
夏休みの自由研究（私の調べてほしいこと）……………………①-324
77円電池……………③-296，328
生首ボックス★………………⑧-202
ナマケダマ★…………………⑧-11
波のプール……………………②-385
何でも食べるタコ……………⑤-326
肉まん…………………………⑤-200
偽札製造機……………………⑤-44
日本史年表をフリーハンドでかく
　………………………………①-226
二宮義之の伝承作りの秘密箱
　………………………………④-296
二面相サイコロ………………①-240
尿素で雪化粧★………………⑧-262
ネオジム磁石のクッション
　………………………………④-114
ネオジム磁石
　アルミキャップモーター★⑧-26
熱気球………………①-351，355
熱式感光紙……………………⑥-336
ネバーエンディングカード★
　………………………………⑧-198
ネンドロイダー………………⑤-341
念力……………………………②-81
ノア（プラネット地球儀「ブルー

INDEX

テラ」に改称）……………②-229
のぞきべや………………③-26, 30
のびるんです………………⑤-40
のぼり人形…………………④-24
ノボリ虫くん………………②-28
のろま温度計……③-200, ⑥-257

は

廃古電池研究物語…②-421, 426
廃品は教材の宝庫…………②-428
バウムクーヘン……………③-262
ハガキで変わりかざぐるま③-58
ハガキで作るタコ…………①-153
ハガキで強い形をつくる…①-350
〈爆発〉……………………①-267
　　結婚披露宴で〈爆発〉…④-150
パスカルの大気圧実験……①-359
弾まないボール……………⑦-160
バターづくり………………②-331
パタパタ風車 ⑥-53, 56, ⑦-197
パタパタカレンダー………⑥-108
ぱたりんちょう………③-49, 57
バッテリーチェッカー……②-426
葉っぱチョコ ………………⑦-120
発泡スチロール球細工……③-168
　　スノーマン………………④-264
　　ミニハンバーガー………④-222
発泡スチロール球入手先…①-322
発泡トレーではんこ
　　…………⑥-176, 177, 178
『ハテナ？ナルホド実験室』

…………………………③-367
バナナケーキ………………④-138
花ビラ落下傘 … ②-414, ★⑧-37
バブルアート………………⑤-269
バブロケット………………④-105
バラバラ扇子………………⑤-346
バランストンボ……………④-14
　　バランストンボの出典…④-21
　　プラバンでトンボ………④-22
　　アルミでトンボ…………④-22
　　ミニ・バランストンボ…④-23
　　巨大バランストンボ……⑥-273
針金のアメンボ…①-20, ★⑧-53
はるさめスナック…………④-140
版画
　　一版多色刷り版画 ①-93, ③-99
　　浮世絵版画………………②-246
　　版画カレンダー…………②-254
　　夢のお城（切り抜き版画）
　　…………………………③-108
ハンカチできんちゃく……③-90
ハンカチのねずみ…………③-35
ハンカチーフマジック
　　………………⑤-348, ⑥-314
万国旗クラッカー…………③-197
反正ボール……①-17, 18, ②-81
はん蔵…………………………④-307
ハンダのペンダント………⑥-187
番付表…………………⑤-79, 82
ハンディーホイッスル……⑤-367
万能メガネ………①-26, ②-387
万能目玉メガネ……………③-329

311

INDEX

BB弾で結晶模型…⑦-178，179
　分子運動モデル…⑦-180，184
ひいらぎかざり★…………⑧-259
ピカイチ指輪★……………⑧-277
匹見町……………⑤-356，⑥-335
ピコピコカプセル……②-16，20
　⑥-48，49，52，302，⑦-204，
　★⑧-16
　　白いカプセル……………⑦-201
　　そうめん流し……………⑦-202
非常用（?）タバコ………③-199
ビスケット
　アイスケーキ★…………⑧-114
　フェイス…………………⑥-132
ビースピ……………………⑤-340
ビーズ★……………………⑧-280
ビー玉アクセサリー………②-342
ビー玉
　キラキラジュエル★……⑧-288
　コマ★……………………⑧-24
　万華鏡……………………④-82
びっくりパイプ★…………⑧-154
ビックリヘビ……⑤-52，53，54
ひっこみ思案………………③-8，16
ピッピーポケベル…………⑤-331
ひな人形……………………②-371
ひねり風車…………………②-372
ひまわりブローチ…………④-177
秘密箱………………………②-121
ひもスタンプ………………⑤-265
びゅんびゅんごま…………①-172
ひよこキッス………………④-190

ぴょん太くんピエロ………⑤-17
ビールびんの中の水を一番早く出
　す方法……………………①-30
ピンホールシート…………③-330
ピンホール万華鏡…………⑤-127
ファンシープリント③-198，199
フィルムケースで作る
　カラクリ牛若丸…………③-134
　御来光……………………③-122
　CDホバークラフト……⑥-42
　ダブルフィルムケース…⑥-32
　びっくりパイプ…………③-122
　スケルトン………………③-128
　簡単ヨット………………④-44
　ミニホバークラフト……④-48
　豆電球テスター…………⑤-144
　スタンプ…………⑤-265，268
　笛…………………⑥-168，172
ブーメラン
　……①-164，②-201，203，193
　十字紙ブーメラン………⑦-54
風鈴づくり…………………②-362
笛
　ストロー笛………………⑧-170
　トイレットペーパーの芯で①-190
　ぶた笛……………………①-191
　フィルムケースの笛…③-122
　　⑥-168，172
　水笛………………………③-122
　吹奏楽器分類入門………①-192
　へっぴり笛………………④-52
吹きごま……………………①-178

INDEX

吹き玉 …………… ①-140, ②-32
吹き矢 ………………………… ⑦-44
ふくらむスライム
　………… ⑥-14, ★⑧-172
不思議な円盤 ……………… ①-242
不思議なご縁 ……………… ④-296
不思議なドア ……………… ⑦-150
不思議なひも …… ①-254, ②-109
不思議な棒 ……… ②-109, ④-296
ブタンガスの液化と気化 … ②-234
浮沈子
　回転浮沈子ジュエルスピン★
　　………………………… ⑧-49
　ガラス管浮沈子 ………… ⑥-257
　くるくる浮沈子★ ……… ⑧-46
　高速W回転浮沈子★ …… ⑧-51
　最初にペットボトルを使った人
　　………………………… ⑥-242
　魚型しょうゆ入れ浮沈子
　　………… ⑥-234, 240, 241
　沈んだ浮沈子の調整法
　　……………… ⑥-244, 249
　新「浮沈子」発見物語 … ①-233
　ナット2個で調節 ……… ⑥-259
　浮沈アイス ……………… ②-231
　浮沈子行商記 …………… ②-402
　浮沈子の研究 …………… ⑥-260
　浮沈子の謎 ……………… ①-224
　浮沈子をつくる ………… ①-232
　浮沈ローソク …………… ②-234
　ペットボトルで浮沈子 … ⑥-169
　もしも浮沈子が沈んだら ②-249

フライパンでプリン ……… ⑥-298
フライングライト ………… ⑥-316
プラコップでプラ板
　……………… ①-378, ④-164
ブラシのオモチャ・ハブラッチく
んとプルンちゃん ……… ⑤-30
プラスチック容器をかたっぱしか
ら熱したら ……… ④-155, 162
プラズマボール …………… ⑥-277
ブラックウォール
　………… ⑤-49, 50, ★⑧-220
　2段ブラックウォール … ⑦-168
ブラックホール …………… ②-121
プラトンボ ………………… ⑦-32
プラバン ………… ①-42, 46, 376
　ステンド袋&ステンドプラ板★
　　………………………… ⑧-236
　プラバンでライデン瓶 … ①-286
　プラバンでジグソー …… ②-130
　プリントごっこでプラバン
　　………………………… ④-166
　プラバンにボールチェーン
　　………………………… ⑤-357
　プラバンにマニキュア
　　………………………… ⑤-358
　コップでハート型プラバン
　　………………………… ⑤-34
　コンビニ弁当のケースで
　　………………………… ⑥-169
プリッツだんご★ ………… ⑧-107
プリンツでスタンプ
　………… ⑤-266, 267, 268

INDEX

プリントTシャツ…………⑥-194
フルーツ飴★……………⑧-129
ブルーテラ………………⑥-326
プルリング・ワニ…④-184, 189
プルルコール……………⑤-334
ふれあい水槽のふしぎ……④-260
ブロックヘッド……………④-296
プロペラごま……………①-174
ふわふわちょうちょ………⑤-24
分子カルタ（モルカ）
　…………………⑥-308, 311
　モルカパネル★…………⑧-251
分子模型
　分子模型づくり…………①-291
　　分子模型（アミノ酸）…②-71
　　少女A子と分子模型…③-142
　　分子模型作りに「新・三種の
　　　神器」……………③-156
　　分子模型（厚紙製）…③-158
　　分子モデルシール……③-164
　　分子模型定規…………③-165
　　分子模型に新グッズ…③-166
　　分子模型パネル………③-161
　　分子模型（プラスチック製）
　　　…………④-330, ⑤-326
　　分子模型の色塗り・絵の具も使
　　　えます……④-334, 337, 338
　　分子模型色塗り・絵の具とボン
　　　ド……………④-339, 342
　　食べられる水の分子模型④-346
　　分子模型モビール………⑤-160
　　氷の分子模型……………⑤-326

　分子模型下敷き
　　………………⑤-327, 329, 334
　分子模型ケース…………⑤-329
粉塵爆発…………………④-154
噴水実験器………………⑦-165
ベイシーブ…………⑥-323, 324
ベコかきゲーム…………①-146
べっこうアメ…①-100, 103, 371
　④-144, 236
ペットボトル
　穴あき花挿し★…………⑧-176
　キラキラ花火★…………⑧-56
　小便ボトル★……………⑧-184
　浮沈子……………………⑥-169
　ヘロンシャワー★………⑧-191
　水栽培④-316, 317, ⑤-163
　もんどり…………………⑦-186
　レーウェンフック式顕微鏡
　　…………………………④-84
へっぴり笛………………④-52
ベビースターそうめん……⑦-124
へびごま…………①-178, ③-76
ヘロンシャワー★…………⑧-191
変身ウルトラマン…………③-20
ベンハムトップ……②-107, 108
ホイッスル………①-186, ⑥-168
ポシェット………………①-47
ボギボギ…………………⑥-175
星に炎がとどきそう（炎色反応）
　……………………………②-383
ボタンホール……………④-296
ポッカイロ……④-270, 276, 278

314

INDEX

⑤-176，179
ホットプレートで
　………⑤-274，304，⑥-298
　ポップコーン……………⑤-274
　お餅………………………⑤-274
　蒸しケーキ………………⑤-274
　肉まん……………………⑤-274
　あぶりだし………………⑤-274
　ジャム作り………………⑤-292
ポップアップカード………⑤-240
ポップコーン………………②-340
　④-126，130，⑤-274
ボトルウェーブ
　……………⑤-147，155，156
ポパークラフト…⑥-42，44，45
ボルタの電池………………②-220
ホールミラー板……………④-92

ま

マカロニバッジ……………⑤-316
マカロニリース……………⑥-218
巻き筒万華鏡………………⑦-262
魔鏡★………………………⑧-204
マグナスティック……⑥-25，30
マグナビューアー…………⑤-363
マジック・キューブ………③-22
マジックチョッパー
　……………………②-126，④-296
マジックフライヤー
　………………………⑥-318，319
マシュマロバーベキュー…⑤-205

マシュマロボンボン⑤-203，205
まつたけ作り……⑤-61，63，64
松ぼっくりのクリスマスツリー
　…③-86，87，89
　⑥-224，276，296
マツボックリパズル………④-294
松ぼっくりブローチ………④-179
マネーエクスチェンジャー
　……………………⑤-44，46
マフラー……………………⑥-228
マーブリング………………⑥-92
マーブリング石…………⑥-98，99
まほう使いの名札…………①-28
魔法のコップ………………①-378
まほうのふりかけ…………⑦-188
まむしの卵…………………①-8
豆電球テスター……………⑤-144
まめまめクリップ…………⑥-59
万華鏡…④-82，⑤-127，⑥-85，
　88，91，⑦-262，268
みかんできしゃぽっぽ……⑤-194
みかんランプ………………⑥-221
ミクロバンク………………④-291
水あめ………………………②-336
水栽培はペットボトルで…⑤-163
水の上を走るマツの葉……③-340
水ロケット ①-161，364，②-292
〈水ロケットはとんでゆく～〉
　……………………………④-117
3つの手品★………………⑧-194
ミドリムシを見たか………④-92
ミニ・クリスマスリース★⑧-255

INDEX

ミニまきごま……………②-369
ミニトンボ★……………⑧-55
ミニミニルーペ…………⑤-364
ミラクルボウル………②-88, 91
ミラクルミラー……………⑥-209
ミンミンぜみ………………④-36
むしぱん……………………③-260
ムニュムニュ星人……⑥-10, 13
　⑦-212, 214, ★⑧-174
メロディーごま……………④-35
めんこいネズミ……………③-35
もう1個詰められますか…①-230
モグモグおもちゃ…………②-12
もちっこポテト……⑥-142, 145
モチモチウインナー ⑦-132, 134
もちもちパン★……………⑧-134
もちもっちん………………⑥-148
もどりビン……………………⑦-8
ものづくり・教える人に教える時
　……………………………④-353
ものづくりクラブ…………⑥-306
ものづくりコーナーを教室に
　……………………………⑤-309
ものつくりの授業のポイント
　……………………………④-348
もの・物・MONO………⑤-320
モルカ……………⑥-308, 311
モルカパネル★……………⑧-251
もやし作り…………………③-273
モールでかわいい野菜……④-170

や

やきいも
　…④-318, 320, 323, 324, 326
焼きスイートポテト………⑦-126
焼きドーナツ………………⑦-128
〈やじろべえ〉…………③-63, 74
安兵衛・タマゴからくり箱④-296
山からひょっこり…………②-382
ヤマトのりでスライム……④-34
U-CAS（ユーカス）
　……………………⑤-344, 345
養護学級にホットプレートを
　……………………⑤-274, 292
雪化粧★……………………⑧-262
指輪づくり…………⑥-72, ⑦-72
　★⑧-277, 279, 280
ヨーグルトシェイク………⑥-132
ヨーロッパで買ったおもちゃ
　……………………………②-392
四次元の謎…………………⑦-170
4色アイスキャンディー★-123

ら

ライデン瓶
　…………①-271, 286, ②-214
ライトスコープ………①-22, 25
　②-40, 60, ④-88, 91, 92
ラッピングペーパーでサイン帳
　……………………………④-202
ラッピングペーパーでレターセッ

ト…………………④-212
ラブらぶメガネ…⑤-342,⑥-208
　　スケルトン……………⑥-205
　　スケルトン名刺………⑥-208
リサイクル工作…………⑥-165
リリアン式でマフラー……⑥-228
りんごあめ………………③-268
歴史を見る物差し………③-294
連凧………………………①-156
レインボーキャンドル
　…………④-266,⑤-191,192
レインボースコープ★
　………………⑧-161,168
レインボーUFO
　………………①-171,②-107
レーウェンフック式顕微鏡
　…………………②-50,④-84
レターセット……………④-212
連続模様の切り絵………④-268
レンジクッキー…………⑥-135
聾学校でものづくり……⑤-305
ローリングボール………③-213
ローソク熱気球…………①-355

わ

我が家のゴミ調べ………①-334
和紙ハガキ…………①-86,126
わたあめ製造機……②-318,323,
　325,330,⑥-284
私が選んだパズル・ベスト3
　…………………………④-296
わたしの定番メニュー……④-360
ワタの栽培………………④-312
わっ！ゴム印……………⑦-192
和風ペン立て………………①-82
綿ぼこりをライトスコープでみる
　……………………………④-88
割り箸切断…………………②-84

すぐにできる授業プラン

〈かみとんぼ〉……………②-178
〈高い音・低い音〉………①-198
たなばたかざり……………⑦-87
〈種と発芽〉………………②-142
〈電気をためる〉…………①-271
〈ドライアイスであそぼう〉
　…………………………③-220
〈ドライアイスであそぼう〉第2部
　…………………………⑦-224
生クリームと冷たい水で…②-331
〈爆発〉……………………①-267
水あめ作りの授業…………②-336
〈水ロケットはとんでゆく〜〉
　…………………………④-117
〈やじろべえ〉………………③-63
吾輩はホンモノの超能力者である
　……………………………②-74

●仮説社の本 ＊表示価格はすべて税別です（2015年2月末現在）

科学的とはどういうことか
板倉聖宣　Ａ５判230ペ　1600円
「砂糖水に氷は浮くか？」「鉄１キロと綿１キロではどちらが重いか？」など，思わず考えてみたくなる問題と簡単に出来る実験を通じて，「科学とは何か」「科学的に考え行動するとはどういうことか」が実感できる超ロングセラー。

もしも原子がみえたなら　いたずらはかせのかがくの本
板倉聖宣 著／さかたしげゆき 絵　Ａ４判変形上製48ペ　2200円
小さすぎて目には見えない「原子の世界」。では，そんな原子の世界を〈科学者のふしぎなメガネ〉を使ってのぞいてみると，どんなふうに見えるでしょう？　現代の科学の話題がぐ〜んと身近になる科学の絵本。

空気と水のじっけん　いたずらはかせのかがくの本
板倉聖宣 著／最上さちこ 絵　Ａ４判変形上製38ペ　2200円
「逆さにしたコップを水中に沈めると，コップに水は入ってくる？」「入ってこないとしたら，それはなぜ？」――ただ読むだけでなく，実際に自分で実験できる科学の絵本。小学校低学年から読むことができます。

ドライアイスであそぼう　いたずらはかせのかがくの本
板倉聖宣・藤沢千之 著／丹下京子 絵　Ａ４判変形上製46ペ　2200円
アイスクリームやケーキを買うとついてくる「ドライアイス」。この絵本では，そのドライアイスを使って，〈目に見えない気体〉のイメージがイキイキと描けるようになる実験の数々をご紹介。実験を安全に楽しむためのガイド付き。

煮干しの解剖教室　オリジナル入門シリーズ６
小林眞理子 文／泉田 謙 写真／こばやしちひろ 絵　Ｂ５版変形35ペ　1500円
解剖に使うのは，魚の〈煮干し〉。この小さな魚から，生き物のからだと暮らしについて，たくさんのことが見えてきます。もちろん，解剖の後はおいしくいただきましょう。「解剖なんて残酷でイヤ！」という方にもオススメです。

水中の小さな生き物けんさくブック
『水中の小さな生き物けんさくブック』編集委員会編
清水龍郎 監修／イラスト 室木おすし　Ｂ６判変形80ペ　2200円
小さなお子さんでも使いやすいよう，「色」「形」「動き」のインデックス・タブがついた検索図鑑。身近に住む微生物24種を豊富な写真と動画で紹介。

●仮説社の本　*表示価格はすべて税別です（2015年2月末現在）

ものづくりハンドブック1〜7
「たのしい授業」編集委員会 編　B6判平均370ペ　各2000円
「ものづくりの授業」といったら，まずこのシリーズ。たくさんの人が追試した成果がここにあります。読んでホントに作れます。いろんなシーンで，ホントに喜ばれます。かゆいころに手がとどく「ものづくり」の宝，山盛り！

たのしい授業プラン 図工・美術
「たのしい授業」編集委員会 編　B6判287ペ　2000円
絵画，工作，造形など，子どもたちに人気のあったプランを精選して収録。すぐに授業ができるお気軽短時間ものから，感嘆の声があがる大作プランまで。美術教育における「模倣の重要性」についての論文も読み応えアリです。

発泡スチロール球で 分子模型をつくろう
平尾二三夫・板倉聖宣　B5判変形114ペ　2000円
世界初（？），発泡スチロール球を使った分子模型の作り方のガイド本。小さすぎて目には見えない原子分子も，実物比1億倍まで大きくなると，あら不思議。う〜んと親しみやすくなる！　工作しながら楽しく化学入門。

漢字の宝島 ぬり字
馬場雄二　A5判188ペ　1900円
迷路のように組み合わされた87個の宝島から漢字を探し出す，「ぬり絵」ならぬ「ぬり字」。小学校で習う漢字のすべてが「学年別」「動物」「植物」「県名」などのテーマごとに隠されています。ロングセラーの大人気教材。

右・左脳同時活用パズル 漢字算
馬場雄二　四六判96ペ　780円
漢字を足したり・引いたり，掛けたり・割ったりして，空欄に入る漢字を探し出す，まったく新しい漢字パズル。登場する漢字はすべて小学校で習うものですが，甘く見たら大間違い！　脳トレにも最適です。

ぬり字ドリル 漢字の宝島1年
馬場雄二　B6判64ペ　870円
迷路のように組み合わされた漢字を，色別に塗り分けて見つけ出す「漢字の宝島」がドリルになりました。本書には小学校1年で習う漢字全80字が登場します。全漢字の音・訓・熟語例付き。遊びながら漢字が覚えられます。

ものづくりハンドブック8

無断転載厳禁　©「たのしい授業」編集委員会／代表：板倉聖宣

2014年 4月 3日　　第1版1刷（5300部）
2015年 3月10日　　第2版1刷（2000部／累計7300部）

編者　「たのしい授業」編集委員会／代表：板倉聖宣
発行　株式会社 仮説社
　　　〒169-0075　東京都新宿区高田馬場2-13-7
　　　Tel 03-3204-1779　　Fax 03-3204-1781
　　　E-mail：mail@kasetu.co.jp　URL＝http://www.kasetu.co.jp/
印刷　平河工業社　Printed in Japan
用紙　鵬紙業（本文＝淡クリーム金毬BY65／カバー＝OKトップコート＋菊T76.5／表紙＝片面クロームカラー（N）菊T125／見返し＝色上質（アマリリス）AT厚口／口絵＝OKトップコート＋菊T62.5）
装丁　内山昌代

　　　＊定価はカバーに表示してあります。落丁・乱丁はお取り替えします。

ISBN978-4-7735-0258-9